葡语国家投资环境研究系列(二)
主编 庞川 林志军 宋雅楠

Brazil Investment
Environment Report

巴西投资环境报告

主编 宋雅楠

中国财经出版传媒集团
经济科学出版社
Economic Science Press

图书在版编目（CIP）数据

巴西投资环境报告/宋雅楠主编. —北京：经济科学
出版社，2019.3
ISBN 978 – 7 – 5218 – 0445 – 4

Ⅰ.①巴…　Ⅱ.①宋…　Ⅲ.①投资环境 – 研究报告 –
巴西　Ⅳ.①F177.7

中国版本图书馆 CIP 数据核字（2019）第 066747 号

责任编辑：刘　莎
责任校对：刘　昕
责任印制：邱　天

巴西投资环境报告
主编　宋雅楠
经济科学出版社出版、发行　新华书店经销
社址：北京市海淀区阜成路甲 28 号　邮编：100142
总编部电话：010 – 88191217　发行部电话：010 – 88191522
网址：www. esp. com. cn
电子邮件：esp@ esp. com. cn
天猫网店：经济科学出版社旗舰店
网址：http：//jjkxcbs. tmall. com
北京密兴印刷有限公司印装
710 × 1000　16 开　20.5 印张　450000 字
2019 年 3 月第 1 版　2019 年 3 月第 1 次印刷
ISBN 978 – 7 – 5218 – 0445 – 4　定价：72.00 元
（图书出现印装问题，本社负责调换。电话：010 – 88191510）
（版权所有　侵权必究　打击盗版　举报热线：010 – 88191661
QQ：2242791300　营销中心电话：010 – 88191537
电子邮箱：dbts@ esp. com. cn）

主编简介

庞川，教授，澳门科技大学副校长、研究生院院长、酒店与旅游学院院长。上海复旦大学管理学博士。具有丰富而深厚的教学、研究、行政和管理经验，见证了澳科大的整个发展历程，为澳科大研究生教育和商学院等发展作出显著贡献。

林志军，教授，澳门科技大学副校长，商学院院长。美国会计学会（AAA）、国际会计教育与研究学会（IAAER）、加拿大会计学会（cAAA）、北美中国会计教授会等学会成员，同时是美国注册会计师协会（AIcPA）、中国注册会计师协会（CICPA）成员。

宋雅楠，副教授，西安交通大学应用经济学博士学位。现任教于澳门科技大学商学院。主要研究方向为国际贸易与投资、中国与葡语国家经贸关系、"一带一路"等。代表作品有《葡萄牙投资环境报告》（主编，经济科学出版社，2018）、《初级商务葡语》（经济科学出版社，2018）、葡语国家蓝皮书《中国与葡语国家关系发展报告·巴西》（执行主编，社会科学文献出版社，2016）、*BRICS：Institutionalization & Macau*（主编，社会科学文献出版社，2016），《开放经济下的服务贸易壁垒和动态比较优势》（合著，经济科学出版社，2010），并于国内外学术刊物及论文集发表论文 30 余篇。

前　言

2019 年是澳门回归祖国二十周年的特殊日子，也是澳门特区与祖国一起迈向新时代，迎来前所未有发展的机遇时期。无论是参与国家的"一带一路"建设，还是成为粤港澳大湾区的中心城市，澳门作为"中国与葡语国家经贸合作服务平台"（简称中葡平台）的定位都是实现澳门经济可持续发展的重要支撑，也是澳门充分认识和准确把握新时代在国家改革开放中的定位，以"国家所需、澳门所长"为原则，全面参与国家深化改革开放的战略部署，融入国家发展大局，成为对外开放双向"桥头堡"的使命担当。

本报告是葡语国家投资环境研究系列的第二部，重点研究巴西的投资环境，服务澳门特区"中葡平台"建设。

巴西拥有丰富的自然资源和完整的工业基础，国内生产总值位居南美洲第一，为世界第九大经济体，也是金砖国家之一。巴西曾是全球发展最快的国家之一，航空制造业强国。同时，巴西也是拥有最多的人口、最大的国土面积、最大的经济体量的葡语国家。从双边经贸关系来看，2018 年中国连续十年成为巴西最大的贸易伙伴，巴西也是中国的第八大贸易伙伴。中国与巴西双边贸易额超过 1 000 亿美元。尤其，巴西对中国出口额较同比增长超过 32%。中国对巴西直接投资累计达 550 亿美元。巴西的高附加值产品进入中国市场，中国对巴西投资也向价值链高端攀升。中巴两国在金融领域也取得合作新进展，中巴扩大产能合作基金已顺利启动。中国和巴西两国市场潜力巨大，经济高度互补。中巴两国经贸合作质量和水平的进一步提升，可以为两国发展乃至世界经济稳定做出更大贡献。

也需看到，当前巴西正值经济复苏艰难、政坛腐败丑闻挥之不去、社会贫富差距悬殊、两极分化严重，社会治安又陷于恶化的处境。新任右翼总统博索纳罗就任后，对外采取了紧跟美国的外交政策，改迁驻以色列使馆、反全球主义、表态退出联合国相关多边机制等，改变了过去卢拉与罗塞夫代表的左翼政党执政时期的一贯路线。对内，博索纳罗着手进行年金改革、推进私有化、提倡家庭农业、开放能源市场、振兴旅游业等方面的改革。但国会政党碎片化、利益集团博弈和公共财政挑战都为巴西经济发展蒙上阴影。

同时，巴西的贸易与投资环境与中国有着较大的区别。巴西的贸易投资壁垒种类繁多，且比较隐蔽。巴西的税法是世界上最复杂的税法之一。很多外来企业因为忽视了巴西法律法规的差异，加之政府审批程序烦琐、税负较高、地方保护主义、环境与劳工问题等，往往使外国企业在巴西面临诸多困难，需要花费大量时间和资源用于解决合规问题。以上问题及博索纳罗政府对华政策的不确定性，都使得中国投资者在看到巴西巨大的市场机会的同时，需要更加谨慎评估巴西的投资环境和项目风险。

因此，本报告从投资环境概述、政治与经济环境、商业与政策及澳门平台四个方面，分别对巴西的整体投资和产业发展状况、巴西的政治经济局势和市场环境进行了介绍和分析；特别针对金融科技、电子商务、银行业、可再生能源等巴西投资热点领域进行了分析；同时，在对巴投资中的税制、劳动就业等难点问题为我国投资者给出了策略性建议；最后，对澳门企业参与"中葡平台"进行了相关分析和建议。

配合本研究报告，还推出了"葡语国家投资环境数据库（PLPIDB）"网络数据库巴西部分。PLPIDB 数据库以网络平台的方式，系统化的介绍和整合葡语国家投资环境的相关信息，将葡语国家数据和研究成果与读者和用户共享，为有意投资葡语国家的企业提供信息咨询，也为葡语学习和商业、法律等专业葡语人才培养提供资源支持，同时也为高等院校内商业、法律等相关专业教研人员从事葡语国家方面的研究提供便利，支持澳门作为中葡商贸合作服务平台的发展与建设。

最后，本报告特别鸣谢澳门特别行政区高等教育局的支持！在写作过程中，得到了许多领导、前辈、同事和朋友的支持和帮助，同时也感谢本报告的章节作者们的辛勤工作和不懈努力，使本书得以顺利完成！也希望本书的出版，能促进中国与葡语国家的经贸合作研究，努力为发挥澳门作为"中国与葡语国家经贸合作的服务平台"优势提供参考，为澳门"中葡平台"的建设提供智力支持。

宋雅楠
2019 年 5 月

目　　录

巴西商业与政策环境

投资巴西与中国澳门特区"中葡平台"作用

巴西投资环境概述

巴西投资环境概述

宋雅楠[*]

一、巴西概况

（一）巴西基本社会情况[①]

1. 地理

巴西地处南美洲的东南部，邻近国家有哥伦比亚、委内瑞拉、秘鲁和阿根廷等，东部临近大西洋，拥有约 7 400 公里长的海岸线。巴西国土面积约为 851.49 万平方公里，是南美洲面积最大的国家，横跨 4 个时区，其中首都巴西利亚比北京时间晚 11 小时[②]。

巴西分为 26 个州和 1 个联邦区，每个州下设市，总共有 5 570 个市。首都巴西利亚位于巴西中西部，在 1960 年被巴西政府设为联邦区，是巴西的政治中心；圣保罗是巴西的商业、金融中心，也是南美第一大城市；里约热内卢作为巴西第二大城市，除了是重要的港口城市，也是以优美的海滨风景吸引众多游客前往的旅游城市。

2. 自然资源及气候

巴西的矿产、森林等自然资源丰富，其中铁矿砂等 29 种矿物储量丰富，成

---

[*] 宋雅楠，澳门科技大学商学院副教授，博士生导师。研究方向为国际贸易与投资、中葡经贸关系等。

[①] 资料来源：中国驻巴西大使馆经济商务参赞处：《对外投资合作国别（地区）指南·巴西》，2017 年版。

[②] 巴西从 2019 年不再实行夏令时。

为巴西吸引投资的一大热点。在 2007 年,巴西的东南沿海地区陆续发现 5 座油气田,预计巴西的石油储量将会有进一步的提升,这也吸引了许多投资者的目光。

巴西大部分地区地处热带地区,以热带雨林气候和亚热带气候为主,中部高原地区和北部平原地区平均气温为 18℃ ~ 29℃,南部平均气温为 16℃ ~ 19℃。巴西北部有着世界上面积最大的平原,中南部有世界上面积最大的高原,地貌形成的海拔落差加上丰富的水资源为巴西提供了建立水电站的条件,位于巴西和巴拉圭两国边境的伊泰普水电站是当今世界上装机容量第二大的水电站,最大年发电量达 946.8 亿度。

3. 人口

巴西的人口总数近些年一直维持在 2 亿左右,2016 年巴西 65 岁以上老年人占总人口数的 7.4%。根据联合国《2016 年世界各国人类发展指数》公布的数据,巴西人类发展指数为 0.754,全球排名第 79 位。

从图 1 中看出,虽然巴西的人口总数近五年有上涨的趋势,但是如果保持低生育率,人口老龄化趋势带来的问题将会逐渐凸显。巴西的人口主要分布在东南地区,大西洋沿岸的人口较为稠密,其中圣保罗、米纳斯吉拉斯和里约热内卢是巴西人口数最多的三个州,分别有 4 475 万人、2 099 万人、1 663 万人。

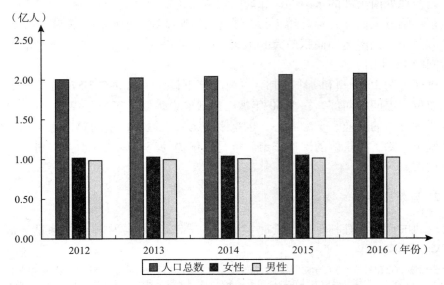

图 1　2012 ~ 2016 年巴西总人口及男女人口数

资料来源:世界银行数据库,https://data.worldbank.org.cn/.

目前约有 30.2 万华人在巴西，主要在圣保罗市、库里奇巴市和里约热内卢市，以经营餐厅、超市等贸易活动为主。

（二）巴西的基本经济情况

巴西目前的流通货币为雷亚尔，从 2011 年开始，受到国际原材料市场动荡及金融危机的后续影响，巴西的经济增长速度放缓。

从巴西近五年的宏观经济指标可以看到（见表1），巴西的 GDP 增长率从 2015 年开始呈负增长，除了国际市场的外部因素影响，巴西国内党派斗争加剧，政局动荡等内部社会环境因素也制约着巴西经济的发展。

表1   2013～2017 年巴西宏观经济指标

宏观经济指标	2013 年	2014 年	2015 年	2016 年	2017 年
国内生产总值（万亿美元）	2.2	2.2	1.7	2.1	2.08
GDP 增长率（%）	2.3	0.1	-3.8	-3.6	0.98
人均 GDP（万美元）	1.1	1.1	0.9	1	1

资料来源：巴西统计局。

由于巴西国内经济发展速度受到制约，2017 年标普对于巴西的主权债务评级为 BB，展望为负面[①]，同时 2016 年第四季度巴西的失业率也达到 4 年来最高值 12%。作为南美洲较大的经济体，巴西的国内经济复苏较慢。但巴西的对外贸易仍处于发展阶段，随着能源和纺织等行业的优势被不断挖掘，巴西的经济水平仍有较大的提升空间。

（三）巴西的市场情况

1. 巴西国内市场

在美国美世咨询公司发布的世界上生活成本最昂贵的 209 座城市排名中，巴西的三大城市圣保罗、里约和巴西利亚分列第 128 位、156 位和 190 位。根据 Tripadvisor 的一项调查显示，巴西的物价水平有着逐渐升高的趋势，甚至超过了英国伦敦。

---

① 2018 年标普对巴西的主权债务评级下调为 BB⁻，评级展望为稳定。

造成这种状况的原因有很多，例如巴西国内的高税收、较低工人的利用率以及基础设施的不足造成的消费品高成本等。这些都不同程度地造成了巴西的进出口贸易相对封闭，而人民对于日渐升高的物价也逐渐缺少储蓄的成本。根据世界银行 2017 年的调查，巴西仅有 28% 的民众有储蓄的习惯，总储蓄仅占国民生产总值的 13.9%。

巴西家庭的日常消费主要以饮食为主（见图 2），在 2015 年，巴西家庭消费总额占 GDP 的 63.4%，达到 3.75 万亿雷亚尔。同时月工资在 360 雷亚尔以下的劳工若有未成年子女或者残疾子女，企业会相应提供部分家庭津贴。但是巴西的平均工资在 2016 年为 1985 雷亚尔，是近 2 年的最低水平，为了应对货币升值及通货膨胀带来的物价问题，政府及时调整了最低工资标准，于 2016 年 1 月将最低工资提升至 880 雷亚尔。

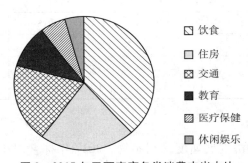

饮食
住房
交通
教育
医疗保健
休闲娱乐

图 2　2015 年巴西家庭各类消费支出占比

资料来源：中国驻巴西大使馆经济商务参赞处：《对外投资合作国别（地区指南）巴西》，2017 年版。

2. 巴西的对外贸易

巴西是世贸组织成员，目前尚未与任何国家签署自由贸易协定。中国、美国、阿根廷和荷兰是巴西主要的贸易伙伴，巴西主要的出口商品有矿产品、植物产品和食品饮料烟草。

从国别和地区上看巴西的主要出口目的国除了中国和拉美国家之外，还有德国、西班牙等欧盟国家。而从商品类别看，植物产品、矿产品以及食品饮料烟草是主要的出口产品，其中农产品中大豆、玉米等农产品出口量居世界前列。

巴西也是拉美地区具有较强工业实力的国家，自 21 世纪 90 年代以来，随着工业技术的发展，巴西在钢铁、石油天然气以及航空工业部门的发展较快，凭借良好的自然条件，巴西也是全球第四大可再生能源生产国。但受到产品工艺升级和全球市场动荡造成的冲击，巴西的制鞋、纺织和机械工业等部门近年开始萎缩。

虽然巴西的农牧商品、矿产等商品类别较为丰富，但是这类商品受国际市场波动和技术更替影响很大，例如，纺织业在巴西近些年的发展较慢的原因主要源于巴西的纺织品多为棉纺织制品，但目前服饰的材质多种多样，巴西有85%的聚酯纤维需要从亚洲进口，原材料的短缺也造成了巴西近些年出口额的下降（见图3）。

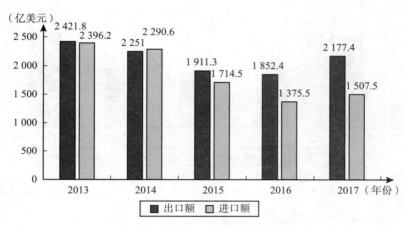

图3　2013～2017年巴西对外贸易额

资料来源：中华人民共和国商务部：《国别贸易报告》，https：//countryreport. mofcom. gov. cn/record/qikan110209. asp？id＝9861.

3. 巴西与中国的经贸概况

中国与巴西于1974年建立外交关系，并于1993年建立战略伙伴关系，两国高层交往频繁，为中国与巴西的贸易往来奠定了良好基础。受全球大宗商品价格反弹影响，巴西的进出口在2017年已有恢复增长的态势，但自中国的进口额有所下降，增幅不足对中国出口增幅的一半，尽管如此，中国仍是巴西最主要的进出口目的国之一。

如图4所示，2017年巴西对中国出口额达到474.9亿美元，其中植物产品是巴西对中国出口的主要商品，出口额203.5亿美元，增长40.8%。而中国对巴西主要出口的商品以机电产品和劳动密集型产品为主。

目前中国对巴西的投资以收并购为主，投资领域涉及能源、基础设施、航空服务业等多个领域。据商务部统计，截至2016年底，中国在巴西已有200多家中资企业，大部分投资集中在圣保罗、里约热内卢等地，同时巴西薄弱的基础设施也吸引了中国投资者对巴西进行投资活动。而巴西在中国的投资虽然登记的企业数量多，但是知名企业较少，目前的投资领域涉及煤炭、房地产、支线飞机制造等。

（亿美元）

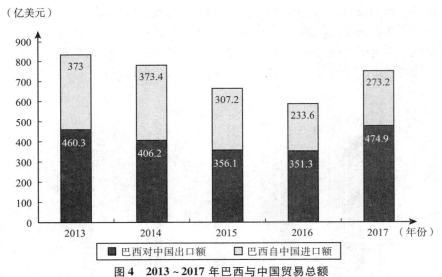

图4　2013～2017年巴西与中国贸易总额

资料来源：中华人民共和国商务部：《国别贸易报告》，https：//countryreport. mofcom. gov. cn/record/qikan110209. asp？ id＝9861.

从巴西的辐射市场看，巴西的辐射市场主要是周边国家，如阿根廷、乌拉圭等。虽然巴西的辐射市场有限，但是巴西是中国在拉美和金砖国家中最大的贸易伙伴，其本身的经济发展空间为投资者提供了一定投资机遇。

二、巴西的基础设施

巴西的基础设施条件相比于欧洲一些国家较为薄弱，加上经济危机造成部分铁路路段年久失修，整体基础设施状况较差。在全球经济论坛2017年发布的《全球竞争力报告》中，巴西的基础设施建设评分为3.1分，在所有国家中仅排108位①。

（一）运输业

1. 公路

2016年，巴西的公路达172.08万公里，另有15.73万公里待建。公路运输

---

① 注：根据《全球竞争力报告》（*The Global Competitiveness Report* 2017－2018），国际标准1＝十分欠发达，7＝十分发达高效。

在巴西有着重要的地位，大部分旅客的出行依赖于公路，而货运也是巴西唯一可以实现送货上门的途径，但是由于巴西公路网的建设增速较慢，公路建设留存的建设缺口比较大。

公路建设在巴西作为一项高成本低投入的建设投资，近年来初期的投入成本随着通胀率的增长不断提高，加上后期高昂的维护费用，使得巴西的公路建设项目逐渐减少。

另外，由于经济危机造成巴西部分路段路面状况较差，而加速增长的车流对本身缺乏维护的路面造成了更为严重的损坏，因此也一定程度上提高了巴西公路网的建设难度，建设和维修等方面的多重困难使得巴西的公路状况相对落后。

2. 铁路

截至 2017 年，巴西的铁路总长度为 3.06 万公里，其中 33% 为客运铁路，绝大部分为货运铁路，但是由于巴西的铁路基础设施不够完善，缺乏全国互联互通的铁路网，因此货运铁路的效能较低。2016 年货运总量 5.04 亿吨，仅占运输总量的 20.7%，其中大部分货运铁路以运送矿石和谷物运输，其他货物的运输多依赖于公路。

虽然巴西铁路私有化进程已经进行了近 20 年，但是由于对公路运输的过度依赖，加上参与铁路运输的企业活跃度低，缺少足够的外来资本进行铁路线建设等一系列问题，使巴西的铁路不论是建设规划还是运输速度，都落后于世界平均水平。

随着巴西住宅区和城市的发展，原来的铁路线已远远不能满足客运和货运需求。巴西政府意识到这个问题后，近些年也在国际市场上找寻合适的投资者，希望通过改善巴西的铁路网恢复与周边国家的互联互通，也为国内的运输业提供更为便捷高效的硬件基础。

3. 空运

空运是巴西目前对外贸易中较为重要的运输方式之一。据巴西国家运输联合会的统计，截至 2015 年，巴西往来货运流量达 7.51 亿吨；国内外航空旅客 1.19 亿人次。巴西共有国际机场 34 个，国内机场 29 个，主要的国际机场有圣保罗、里约热内卢、巴西利亚等。

随着巴西人出国游的数量逐渐增多，法航、荷航以及阿联酋航空等国际航空公司逐渐增加了在巴西的投资，主要用以开通新航线以及增加航班数量。

目前中国国际航空公司开通了从北京经西班牙马德里至圣保罗的航线，另外也可以经欧洲、北美以及南非的主要城市中转抵达巴西。

巴西除了积极推进客运航班的发展，还与葡萄牙 TAP 航空公司和北京首都航空合作，希望早日通过开通代码共享航班以促进中国、葡萄牙和巴西之间的货运业务，拉近中国与巴西之间的距离，提供更多中国与巴西的货物贸易机会。

4. 水运

巴西不仅国内河流纵横交错，而且拥有 7 400 公里的海岸线，这都为巴西发展水运提供了良好的自然条件。据统计，目前巴西拥有 4.8 万公里内河航线和 8 500 公里的海岸航线。

水路运输约占巴西货运的 13.6%，其中位于亚马逊河中游的马瑙斯港是巴西最大的内河港口。2016 年巴西港口干货吞吐量为 6.29 亿吨，液态货 2.18 亿吨，集装箱 1 亿吨，散货 5 040 万吨，总吞吐量同比下降 1.1%。

巴西共有 35 个公共港口，122 个混用私人码头和 9 个专用私人码头，在 2016 年巴西水运的客流量达到 54.96 万人次。

5. 基础设施比较

巴西由于党派斗争加剧，近些年更是受到反腐"洗车行动"的影响，国内政局动荡，经济受挫的同时也使本就落后的基础设施建设和维护情况雪上加霜。

根据全球竞争力报告，巴西的各项基础设施建设在 137 个国家中排名均靠后，反映了巴西在基础设施建设上的不足。

从表 2 的对比中可以看到，巴西与同为葡语国家的葡萄牙相比，评分相差较多，随着葡航私有化和葡萄牙铁路网完善的步伐加快，葡萄牙在基础设施上的优势体现得更为明显。

表 2   2017 年各国运输业基础设施对比

基础设施质量	国家				
	巴西	葡萄牙	中国	阿根廷	墨西哥
公路质量	3.1	6	4.6	3.3	4.4
铁路质量	2	4.2	4.8	2.1	2.8
机场空运质量	3.9	5.5	4.9	4.2	4.4
港口质量	3.1	5.2	4.6	3.7	4.3

注：评分 1 = 十分糟糕，7 = 非常好。

资料来源：The Global Competitiveness Report 2017 – 2018.

虽然巴西与葡萄牙一样都拥有较长的海岸线，有着得天独厚发展航运的优势，但是葡萄牙作为欧洲航海文化的发源地，对现在的航运发展影响更大。

而在同拉美国家的对比中可以发现，阿根廷同巴西一样受金融危机的影响较大，同时经济复苏缓慢和资金紧张的问题使得阿根廷的基础设施也处于较落后的位置。而金融危机对墨西哥的影响主要体现在贸易收入方面，由于墨西哥的经济脆弱性，使得其在经济上行或下行的过程中波动较大而不能保持稳定的态势，但墨西哥本身的基础设施较为完善，因此总体表现优于巴西。

巴西在基础设施上与其他国家的差距虽然对巴西经济发展造成了一定阻碍，但是从另一方面来看，这也成为了目前巴西最大的投资热点。

三、巴西的人力资源和科技创新

（一）人力资源

巴西的教育体系比较简单，分为基础教育和高等教育，基础教育包括初级和中等教育，相当于中国的小学至高中阶段；高等教育即大学教育，学制四年。根据《全球竞争力报告》的评分排名，巴西的基础教育质量在参与排名的 137 个国家中排名 127 位，属于较为落后的国家。尽管巴西的儿童入学率较高，2011 年，巴西 7～14 岁儿童入学率达到了 98.2%，但是巴西的教育系统尤其是基础教育和研究较为薄弱。

根据巴西国家教育研究所的调查显示，从 2014～2016 年巴西实施了普及学前教育的计划，2～5 岁儿童学前教育普及率有所上升达到了 91.5%，但这并不能降低巴西青少年居高不下的辍学率。人种的差异和家庭收入的高低是影响巴西青少年受教育比例的最大原因。巴西的高等教育机构有 2 365 所，其中公立大学 284 所，比较著名的有：圣保罗大学、坎皮纳斯大学、巴西利亚大学、里约热内卢天主教大学等。

从图 5 中可以看出，巴西的教育开支占 GDP 的比例稳定在 6% 左右，而科技研发支出仅占 1.1% 左右。巴西实行九年义务制教育，虽然目前采取的学前教育普及制度提高了适龄儿童的入学率，但是据 OECD（经合组织）统计，在 2016 年的劳动人口中，仅有 48.9% 的劳动者受过中等教育，结合巴西 4～17 周岁儿童及青少年辍学人数高达 190 万人的事实，不难看出巴西教育质量偏低。同时教育水平偏低也导致巴西在诸多行业的劳动力素质不足，进而制约了巴西的工作效率。

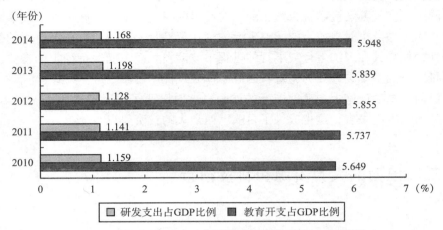

图5　巴西2010～2014年研发及教育支出占GDP比例

资料来源：世界银行数据库，https：//data. worldbank. org. cn/indicator/GB. XPD. RSDV. GD. ZS？ end = 2014&locations = BR&start = 2010&view = chart.

另外从图5还可以看出巴西在研发支出方面的支出占比较低，尽管巴西是南半球唯一掌握航天技术的国家，但由于教育水平不足，高技能人才短缺，研究人员分布不均，研究机构及研究人员主要集中在圣保罗，仅圣保罗大学就占比20%，严重的研究人员分布不均和接受高等教育的人才匮乏也使得巴西的劳动力素质落后于多数国家。

从图6中的数据反映了巴西2013～2017年的劳动力总人数，可以看出巴西这五年的劳动力人数逐渐增加，但与此同时巴西的劳动参与率却一路走低，除了劳动力素质不足，巴西政府对劳动力保护程度过高也是造成巴西劳动力积极性降低的原因之一。巴西政府为了保护本地劳工就业，要求外籍劳工必须有特殊技术专长才可在巴西企业工作。另外，巴西劳工的最低工资每年会根据物价水平进行调整。

根据巴西统计局数据，2017年巴西职工的平均月工资为2 131雷亚尔，同比增长了2.4%；为了避免劳工处于弱势地位，巴西还出台了严格的解聘规定，目前巴西的劳工诉讼案件多达每年400万件，这也使得巴西的企业很容易陷入劳工纠纷之中，从表面上看，各类政策从多方面保护了劳工的权益，但是正是巴西政府的"过度"保护，使得巴西许多雇员缺乏工作热情和进取心。

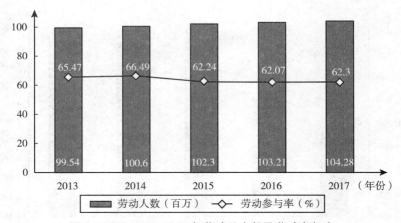

图6 巴西 2013～2017 年劳动总人数及劳动参与率

资料来源：世界银行数据库，https：//data.worldbank.org.cn/indicator/SL.TLF.CACT.NE.ZS? locations = BR&view = chart.

劳动参与率持续走低还与巴西政府给予的高福利有关。全民的免费医疗、儿童的免费公立教育以及高额救济金养老金等一系列高福利的背后，除了带来沉重的财政负担，还从一定程度上制约了劳动者对于岗位的工作热情，对劳动参与和工作效率造成了影响。

（二）科技创新

巴西的科技水平和研发能力目前都居发展中国家的前列，尤其是生物技术、信息、新材料和能源及化工领域。据巴西科技、创新和通信部数据显示，从 2009～2014 年，巴西共花费 8.25 亿雷亚尔用于扶持 125 个科技项目。同时巴西也是全球第四大可再生能源生产国，目前巴西 83% 的电力需求由可再生能源供应。

从图7中可以看出，巴西的专利申请量在 2015 年后有了显著提高，据统计巴西从 2010～2014 年博士毕业的科研人员增长至 11.6 万人，同比增长 42.5%，也正是由于科研队伍的不断壮大，巴西的科研潜力才备受投资者关注。

根据表3，受限于巴西的基础教育资源的匮乏，在数学和科学教育的质量上不及中国和同为葡语国家的葡萄牙。但是随着巴西对科研的重视，并且鼓励与大国合作，并在巴西国家科学技术发展委员会中建立巴西科技人员人才库，这不仅方便了科技人才的管理和使用，也节省了获取科研人员的程序。不同于巴西的国情，墨西哥在科技创新方面有着自上而下的特点，同时墨西哥近年来创立了多个

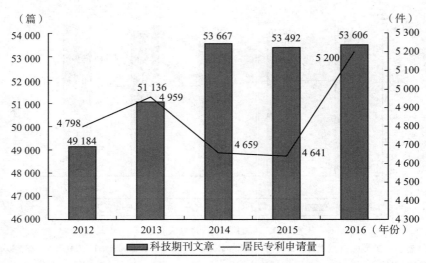

图7　2012～2016年巴西居民专利申请量及科技期刊文章发表量

资料来源：世界银行数据库，https：//data.worldbank.org.cn/indicator/IP.JRN.ARTC.SC？end＝2016&locations＝BR&start＝2012&view＝chart.

科创基金以开展科研活动，所以墨西哥在技术和科研人员的获取上比巴西更为系统和便捷，但目前墨西哥大多科创活动私营部门的参与率较低因而出现了投入与产出不成正比的现象。

表3　　　　　　　　　　　　　　2017年各国科研能力对比

	巴西	葡萄牙	中国	阿根廷	墨西哥
数学及科学教育质量	2.6	4.8	4.5	3.1	2.9
工程师及科学家可获得能力	3.6	4.7	4.7	3.9	4.2
新技术的获取能力	4.5	6	4.5	4.2	5.0

注：评分1＝十分糟糕，7＝非常好。
资料来源：The Global Competitiveness Report 2017－2018.

　　目前巴西的科技创新不仅仅局限于传统的航天、汽车等工业，随着互联网技术的发展，巴西的初创企业也代表着巴西科技创新的发展。虽然巴西的初创企业在过去的五年中，只有1/4的企业存活了下来，但是这代表着巴西的初创投资者对自己的业务充满着希望，并且这些初创企业大多与互联网、金融、电子商务有着密不可分的关系，这类初创企业在巴西如雨后春笋般的萌芽也说明巴西的科技较之前有了较大的进步，并且朝着更良好的趋势发展。

　　目前巴西的初创企业越来越成为新的投资热点，在2013～2017年中拉丁美洲共获得了约 10 亿美元的创业投资，而对巴西的创业投资占比 45.4%，这也证明了巴西的初创市场潜力是巨大的。这些初创企业的出现，弥补了巴西在金融服务，电子商务等方面的不足，同时反映了在巴西目前的社会水平下新一代巴西人对于生活新的诉求，例如，巴西 GuiaBolso 公司向巴西人提供理财服务，并且提供银行账单查询服务，以此来提高巴西人民的财务生活，这反映出不爱储蓄，没有金融理财规划的思想正在被逐渐打破，新的服务诉求正推动着巴西的企业朝着科学化、便利化的方向发展。

四、巴西的金融概况

巴西同南非、中国、俄罗斯和印度并称"金砖五国"，是拉丁美洲最大的经济体，截至 2012 年，巴西都是全球经济增速最快的国家之一，甚至在 2012 年成为全球第六大经济体。

但是巴西在 2014 年陷入经济危机后，经济连续多个季度实现负增长，国内失业率攀升，虽然巴西央行出台了各项政策希望刺激巴西经济，但收效不大。巴西本身国内的高福利待遇在经济危机后并没有作出太多调整，这造成了本来依靠单一自然资源发展经济的巴西无法在短时间内发展除大宗商品外的行业挽救经济衰退的状况。

从表 4 可以看到，巴西的年通胀率在 2017 年降至 2.95%，为 19 年来新低，根据巴西央行行长伊兰·戈德法恩，年通胀率大幅降低的原因主要是谷物增产等非政策因素。近些年巴西的年通胀率一直保持在较高水平，不断增长的物价打消了国内的消费积极性，同时也对投资者的投资成本产生较大影响，2017 年通胀率的回落有利于巴西逐步走出经济衰退，恢复经济增长。

表4　　　　　　　　　　巴西 2013～2017 年宏观指标对比

	2013 年	2014 年	2015 年	2016 年	2017 年
GDP（2010 年不变价美元，万亿）	2.412	2.424	2.338	2.257	2.279
失业率（%）	6.99	6.67	8.44	11.61	12.882
年通胀率（%）	6.202	6.332	9.028	8.739	2.95

资料来源：世界银行数据库，https：//data. worldbank. org. cn.

从表 4 中还可以发现，巴西的失业率从 2013 年开始一直在不断上升，甚至在 2017 年达到 12.882%，巴西的高失业率一方面来自于正规就业岗位数量不足，甚至有所减少。2017 年第四季度巴西正规就业岗位数为 3 330 万个，同比下降 2%；另一方面造成巴西高失业率的原因来自巴西目前脱离实际的高福利政策，巴西的养老金制度规定只需要缴费 15 年，男性 65 岁，女性 60 岁退休时可以领取全额养老金。如果缴费满 30 年，男性在 53 岁即可退休。另外巴西的部分政府官员退休后每年可以领取 15 万~18 万美元的退休金。如此慷慨的福利待遇使得巴西人民认为只要生活还可以过得去就不用努力工作也可得到很多福利待遇，懒散的工作态度已经成为一种很难改变的社会风气，这也使得巴西适龄的劳动者劳动参与度不高，失业率逐渐上升。

虽然巴西政府在努力的创造更多就业机会，改革劳工法为降低失业率做贡献，但是据巴西社会经济统计数据研究所和经济研究基金会的数据显示，2018 年第一季度登记的合同仅有 2 802 份，同比减少 29%，也远远低于 2012~2017 年同期平均值，这也反映了自新劳工法实施以来，劳工和雇主之间关于工资、假期等一系列关于劳工切实福利待遇问题仍旧不能很好地达成一致。

从图 8 的柱状图对比可以看出巴西近五年的上市公司总数在不断下降，同时在圣保罗股市上市的巴西企业盈利总额也"缩水"严重，究其原因主要是龙头企业表现欠佳，在 2015 年巴西淡水河谷公司、巴西石油公司和巴西电力公司的亏损额就高达 934 亿雷亚尔，缺少了龙头企业的榜样作用，巴西企业的信心指数也不断下降，根据巴西《经济价值报》的报道，仅 2018 年 4 月，巴西企业的信心指数已经重回至 2017 年 12 月左右的水平，下降至 93.4。加上巴西以自然资源为主的大宗商品市场价格持续低迷，一些规模较小的上市公司缺少在国际市场的竞争力，使得巴西的上市公司逐年减少。

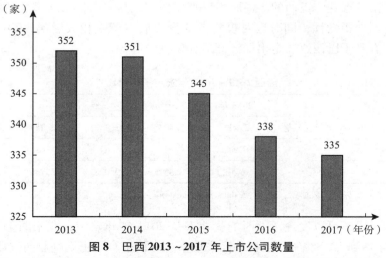

图 8　巴西 2013~2017 年上市公司数量

资料来源：世界银行数据库，https：//data. worldbank. org. cn/indicator/CM. MKT. LDOM. NO？ locations = BR&view = chart.

从表5的对比中可以看出，巴西银行的稳健程度较高，但是所能提供的金融服务并不能很好地满足各方的诉求。而葡语国家中的葡萄牙则具备提供本国所需金融服务的诉求，但迫于经济危机压力，葡萄牙的银行部分股权也在近些年不断地被收购，使得葡萄牙的银行稳健性较低。而随着电子支付在中国的迅速发展，根据人民银行发布的《2017中国普惠金融指标分析报告》，中国的基础金融服务已基本实现行政村全覆盖，并且随着信用建设的推进，消费者的金融素养也得到了提高。

表5 　　　　　　　　　　　　 2017年各国银行及金融服务对比

	巴西	葡萄牙	中国	阿根廷	墨西哥
银行的稳健程度	5.7	3.1	4.5	4.6	5.4
合法权益指数	2	2	4	2	10
金融服务是否能满足需求	3.8	4.5	4.4	3	4

注：合法权益指数评分为1~10分。
资料来源：The Global Competitiveness Report 2017–2018.

另外从表5的对比中可以很明显地看出，拉丁美洲国家在保护投资者的合法权益和金融市场服务上的表现都较为落后。主要是由于拉美国家普遍面临居高不下的税收以及经济结构不良、赤字不断等问题，一定程度上制约了拉丁美洲国家金融市场的良性发展。巴西虽然在各项指标上略好于其他主要国家，但也面临同样问题。而墨西哥对外市场较依赖美国，促进了墨西哥更注重完善和保护投资者的合法权益，使墨西哥的合法权益指数评分达到了10分，有利于增强投资者和企业的信心。

尽管巴西的银行稳健程度较高，但是由于国民经济水平没有得到实质性的提升，国内经济大环境还有待改善，所以在全球竞争力报告所统计的137个国家中，巴西的金融竞争力仅排名92位。

据全球竞争力报告的研究表明，十年前，也就是经济危机爆发前后，全球的银行所受到的冲击首先影响了经济危机发源地，随后逐渐影响到其他国家的实体经济，这使得投资者获得信贷的机会受到了限制，一定程度上抑制了一些企业的投资积极性。十年过去了，尽管一些国家在谋求金融业更加稳定方面取得了较大进展，但银行仍未完全恢复到危机前的状况。巴西央行已经建立了数据分类账许可平台，方便巴西金融机构之间共享数据，同时由巴西中央银行开发的区块链平台也将连接巴西证券交易委员会和国家养老基金管理局，该平台预计将于 2018 年底上线，这些新兴金融技术的开发为改善巴西的金融环境提供了更多可能。

五、巴西的市场准入概况

巴西的对外贸易主要以植物产品、矿产品以及食品饮料烟草为主，但是初级产品近年来的国际市场波动较大，为了进一步刺激巴西的经济发展，巴西政府践行了一部分开放政策，希望借此吸引更多投资者进行投资活动，促进巴西的经贸发展。

巴西本地的多民族特性使得其境内对多民族文化的包容性较大，排外和种族歧视的现象较少，并且在巴西境内的外国独资或合资企业可以享受到国民待遇，相对融洽的社会环境为投资者提供了市场准入的便利。

巴西虽然是世贸组织成员，但巴西并未和任何国家签署自由贸易协定。不过巴西作为南共市（南方共同体市场）成员之一，与以南共市为主体签订自由贸易协定的国家有智利、墨西哥、玻利维亚、墨西哥和秘鲁等。因此，对巴西的投资可辐射的主要市场主要有阿根廷、巴拉圭、委内瑞拉、乌拉圭等南共市国家，以及同南共市签订自由贸易协定的国家。

作为南美地区最大的国家，同时也是南美地区的中心市场，巴西的辐射市场是可观的。近几年巴西除了发展传统的农林牧业，在可再生能源行业上也有了很大突破，一跃成为全球第四大可再生能源国。不少希望在拉美地区发展可再生能源行业的投资者将巴西作为进入拉美地区的有利"跳板"，不仅开拓了拉美市场，还进一步挖掘了巴西在可再生能源行业的发展潜力。

如表 6 所示，与中国和葡语国家中的葡萄牙相比，巴西在投资及创立公司的营商环境方面有较大的差距。在注册、施工、产权登记各方面的用时都远远超过葡萄牙和中国。

表6　　　　　　　　　　2017 年巴西与各国创业营商环境对比

创业营商环境		国家				
		巴西	葡萄牙	中国	阿根廷	墨西哥
注册类	营商类整体排名（1~190）	125	29	78	117	49
	创业用时（天）	79.5	5	22.9	24	8.4
	创业经过程序（平均）	11	6	7	13	7.8

创业营商环境		国家				
		巴西	葡萄牙	中国	阿根廷	墨西哥
施工类	平均施工周期（天）	434	113	247.1	347	82.3
	厂房的建设成本占厂房费用总成本的比重（%）	0.8	1.2	7.8	3.1	9.9
产权登记类	登记程序（个）	13.6	1	4	7	7.7
	获得许可用时（天）	31.4	1	19.5	51.5	38.8

资料来源：Doing Business 2018.

与其他拉美国家相比，总体营商环境劣于墨西哥，优于阿根廷。尤其是在注册和产权登记程序上少于阿根廷，但是用时却最多。反映了巴西的工作效率相对较低，且各项流程相对繁杂的事实。此外，巴西对于投资行业和领域也有着一定的限制，比如核能、医疗卫生、养老基金、远洋捕捞、邮政以及航天工业等行业禁止或限制外国资本进入。还有需要视情况而定的金融业等行业对于外国资本投资也有所限制。巴西虽然对于外来资本进入市场已经实施了开放政策，但是冗杂的注册程序和较多的行业限制令一些投资者望而却步。另外巴西的各类产权登记也需要耗费较长的时间，再度反映出巴西工作效率低和较为懒散的工作态度。

但是巴西的厂房仓库等建设的成本仅占总成本的0.8%（平均），相比建设成本最高的墨西哥低了近9%，巴西作为拉美地区重要的新兴国家，建材市场的规模也很可观，并且巴西85%的建筑材料都为国产材料，进口材料仅占15%，这也是巴西建筑成本相对低廉的原因之一。

通过上述对比可以发现，巴西的市场准入门槛受到行业政策规定的影响，对投资者来说有一定限制。另外，巴西政府目前在逐渐实施开放政策吸引外资，为投资者进入巴西甚至拉丁美洲市场奠定了一定基础。但是也需注意到由于巴西经济持续低迷和改革前景不明等因素影响，现有外资不断撤出巴西市场。巴西亟需外来投资的补充。

尽管巴西没有与任何国家签署自由贸易协定，但巴西参加签署的区域性经贸协定为投资者提供了进入拉美市场的可能性。巴西从1974年8月15日与中国建立外交关系后，两国高层交往频繁，这都为中国投资者在巴西开展投资活动奠定了一定的投资条件。

六、巴西的税收政策

巴西的法律体系属于大陆法系，其法律体系依靠于联邦政府、州市政府的法典法律约束，同时也兼顾各地区自身实际情况和各州利益。同时巴西的法律给予联邦政府、州和城市不同的权威性以避免其他机构或团体发出与联邦政府、州及城市法律相矛盾的法律。

巴西的联邦政府所发布的法律权威性高于州及城市法律，但联邦宪法允许联邦政府、州政府和联邦地区在税收、金融、经济、监狱、生产及消费、环境污染或消费者损害、教育、社会保障、卫生保护及防范疾病方面立法，因此巴西的法律法规相对复杂。

正是由于巴西繁多的税目，令投资者眼花缭乱，根据全球竞争力报告的排名，税率税收是目前投资者投资巴西最关心的问题，其次是有关劳工的法律法规政策，可见投资者想要在巴西进行投资活动需要咨询当地专业的律师，以免给投资活动造成不便和困难。

巴西的税制是属人税制，即企业须就其全球范围内的利润和资本收益纳税，与投资者国籍无关，同时投资者的资本来源与纳税无关，需要按照巴西当地企业纳税方式依法纳税。巴西的税收按行政划分，由联邦税、州税和市税组成，除此之外，企业还要承担各种社会性费用，例如，社会保险金、工龄保障基金、社会一体化计划费、社会安全费等。

表7反映了巴西、葡萄牙、中国及拉美国家的阿根廷和墨西哥五个国家在税收方面的指标对比。巴西的企业税收也占了企业利润的近70%，比中国多出1.1%，中国企业花在付税上的时间远远低于巴西，除了反映出中国的税收流程更为成熟，也反映了由于巴西税收种类复杂，三级税务种类下各种联邦税、州税和市税繁杂，增加企业经营的成本和困难。

表7　　　　　　　　　**2017 年各国税收指标对比**

	巴西	葡萄牙	中国	阿根廷	墨西哥
总税率（占利润的百分比）	68.4%	39.8%	67.3%	106%	52.1%
花在付税的时间（小时/年）	1 958	243	207	311.5	240.5
现行税种	9.6	8	9	9	6

资料来源：Doing Business 2018.

对比葡语国家中的葡萄牙，近些年为了吸引外资葡萄牙对如环保行业、能源行业、农牧业、旅游业等特定行业的公司实行额外的税收优惠，对于符合葡萄牙税收优惠的外来投资企业，可以减免10%～20%不等的企业所得税和部分房产税及印花税。

从表中对比可以发现，拉丁美洲国家中阿根廷的企业税收在五个国家中最高，达到了106%，近年来阿根廷的宏观经济表现不佳，加上市场进入门槛居高不下，并且为了缓解财政负担，阿根廷提高了企业税收，更加重了企业负担，同时造成了部分金融外流的现象，但阿根廷的税务复杂程度较巴西容易很多。

巴西政府目前已经意识到通过吸引外资创造就业机会以及促进经济发展的重要性，同时也是为了巴西工业的现代化发展，目前巴西对外国投资实施了一些优惠政策，例如，对中小企业给予优惠税收，对部分行业实行行业鼓励政策等。这些举措一方面反映了巴西目前较为开放的投资政策，另一方面也可以鼓励外国投资者在巴西兴办企业，创造更多就业机会来应对居高不下的失业率。

七、总结

通过对巴西社会情况、国内基础设施、科研技术、人力水平，投资门槛等投资环境的对比分析可以看出，巴西国内的自然资源丰富，作为拉美地区最活跃的经济体之一，其发展和投资潜力不容小觑。但是基础建设不足，加上赋税制度复杂且税率较高，使得企业在投资时不得不面对投资成本较高这个现实问题。

另外，巴西社会治安一直是投资者所诟病的一个问题。近年，巴西动荡不安的政治环境也严重阻碍了巴西国内一系列结构性改革政策的推进。无论是此前一直没有得到通过的养老金制度改革方案，还是贸易改革方案都因为国内的政治问题一再搁置。在这样一种复杂多变的环境中，巴西的经济可持续发展风险将会加大，而投资者则会更加谨慎地作出投资决策。

而对于中国投资者来说，虽然新任右翼总统博索纳罗的对华政策目前还并不具有确定性，但目前为止，巴西对华合作的大方向并没有偏离。从巴西国家发展的自身利益来看，巴西必须维持甚至加强与中国的战略伙伴合作关系。目前，中巴务实合作合作规模取得新突破，去年中巴贸易额突破千亿美元，中国连续十年成为巴西最大贸易伙伴。投资"接棒"贸易成为了合作的新引擎。而中国与巴西的合作也不再仅仅局限于能源矿产领域的合作。巴西的投资机会集中于基础设施和再工业化领域。中国在基础设施建设方面具有资金、人才和技术优势，中国的产业升级和巴西的再工业化战略有利于产业对接、进而利于参与全球工业产业链分工与整合。

尤其，巴西也是拉丁美洲创新科技企业的热土。尤其是电子商务和互联网金融等有巨大的投资潜力。随着众多初创企业的诞生，更是带动了巴西当地科技的进步。各类初创企业的发展刺激了巴西的经济，同时也创造了更多就业岗位，尤其在互联网金融和电子商务方面更是为中国与巴西合作创造了更多可能。这都为今后有意愿进入巴西的中国投资者提供了机遇。

参考文献

［1］ 商务部国际贸易经济合作研究院，商务部投资促进事务局，中国驻巴西、葡萄牙大使馆经济商务参赞处：《对外投资合作国别（地区）指南》（葡萄牙、巴西），2017 年版。

［2］ The Global Competitiveness Report 2017 – 2018. the World Economic Forum. 2017.

［3］ The Economist explains. Why is Brazil so expensive? . https：//www. economist. com/the – economist – explains/2013/09/30/why – is – brazil – so – expensive.

［4］ World Bank Open Data. Form https：//data. worldbank. org.

［5］ 岳云霞：《巴西人为何勤劳而低效》，载于《人民论坛》人民日报社 2018 年 5 月中期。

［6］ 搜狐网：《巴西创投概览》，来自 http：//www. sohu. com/a/245312224_114778.

巴西主要行业（Ⅰ）：农牧业与矿产业

宋雅楠　郑祯远*

一、巴西经济与农牧业发展概述

（一）巴西经济发展概述

巴西位于南美洲东南部，毗邻大西洋，国土面积 851.49 万平方公里，是拉丁美洲最大的国家，人口超过 2 亿人。

巴西在 20 世纪六七十年代创造了"经济奇迹"，1967～1973 年，GDP 以年均 11.5% 的速度增长。进入 80 年代后，巴西经济遭遇危机，进入了"失去的十年"。1981～1992 年，出现经济负增长的年份达到了 5 年。90 年代后，巴西 GDP 缓慢上升，自 2014 年开始，巴西经济再现颓势，2015 年和 2016 年，巴西 GDP 增长率均为 −3.5% 左右，直到 2017 年才恢复到 0.98% 的增长。

在"经济奇迹"时期，巴西出现了严重的贫富差距。严重的贫富分化导致了"产业结构畸形化"，资本和技术密集型产业得到了较大的发展，而劳动密集型产业没有打下相应的基础。加之巴西国内政治环境不算良好，导致巴西的经济没有稳定地发展。

巴西是个地大物博的国家，森林资源、水资源、矿产资源极其丰富，巴西曾依靠出口资源产品使得国家有过长达十年的贸易顺差。但到了 2014 年前后，世界经济发展缓慢甚至下滑，世界各国的制造业进入了下降期或者调整期，对原材

＊　宋雅楠，澳门科技大学商学院副教授，博士生导师。研究方向为国际贸易与投资、中葡经贸关系等。郑祯远，澳门科技大学商学院研究生。

料和初级产品的需求下降，出口下滑最终使巴西的贸易顺差变成了贸易逆差。2011～2016 年，巴西出口总额一直是负增长状态。

(二) 巴西农牧业发展概述

巴西是农牧业大国，是世界最大农牧业产品出口国之一，仅次于欧盟和美国。巴西农牧业有着得天独厚的发展条件，位于南美洲东部的巴西，国土面积 851 万平方公里，约占南美洲总面积的 46%，巴西地大物博，阳光充足，雨水充沛，旱涝灾害较少，优越的地理气候环境使得巴西成为农牧业全面发展的少数国家之一。巴西拥有 2.5 亿公顷高产良田，2 亿公顷牧场，为农牧业提供充足的土地，创造了良好的发展条件。

农牧业在巴西经济发展上有着重要的地位，农牧业提供了巴西 30% 左右的就业，总产值占巴西 GDP 的 13%，农牧业产品出口占总额 40% 以上，2017 年仅植物产品出口额达 373 亿美元，占全年出口总额 17.1%，仅次于矿产品。巴西地理统计局数据显示，2017 年巴西国内生产总值增长 0.98%，其中农业增幅达 13%，是推动巴西经济增长的最主要动力。虽然农牧业有着重要的经济地位，但巴西农牧业的基础设施欠缺发展，以运输为例，巴西每运输一吨大豆的成本是美国的三倍之多，圣保罗工业联合会表示，希望与中国加强合作，期待中国工程企业到巴西投资参与基础设施建设项目。

种植业业在巴西有着重要的经济地位，但巴西的农业发展并不充分，仍有巨大的发展潜力。巴西不断扩展耕地，近二十年巴西耕地面积以每年 1.84% 的速度增长，2014 年扩大到 4 950 万公顷，人均 0.3 公顷，有专家认为，巴西是"21 世纪的世界粮仓"。巴西大部分良田掌握在少数大庄园主手里，他们有着充足的资本、先进的农业科技和管理技术，完备的灌溉系统，以种植大豆、甘蔗、咖啡等高收益的经济性农产品为主。而其他小农场没有先进的技术和管理经验，只能以种植经济收益较低的木薯、黑豆等农产品为主。同时，仍有千万以上的无地农民。这种贫富差距也造成了农牧业地区发展不均衡，东部和东南部的农牧业现代化程度较高，而在中西部和东北部，仍然依靠传统耕种方法，虽然水源充足，但是没有相匹配的灌溉系统，农民依然"靠天吃饭"，这对于劳动力和耕地使用效益是一种浪费。

巴西在经济不景气的年份，农业一直保持发展，这得益于巴西政府对农业的支持。1995 年巴西对农业政策做出了重大调整，由农业补贴向价格支持方面转变。巴西的农业政策由结构政策、国内支持政策和贸易政策三方面构成，从土地、信贷、农业保险、价格等方面支持着巴西农业的发展。

　　同时，农业也是巴西出口换取外汇的主要行业之一。据巴西农业部统计，2018 年 1～8 月，巴西农产品出口额已达 685 亿美元，预计全年出口额将达 1 000 亿美元。巴西农业以出口作物为主，政府鼓励农民种植大豆等出口作物，降低对咖啡、可可等产品的依赖程度。然而，大量种植出口产品使得巴西粮食作物种植过少，国内粮食消费一定程度上要依赖进口。

　　中国是巴西最大的农产品进口国。2017 年，中国自巴西进口了 230 亿美元的农产品，占巴西农产品出口总额的 30%，成为巴西农产品最大出口市场。其中，中国进口 5 000 多万吨巴西大豆，占巴西出口总量的近 80%。

1. 畜牧业

　　畜牧业是巴西主要的产业之一，巴西人均年消费肉类 80 公斤。巴西的牧场面积相当于耕地面积的 3 倍，广阔无垠的牧场是发展畜牧业的良好条件。在肉类出口方面，巴西的禽肉和猪肉产量都占拉美国家的首位。巴西畜牧业以牛、鸡和猪为主，其中肉牛养殖业发展最好，生产水平高、疾病风险少，生产组织化程度高，存栏数量为世界第二，牛肉产量居世界第二位。猪和家禽存栏数量世界第三，鸡肉产量居世界第二位，猪肉产量世界第四位。良好的行业现状为巴西肉类创造了出口条件，牛肉出口量居世界第二位，鸡肉出口量居世界第一位，猪肉出口量为世界第四位。随着中巴贸易的发展，2015 年中国解除对巴西牛肉的进口禁令，2016 年中国为巴西牛肉最大的进口国。

　　中国是巴西肉类出口的重要市场（见表 1），2015 年巴西纯天然鸡肉对中国出口额达 69 907 万美元，市场占有率高达 77.78%；纯天然猪肉对中出口 660 万美元，市场占有率为 0.46%，纯天然牛肉对中出口 29 万美元，近三年增长率为 97.39%，市场占有率为 12.35%。

表 1　　　　　　　　　　2015 年巴西对中国出口肉类发展状况

产品	出口金额（万美元）	近三年增长率（%）	市场占有率（%）
纯天然牛肉	29	97.39	12.35
纯天然鸡肉	69 907	8.42	77.78
纯天然猪肉	660	−5.3	0.46

资料来源：巴西农业、畜牧业和供应部。

　　巴西是世界上重要的养牛大国，肉牛生产是巴西畜牧业的主要支柱产业，肉牛养殖主要分布在中西部地区，占 34.80%，北部地区占 19.45%，东南部地区占 19.26%，南部地区占 13.79%，东北部地区占 12.70%。奶牛存栏量 3 000 万头，主要分布在东部和南部的大城市郊区。

巴西蛋鸡主要生产地区在东南部地区和南部地区，分别占总产量的 37% 和 17%；肉鸡的主要产地在南部地区，占总产量的 50%。巴西的鸡肉生产有着世界最低的成本优势。巴西玉米和大豆产量较高，本土需求疲软，库存量高，市场价格较低，使得饲养成本相对较少，这是巴西鸡肉生产成本低的主要原因。

巴西也是养猪大国，商品猪饲养主要在南部地区，占比 43.70%，东北部地区占 21.31%，东南部地区占 17.31%，中西部地区占 11.39%，北部地区占 6.30%。

2016 年，巴西出口价值 69 亿美元的禽肉和 55 亿美元的牛肉到世界各地，中国是巴西牛肉和禽肉的第二大进口国，而中国香港是巴西最大冻肉的进口地。2017 年全年中国从巴西进口肉及食用杂碎达 18 亿美元，其中对中国出口牛肉超过 56 万吨，占巴西牛肉出口总额 40%。而 2018 年 1~9 月，中国从巴西进口肉及食用杂碎已达 19 亿美元，同比增长 49%。①

2. 种植业

（1）粮食生产

20 世纪 90 年代开始，国际市场需求和生物技术的进步，使世界粮食产业进入快速发展的时期，全球化成为粮食产业的主导方向。

巴西是世界主要的粮食生产国之一，有着"世界粮仓"之称。根据世界银行公布的数据，巴西耕地面积排世界第五，达 8 001.7 万公顷，2017 年的粮食产量约为 2.4 亿吨②。

巴西主要的粮食作物是玉米、小麦、大米等。2015 年巴西玉米产量为 8 528 万吨，2016 年下降至 6 414 万吨；产量同样下降的有大米、稻谷，由 2015 年的 1 230 万吨下降至 1 062 万吨。小麦和大麦产量均有上升，2016 年总产量分别为 683 万吨和 38 万吨（见表 2）。

2003 年以来，粮食的国际市场价格逐步上升，粮食作物出口成了巴西的创汇的主要商品，2013 年巴西为全球第一大玉米出口国。发展至今天，巴西已成为世界主要的粮食出口国。2016 年，巴西玉米出口 2 187.3 万吨，净出口量为

---

① 巴西肉类出口贸易发展并非一帆风顺，最近一次重大打击是 2017 年"黑心肉"事件。2017 年 3 月 17 日，巴西肉类工厂被举报出售添加致癌化学物掩饰的腐肉，出口至约 150 个国家和地区，涉案企业达 21 家，其中包括巴西最大跨国食品加工集团、世界最大牛肉出口商 JBS 股份有限公司，以及规模位于世界前列的巴西食品公司。该事件还涉及肉商贿赂政府官员等腐败行为。丑闻爆发三天后，中国禁止进口巴西肉类，次日香港食物安全中心宣布禁止所有巴西生产的冷藏、冰鲜肉类和禽肉的进口。丑闻被揭露数天内，包括欧盟、中国、日韩等近十个国家和地区宣布局部或全面暂停进口巴西肉类。据有关部门估计，巴西肉类企业出口损失估计达 15 亿美元。

② 行世数据：印度耕地面积全球第一、美国第二，巴西第五，中国第几呢？来自：http://www.sohu.com/a/256794148_100110525.

1 897 万吨；但小麦严重依赖进口，2016 年进口量达 686.6 万吨，同时大米进口量为 71.3 万吨（见表 3）。

表 2 　　　　　　　　　　巴西主要粮食作物产量　　　　　　　　　　单位：吨

年份	小麦	玉米	大米、稻谷	大麦
2016	6 834 421	64 143 414	10 622 189	379 687
2015	5 508 451	85 284 656	12 301 201	186 285
2014	6 261 895	79 881 614	12 175 602	251 539
2013	5 738 473	80 273 172	11 782 549	330 682
2012	4 418 388	71 072 810	11 549 881	265 025

资料来源：联合国粮食及农业组织。

表 3 　　　　　　　　　　巴西主要粮食作物出口量　　　　　　　　　　单位：万吨

年份	小麦		玉米		大米	
	出口	进口	出口	进口	出口	进口
2016	71.3	686.6	2 187.3	290.3	63.0	71.3
2015	177.9	517.0	2 892.4	37.0	88.4	34.9
2014	27.7	578.3	2 065.5	77.3	83.7	58.9
2013	118.8	727.3	2 662.5	91.1	81.6	73.7
2012	204.5	658.0	1 980.2	83.0	109.9	69.4

资料来源：联合国粮食及农业组织。

巴西是世界重要粮食生产基地，其农产品生产供应能力稳定，众多优质农产品出口量高居世界第一。巴西最大的产粮区是马托格罗索州，预计 2018 年占巴西全国粮食总产量的 26.8%，巴拉那州占 15.5%，南里奥格兰德州占 14.8%，这三个地区产粮量占全国总产量的 57.1%。

2018 年 11 月 8 日，巴西国家地理与统计局（IBGE）发布的预测报告称，2018 年巴西粮食总产量将达 2.272 亿吨，比 2017 年减产 5.6%。其中，除了大豆产量预计增产 2.4%，玉米和大米均减产。玉米产量预计为 8 160 万吨，减产 17.9%；大米产量预计为 1 110 万吨，减产 5.6%。不过，这三种粮食作物产量预计占巴西全部粮食总产量的 92.6%。同时 IBGE 还预测 2019 年巴西粮食总产量 2.267 亿吨，比 2018 年减产 0.2%。

（2）大豆生产

巴西的大豆产地主要分布在南部、中南部和中西部地区。巴西农业近几十年来的发展有着突出的特点，即在品种、种植面积和产量上大力发展大豆种植。

2009 年，巴西大豆产量为 5 734.5 万吨，美国大豆总产量为 9 147 万吨，差距约
3 400 万吨。2015 年差距缩小至 948.9 万吨。2016 年美国大豆增产约 1 000 万吨，
总产量超过巴西约 2 100 万吨。

　　20 世纪 70 年代，巴西国内成立了"巴西农牧业研究公司"和"巴西农牧业
技术推广公司"，隶属巴西农业部，主要向社会推出农业方面的科研成果。经过
多年研究，该公司培育出 16 个适合在赤道地区生长的新品种，巴西也成为世界
上第一个在低纬度地区种植大豆的热带国家，大豆单位产量从每公顷 1 000 公斤
提升到每公顷 2 000 公斤。巴西气候条件良好，大豆年产量基本稳定上升，全国
总产量从 70 年代的 150 万吨提升到 2017 年的 1.1 亿吨，美国农业部预测，2018
年巴西大豆产量将达 1.15 亿吨。同时，根据巴西大豆种植面积和气候条件预测，
2019 年巴西大豆产量将超过美国，成为世界第一大豆生产国[①]。

　　得益于政府的大力支持，巴西大豆播种面积持续增长，不断创造历史新高。
2005 年，巴西的播种面积还只占美国的 74.5%。2006 ~ 2014 年，播种面积持续
增长，年均增长约 85 万公顷，凭借较高的增长速度，巴西与美国的差距在不断
缩小（见图 1），2015 年，美巴两国大豆种植面积已基本持平。2015 ~ 2016 年度，

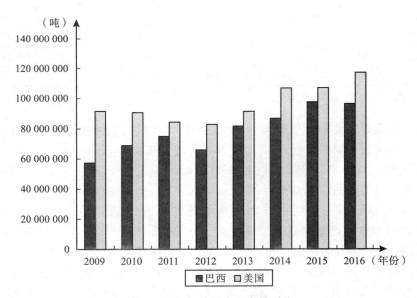

图 1　巴西与美国大豆产量对比

资料来源：联合国粮食及农业组织。

---

　　① 中国新闻网：预测：明年巴西或超美国成全球最大大豆生产国。来自：http：//www. chinanews.
com/gj/2018/03 - 01/8457380. shtml.

大豆种植面积达 3 322.8 万公顷。2016 年巴西大豆总产量达 96.3 亿吨（见表 4），占世界总产量 28.8%。根据美国农业部海外农业局发布的报告，2018~2019 年度巴西大豆播种面积增加 2%，达到 3 580 万公顷。

表 4   巴西大豆种植面积及总产量

年度	种植面积（万公顷）	大豆产量（万吨）
2004~2005	2 330.1	5 230.4
2005~2006	2 274.9	5 502.7
2006~2007	2 068.6	5 839.1
2007~2008	2 131.3	6 001.7
2008~2009	2 174.3	5 716.5
2009~2010	2 346.7	6 875.6
2010~2011	2 418.1	7 481.5
2011~2012	2 504.2	6 584.9
2012~2013	2 773.6	8 172.4
2013~2014	3 017.3	8 676.1
2014~2015	3 209.2	9 746.5
2015~2016	3 322.8	9 629.7

资料来源：巴西国家商品供应公司、联合国粮食及农业组织。

大豆出口是巴西重要的外汇来源，2017 年巴西出口大豆 6 800 万吨，出口额达 258 亿美元，巴西 2017 年的出口总额为 2 177.4 亿美元，大豆出口额占总额的 12%。根据美国农业部的预测，2018 年巴西大豆总产量中，将有 6 700 万吨将用于出口。但是，尽管巴西大豆的绝大部分需求来自出口，但是国内需求预计也将增加，因为压榨产能提高。为了减少温室气体排放，巴西已经承诺提高在运输燃料中的再生燃料用量，年初规定柴油中必须掺混 10% 的可再生燃料。可再生燃料主要来自豆油。但是巴西政府正在考虑明年将生物燃料掺混率提高到 15%，全国能源政策委员会目前正在进行试验。

中国是巴西最大的大豆进口国。虽然中国是农产品大国，但大豆的生产总量并不能满足国内消费。1995 年开始，大豆进口额超过了出口额，中国从大豆净出口国变成了大豆净进口国。根据《中国统计年鉴 2017》数据显示，2016 年大豆进口总量为 8 391 万吨，总值 2 264.5 亿人民币。2017 年中国进口巴西大豆总量为 5 093 万吨，占中国大豆总进口额的 53.3%，占巴西大豆总出口量的 80%。

2018 年 3 月，中美贸易争端爆发。大豆作为中国在中美贸易争端中的"杀手锏"，中国对美国大豆的进口加征 25% 的关税。同时，中国养殖业正常使用的蛋白中，DDGS① 为与豆粕替代量最大的品种，从 2017 年 1 月 12 日开始，对美国进口的 DDGS 实施征收 40% 以上的反倾销税，和 10% 以上的反补贴税。为避免豆粕受限带来的负面影响，中国会寻找其他大豆出口国。巴西作为中国重要贸易伙伴，加上是世界主要大豆出口国，中国从巴西进口大豆总额将大幅度上升。但巴西大豆价格也猛增，中国进口成本达 3 600 元/吨，高出进口美国大豆成本 200 元/吨。

3. 经济作物生产

（1）咖啡、木薯、橙子

咖啡是世界三大饮料之一，深受世界人民的喜爱。巴西是世界上最大的咖啡生产国，每年巴西咖啡产量约占世界总产量的 1/3。巴西有 21 个州，有 17 个州出产咖啡，其中巴拉那州、圣保罗州、米拉斯吉拉斯州和圣埃斯皮里图州是巴西的主要生产地，咖啡种植占全国总产量的 98%，位于巴西南部的巴拉那州的产量最为惊人，占全国总产量的 50%。

2016 年，世界咖啡总产量为 922 万吨，巴西咖啡总产量超过 300 万吨，占比 32.74%（见表 5）。

表5　　　　　　　　巴西咖啡（绿色未加工）产量及其占比

年份	巴西产量（吨）	世界产量（吨）	巴西占比（%）
2016	3 019 051	9 221 534	32.74
2015	2 647 504	8 887 674	29.79
2014	2 804 070	8 787 668	31.91
2013	2 964 538	8 893 329	33.33
2012	3 037 534	8 823 713	34.42

资料来源：联合国粮食及农业组织。

巴西是世界最大的咖啡出口国，巴西咖啡种类繁多，产量大、质量好，是各个国家进口巴西的主要农产品之一。2015 年巴西咖啡出口量 200.7 万吨（见表 6），

---

① 干酒糟及其可溶物（Distillers Dried Grains with Solubles，DDGS）。DDGS 是酒糟蛋白饲料的商品名，即含有可溶固形物的干酒糟。在以玉米为原料发酵制取乙醇的过程中，其中的淀粉被转化成乙醇和二氧化碳，其他营养成分（如蛋白质、脂肪和纤维等）均留在酒糟中。同时，由于微生物的作用，酒糟中蛋白质、B 族维生素及氨基酸含量均比玉米高，并含有发酵中生成的未知促生长因子。

出口值为 55.7 万美元；2016 年巴西咖啡减产至 182.6 万吨，出口值为 48.6 万美元。美国是巴西咖啡最大的进口国，占巴西总出口量 19.9%，其次是德国，占比 17.9%，出口意大利占比 9%，出口日本和比利时分别占比 6.8% 和 5.8%。

表6 　　　　　　　　　　　巴西咖啡（返绿及焙烤）出口情况

年份	出口量（吨）	出口值（万美元）
2016	1 826 054	485 588
2015	2 006 745	556 558
2014	1 988 096	605 272
2013	1 701 161	459 810
2012	1 505 965	574 032

资料来源：联合国粮食及农业组织。

2017 年，受气候干旱的影响，部分咖啡品种产量出现较大幅度下降，为了弥补市场需求的空缺，巴西政府首次允许秘鲁小规模进口咖啡，但很快就在本土种植户的反对压力下取消了该项政策。但巴西咖啡的总产量受气候影响出现下降已成不争的事实。

除了咖啡以外，巴西的甘蔗、木薯、橙子等产量也占世界重要地位。其中，巴西甘蔗占世界总产量 40% 左右；木薯产量世界第三，占比 8% 左右；橙子产量世界第一，占世界总产量将近 1/4。

如表 7 所示，巴西甘蔗、橙子、木薯的产量较为稳定，2016 年产量分别为 7.69 亿吨、0.17 亿吨、0.21 亿吨。

表7 　　　　　　　　　　　巴西部分主要农产品产量　　　　　　　　单位：吨

年份	甘蔗	橙子	木薯
2016	768 678 382	17 251 291	21 082 867
2015	750 290 277	16 939 560	23 059 704
2014	736 108 487	16 928 457	23 253 514
2013	768 090 444	17 549 536	21 484 218
2012	721 077 287	18 012 560	23 044 557

资料来源：根据联合国粮食及农业组织（FAOSTAT）整理。

木薯是巴西人主要食物之一，在巴西有"食谱之根，生命之根"的美称。巴西是最早发现、种植和食用木薯的国家，巴西的气候适合木薯的生长，可以全年种植木薯，今天木薯成为巴西最普遍、最典型的食物之一。巴西有众多淀粉加工厂，木薯是主要的原材料之一，木薯粉是加工果酱的原材料之一。2017年，巴西木薯产量为1 887.6万吨，同比下降10%，世界排名下降至第五位，约占世界总量的6.5%；收割面积由2016年的140.7万公顷下降至131.5万公顷，世界排名第四位。

巴西橙子产量世界第一，约占世界总产量的1/4，是产量第二的中国的两倍以上。巴西橙子种植面积为世界第一，2016年收获面积达66万公顷，超过世界第二的印度约8万公顷，超过中国约15万公顷。2017年，巴西橙子产量超两千万吨。根据美国农业部2018年7月发布的数据，受世界气候变化的影响，预计2017~2018产季全球橙子产量下降600万吨。巴西也不能幸免，由于恶劣天气造成开花少、坐果率低，预计橙子产量将下降23%，下降至1 600万吨，但巴西新鲜橙子销售量增加17.3万吨。巴西橙汁出口占世界85%的市场，但由于用于生产加工产品的橙子减少，橙汁产量预计也将下跌至100万吨。橙汁产量下降的主要原因是巴西橙子整体产量下降，橙子加工产品预计减少了500万吨，为1 110万吨。

（2）甘蔗

甘蔗是巴西主要的经济作物，主要用于出口和生产乙醇。16世纪，葡萄牙将甘蔗引进巴西，至今一直作为巴西主要的农作物。

20世纪60年代，巴西甘蔗种植面积不断扩大，从1961年的137万公顷扩展到2016年的1 023万公顷，增长7倍左右，尤其在进入21世纪以后，2006~2008年三年以来每年增长率在10%~15%。甘蔗种植面积的增长破坏了巴西的自然环境，导致亚马孙雨林遭到砍伐、雨林面积缩小等问题的发生。2009年巴西政府曾拟立新法案禁止在90%以上的国土上增加甘蔗种植面积或森林砍伐，并禁止在全国任何雨林地带兴建新工厂，鼓励在现有已开垦土地上种植甘蔗。如今巴西的2 700万辆汽车中73%可以使用汽油或乙醇燃料，巴西政府为了维护"绿色能源国家"形象，扩大混合型能源内需，乙醇的需求会持续上升，而巴西大部分的甘蔗是用于生产乙醇，巴西甘蔗的生产将会加快发展。

得益于巴西甘蔗的巨大产量和乙醇生产的需求，推动力巴西糖业的发展。巴西是世界第一产糖大国，糖业在巴西经济中占有重要地位。巴西糖业生产是以政府津贴为基础，自70年代全球性能源危机以来，巴西政府鼓励甘蔗糖厂部分甘蔗生产酒精，代替石油，刺激了甘蔗产量的持续增长。丰富的原材料使得巴西原糖的生产成本较低，从而使得乙醇的生产成本也较低，目前巴西是世界上原糖和燃料乙醇生产成本最低的国家。

糖及糖食在巴西对外贸易及中巴贸易中占有重要的地位（见表8）。2016年巴西糖及糖食出口为 105.86 亿美元，占出口总额 5.7%，其中对中国出口额为 8.24 亿美元，占对中出口总额 2.4%；2017 年出口额 115.66 亿美元，占出口总额 5.3%，对中国出口额下降至 1.35 亿美元，同比下降 83.6%，仅占对中出口总额的 0.3%。

表 8	巴西糖及糖食出口及对中国出口情况	单位：百万美元
年份	出口额	对中国出口额
2017	11 566	135
2016	10 586	824
2015	7 781	764
2014	9 616	880
2013	12 014	1 433
2012	13 030	1 084

资料来源：中华人民共和国商务部：《国别报告》。

（3）烟草

巴西是世界最大的烟叶出口国，巴西烟叶产量占世界第三，约占世界总产量 10%，仅次于中国和印度。2012～2015 年，巴西烟草产量均在 80 万吨以上，2016 年下降至 67.6 万吨（见表 9）。根据中国新闻网报道，在巴西有 15 万生产者种植了 29.9 万公顷的烟草，共有 60 万人直接参与到烟草种植工作中，并产生了 4 万个直接就业岗位[①]。

表 9	巴西烟草产量	单位：吨
年份	产量	
2016	675 545	
2015	867 355	
2014	862 396	
2013	850 673	
2012	810 550	

资料来源：联合国粮食及农业组织。

———————

① 中国新闻网：巴西蝉联全球最大烟草出口国今年出口额或增 2 成，来自 http://www.chinanews.com/gj/2018/04 - 28/8502505.shtml.

烟草是巴西的创汇经济作物之一，2017 年占出口总额 1%。2017 年巴西的烟草出口量占全球的 30%，连续第 25 年成为全球最大的烟草出口国。2012～2017 年，巴西烟草制品出口额大幅度下降，2012 年巴西烟草制品出口额为 3 257 百万美元，2017 年仅为 2 092 百万美元（见表 10）。中巴贸易中，烟草也扮演着重要角色。巴西对中国出口烟草、烟草及烟草代用品的制品的出口额占其出口总额的比例相对稳定，近年来稳定在 12%～15% 之间，但对中出口额逐年下降，从 2012 年的 478 百万美元下降至 2017 年的 276 百万美元。

表 10　　　　　　　　　　巴西烟草制品出口情况

年份	出口总额（百万美元）	对中出口额（百万美元）	对中出口占比（％）
2017	2 092	276	13.19
2016	2 123	280	13.19
2015	2 186	264	12.08
2014	2 502	334	13.35
2013	3 272	454	13.88
2012	3 257	478	14.68

资料来源：中华人民共和国商务部：《国别报告》。

二、矿产业

矿产品是巴西出口商品最重要的组成部分之一。2018 年 1～9 月，巴西矿产品出口额达 1 797 亿美元，占出口总额的 21%。

近年来，矿产品出口额占巴西出口总额的 15%～25%。2012 年出口额为 418 亿美元（见表 11），占巴西出口总额的 19.2%；2013 年出现下滑，出口额下滑至 280 亿美元，占比 15.2%。而自 2013 年以来，矿产品在巴西出口贸易中扮演着越来越重要的地位，出口额占比逐年提高，2017 年矿产品的出口额占总出口额的比例高达 24.9%。

巴西是一个矿产资源丰富的国家，许多重要矿产位居世界前列。巴西作为拉丁美洲最大的矿产品生产国，其铝土矿、铁矿石、锰、铌、钽等矿产品生产在世界上占有重要地位。其中铁矿石及铝土矿是仅次于中国和澳大利亚的世界第三大生产国，其产品大量出口，对世界铁矿石和铝土矿市场有着重要影响。

表 11　　　　　　　2012～2017 年巴西矿产品出口额及其占比

年度	出口额（百万美元）	占总出口额比例（%）
2012	41 803	19.20
2013	28 062	15.20
2014	31 153	16.30
2015	29 836	22.10
2016	53 706	22.20
2017	60 483	24.90

资料来源：中华人民共和国商务部：《国别报告》。

巴西的成矿地质条件良好，矿业在世界享有盛誉，丰富的矿产资源使巴西成为国际上矿业开发最具吸引力的国家之一。

目前，巴西探明储量的矿产约有 70 多种，其中金属矿有 20 多种，其中铌、钽资源储量居世界第一。此外，铁矿、铝土矿、锡、石墨、锰矿、铀矿、菱镁矿、镍矿、铬、铅、锌、铜、石油、煤炭、天然气等矿产也很丰富。巴西矿产在全国各地皆有分布，石油主要分布于里约地区。金属和其他非金属矿藏大多分布在北部、东北部地区，其中米纳斯州是巴西矿藏的腹地，该州蕴藏 50 多种金属和非金属矿产，占巴西资源总量的 30% 以上。

铁矿砂储量 333 亿吨，居世界第五位。矿物储量丰富，镍储量大约占世界总储量 9.8%，锰、铝矾土、铅、锡等多种金属储量占世界总储量的 10% 以上。铌矿储量已探明 455.9 万吨。此外，还有较丰富的铬矿、黄金矿和石棉矿。煤矿探明储量 101 亿吨，但品位很低。铌矿储量已探明 455.9 万吨，产量占世界总产量的 90% 以上。已经探明铁矿储量 333 亿吨，占世界 9.8%，居世界第五位，产量居世界第二位。石油探明储量 153 亿桶，居世界第 15 位，南美地区第二位（仅次于委内瑞拉）。自 2007 年底以来，在沿海陆续发现多个特大盐下油气田，预期储量 500 亿至 1 500 亿桶，巴西有望进入世界十大储油国之列。

巴西矿产品主要的出口国是中国、美国、德国、智利、西班牙等国家，其中中国是最大的进口国，连年占比将近 50%。来自中国的需求推动了巴西铁矿产业的做大做强，但要实现产业升级和可持续发展，巴西必须从铁矿下手。与其他拉美国家的贸易情况相似，中巴贸易多样化的速度还不够快。受大宗商品价格变动的冲击，贸易集中在原材料领域巴西劣势凸显，市场适应性差。为弥补贸易差额，大力出口铁矿、大豆以及石油等初级产品，使巴西在全球价值链中的位置不断下降。

矿业为巴西带来了巨大的经济利润的同时，也为巴西带来许多负面影响。2016 年 12 月底，世界最大的铁矿石生产企业，巴西矿业公司淡水河谷（VALE）斥资 143 亿美元的 S11D 项目①开始投入运营。该项目对当地自然环境造成了不可逆转的伤害，同时也给当地的农业带来了巨大的破坏。亚马逊的土地权属问题比较混乱，农民的土地被强征，当年的农产品颗粒无收。

矿业的发展也给当地带来了严重的社会问题。根据当地政府公布的数据，自 2013 年 S11D 项目开工建设起，数万人迁入了附近的卡拉加斯市，致使全市人口从三万多增至六万，从而给该市的公共卫生和教育服务带来了巨大的压力。根据当地社会和环境许可流程规定，VALE 有义务与当地有关部门合作，建设新的学校和医院。矿区建设结束后，大批工人失业，该市失业人口数量骤增。S11D 项目全面建设阶段，有近 1.5 万名工人直接或间接参与了项目建设；而在接下来的运营阶段，只需要 2 600 多名员工。失业率的上升带来的就是社会治安问题。

---

① 淡水河谷公司最大的铁矿石项目 S11D 于 2017 年 1 月开始商业运营，许可有效期为 10 年。S11D 项目以其位置命名，意为 S11 矿体的 D 矿区，该矿体位于巴西帕拉州东南部卡拉加斯南部山区。该项目总投资预计为 143 亿美元，其中 64 亿美元用于矿山和工厂建设，79 亿美元用于物流建设，包括修建 101 公里长的支线铁路、修建卡拉加斯铁路复线及扩建圣路易斯州的马德拉港海运码头。

巴西主要行业（Ⅱ）：制造业与服务业

宋雅楠　郑祯远[*]

一、制造业

（一）钢铁

巴西铁矿资源非常丰富，探明储量约 210 亿吨，如果加上推测储量，巴西铁矿资源量达到 620 亿吨。巴西铁矿资源主要分布在米纳斯吉拉斯州占 70%、南马托格罗索州占 21.5%、北部的帕拉州占 7.3%、其他州占 1.2%。巴西最大的两个铁矿区为"铁四角"和卡拉加斯，均为世界级的超大型铁矿。巴西铁矿主要由赤铁矿组成，具有高铁、中硅、低铝的特点，是目前大型钢铁厂首选原料之一。由于巴西的矿产资源丰富，其钢铁工业布局多属于内陆资源指向型，钢厂主要分布在原材料丰富的内陆高原地区。

巴西丰富的铁矿资源吸引了大量外国资本，例如中国的宝钢和巴西的淡水河谷矿业公司合资成立宝钢—维多利亚钢铁公司，计划 2011 年投产。这是宝钢第一个海外项目，但 2008 年的经济危机影响了全球钢铁产业链，2009 年 1 月，宝钢集团和淡水河谷矿业公司一致决定，取消原定建立合资钢铁公司的计划，宝钢—维多利亚钢铁项目夭折。

巴西钢铁多年来一直都是出口大于进口，是巴西的主要出口商品之一。由图 1 可以看到，2012 年巴西钢材出口额达 107.11 亿美元，2013～2016 年出口额有

---

[*] 宋雅楠，澳门科技大学商学院副教授，博士生导师。研究方向为国际贸易与投资、中葡经贸关系等。
郑祯远，澳门科技大学商学院研究生。

所下降，2017年回升至107.61亿美元；而进口额总体下降，2012年为36.78亿美元，2017年为19.25亿美元。2017年占总出口额的4.9%，2018年1~9月期间，钢铁出口额达81亿美元，同比增长6%，占出口总额的4.5%，是巴西2018年第七大出口商品。

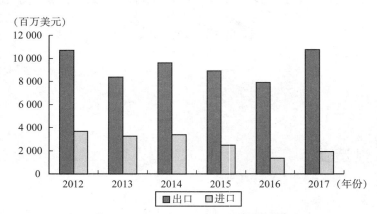

图1　2012~2017巴西钢材进出口额

资料来源：中华人民共和国商务部：《国别报告》。

　　巴西钢铁行业改革始于20世纪70年代，正处于扩大钢铁产能的阶段。1970年巴西钢铁产量为540万吨，占世界钢铁总产量的0.9%，到1980年总产量达1530万吨，占世界钢产量2.1%。70年代巴西国有企业在国内钢铁行业的作用到达了顶峰，便加大了资本引进规模，大量外资进入巴西钢铁行业。80年代，巴西国内钢铁需求疲软，钢铁行业开始转向国际市场，巴西开始向钢铁净出口国转变。80年代开始，巴西就成为世界上主要的钢铁出口国家之一，但巴西出口的钢铁产品主要以低附加值的初级产品和半成品为主，而发达国家基本占据了国际上高附加值的成品钢材市场。

　　1990年开始，巴西政府对钢铁工业进行私有化改革。改革先从小型钢铁公司开始，然后再对大型公司实施私有化。在私有化改革中，盖尔道集团迅速崛起，通过收购其他公司的股份巩固其在特殊钢材制品市场的地位，增加对碳钢市场的控制，2017年盖尔道成为巴西粗钢产量最大的钢铁企业。而大型钢材公司私有化后，出现了复杂且不稳定的所有制结构，甚至出现了交叉控股现象，一旦股市出现抛售行为，就会引起大型公司的动荡。这个现象主要与私有制方式有关，巴西是世界上唯一采取拍卖形式实施钢材行业私有化的国家，这也使巴西成为世界上钢铁行业产能最集中的国家之一。

　　巴西拥有丰富且高品质的钢铁上游资源，其储量居世界前列，因此有着其他国家无法比拟的成本优势。巴西的钢铁产业较为成熟，加上原材料成本和劳动力成本较低，使得巴西钢铁企业的运营成本低于世界平均水平，这种成本优势使巴西的钢铁企业在国际市场中保持着较强的竞争力。

（二）汽车工业

汽车工业是巴西重要的经济支柱部门。根据巴西汽车制造商协会的数据显示，2017 年巴西汽车产量（不含 CKD①）为 269.97 万辆（见表 1），同比增长25.2%，结束了 2013 年以来汽车产量连续三年的下降，带动了钢铁、汽车零部件等上游产业的振兴。

表 1　　　　　　　　　　　　巴西汽车产量及出口量　　　　　　　　　单位：辆

年份	产量（不含 CKD）	出口
2013	3 740 418	563 268
2014	3 146 118	334 501
2015	2 429 436	416 955
2016	2 157 379	520 286
2017	2 699 672	762 033

资料来源：巴西全国汽车工业协会。

由表 1 可以看到，巴西汽车总产量自 2014 年以来首次增长，而汽车出口量连续三年均为大幅度上涨，2017 年涨幅最大，与 2016 年相比，涨幅为 46.5%。

1919 年，福特公司在巴西设置汽车装配厂，美国通用公司和意大利菲亚特也分别 1926 年和 1928 年进入巴西。1953 年，为应对大量进口汽车给外汇收支平衡带来的沉重负担，巴西被迫限制整车进口，但对汽车的消费需求使得巴西政府不得不另谋出路。1956 年，在限制整车进口的前提下，巴西政府允许以 CKD 模式进口国内无法生存的零部件。懂得组装不代表拥有完整的汽车制造能力，巴西继续学习汽车生产技术。也是在 1956 年，巴西正式拥有完整产车的能力，推出了 Romi – Isetta 车型，而生产的全套技术是来自外资。到了 90 年代，巴西汽车市场完全打开后，巴西成为世界上最有潜力的汽车市场之一，世界各大汽车生产商纷纷前往投资，汽车工业吸引了超过 100 亿美元的投资，1997 年产量达 200 万

① CKD，Completely Knocked Down，意思是"完全拆散"，指进口或引进汽车时，汽车以完全拆散的状态进入，之后再把汽车的全部零部件组装成整车。

辆，巴西成为世界十大汽车生产国之一。2003 年，巴西汽车总产量达 374 万辆，排名全球第七。

2018 年 1～9 月，巴西各个车种产量均有不同程度上涨。巴西汽车生产以乘用车为主，占总产量的 80% 以上，2018 年 1～9 月，乘用车产量达 181.24 万辆，与 2017 年同比增长 8.5%；占总产量比例最小的是客车，2018 年 1～9 月，产量仅为 23 051 辆，占总产量比例 1% 左右，但增长率达 42.9%（见表 2）。

表 2 　　　　　　　　巴西汽车产量（2018 年 1～9 月）

车种	2018 年 1～9 月（辆）	2017 年 1～9 月（辆）	同比增长（%）
乘用车	1 812 401	1 670 036	8.50
轻型商务车	282 048	240 799	17.10
卡车	77 254	59 201	30.50
客车	23 051	16 128	42.90
合计	2 194 754	1 986 164	10.50

资料来源：巴西全国汽车工业协会。

2018 年 1～9 月，巴西汽车总产量达 219.47 万辆，与 2017 年同期相比，增长了 10.5%，出口量为 52.42 万辆，同比下降 8%。

巴西汽车出口以乘用车为主。2018 年 1～9 月，乘用车出口占汽车出口量的 80%，轻型商务车约占比 15%，卡车和客车占比分别为 4% 和 1%（见图 2）。

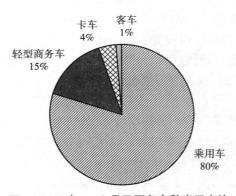

图 2　2018 年 1～9 月巴西各车种出口占比

资料来源：巴西全国汽车工业协会。

相比 2017 年同期，2018 年 1～9 月，巴西汽车各车种的出口量均在下降。

2018 年前 9 个月巴西汽车出口量为 524 289 辆，相比 2017 年同期的 57 万辆，出口总量下降 8%。其中占出口总量 80% 的乘用车出口量下降 9.3%。

2017 年，乘用车销量占比最高。从主要的整车厂来看，通用全年销售 35 万辆，市场占有率为 18.8%，FCA 销售量为 26 万辆，市场占有率为 14.1%，大众销量 22 万辆，市场占有率 11.7%。根据巴西全国汽车经销商联盟（FENABRAVE）发布的数据，2017 年分车型乘用车销量排行中，第 1 位通用的 Onix 销售 19 万辆，第 2 位现代 HB20 销售 11 万辆，第 3 位福特 KA 销售 9 万辆。另外，巴西汽车生产商协会（ANFAVEA）和巴西全国汽车经销商联盟（FENABRAVE）同时预测 2018 年销量增长 12%，达 250 万辆。

（三）纺织业

根据巴西纺织和时装业国际化项目（texbrasil）① 的公开资料显示，2017 年巴西纺织和服装连锁的收入为 450 亿美元，2016 年收入为 393 亿美元，同比增长 15%，出口收入（不包括棉纤维）为 10 亿美元，2016 年同样为 10 亿美元，行业投资 19 亿雷亚尔，行业直接雇员为 147.9 万人，凭借自给自足的棉花生产，巴西每年每年生产 94 亿件成品衣服。

巴西纺织业发展至今有数百年年历史，是巴西的传统工业之一，巴西业内人士认为，纺织业甚至是巴西工业的开端。纺织业在巴西工业中有很高的地位，产值占巴西工业产值很大的比重。

根据巴西纺织业发展的历史，可以分为三个阶段。20 世纪 70~90 年代，是稳定发展阶段，纺织工业的基础不断发展，进口大幅增长的同时，出口也在上升，纺织行业在国际市场基本保持顺差。1994~1998 年是国内市场迅速发展状态，主要原因是实施雷亚尔计划以来，巴西货币保持稳定，雷亚尔对美元的比值小，同时巴西海关管理失控，相对出口，巴西纺织品进口大幅度上升，对外贸易出现大额逆差。1999 年以来为恢复发展阶段，2001 年纤维生产工厂 22 家，纺织厂 3 127 家，各类服装厂和成品加工厂达 18 438 家，从业人数 152.4 万人，纺织业产值 221 亿美元，占当年 GDP4.4%，出口与进口同步发展，在连续逆差 6 年后首次出现顺差。但到了近几年，纺织业进口大幅超过出口，纺织品及原料类产品出现大额贸易逆差。2012 年出口额为 33.86 亿美元，2013 年出现下降，截至 2017 年基本维持在 23 亿美元左右；进口额波动幅度较大，2014 年进口额达

---

① 巴西纺织和时装业国际化项目（texbrasil）由 Abit 与 Apex - Brasil 合作于 2000 年成立，其使命是支持和准备有兴趣在国外销售产品的纺织品和服装公司。

71.48 亿美元，逆差 46.11 亿美元（见表 3）。

表 3 巴西纺织品及原料进出口贸易情况 单位：百万美元

年份	出口额	进口额	逆差
2012	3 386	6 613	3 227
2013	2 368	6 800	4 432
2014	2 537	7 148	4 611
2015	2 371	5 834	3 463
2016	2 213	4 213	2 000
2017	2 372	5 092	2 720

资料来源：中华人民共和国商务部：《国别报告》。

虽然中国是巴西贸易顺差的主要来源国，但曾经巴西纺织行业并不"欢迎"中国。当时巴西从事纺织业的工人认为，"中国人正在抢走我们的饭碗"。巴西纺织业成本较高，对外竞争力较弱，价廉物美的中国纺织商品进入巴西，对当地的纺织行业造成不小的冲击。

2012 年，中国出口巴西的纺织品及原料超过 33 亿美元，同比增长 14.1%，占总额 9.7%，为减少中国纺织品的竞争力，巴西国际家纺展主办方拒绝中国参展商参展。

2013 年 10 月 23 日，国际纺织品交易会在巴西圣保罗举行，会场外聚集了上千名巴西纺织行业的工人，进行游行示威，抗议中国等国家纺织品进入巴西。这次示威的导火索是中国参展商打出在巴西"寻找更多进口零售商"的口号。当时，巴西纺织行业的从业人员认为，中国纺织品的进入会使巴西纺织品失去竞争力，工厂倒闭，工人失业。据巴西国家地理统计局数据，2013 年前十个月，已经有 5.5 万纺织工人失业。巴西制衣协会主席认为，如果不采取保护措施，巴西纺织业在未来十几年会消失。

2014 年 10 月 27 日，同样在圣保罗国际纺织服装展，巴西纺织行业的工人和企业家游行示威，抗议中国的"不正当竞争"，抗议者用十字架象征当年 1.4 万个纺织行业岗位"死亡"。

尽管纺织行业"不欢迎"中国纺织品，但巴西依然有理智的声音，巴西工业协会会长罗伯托认为，巴西企业要努力提高产品设计能力，打造品牌，利用好中国优质布料，在产业链上游形成优势，促进巴西纺织业健康发展。

从数据上看，巴西对中国的纺织品和原料类商品的贸易近年来都是大额度逆差，进口额是出口额的十倍甚至更高。2013~2017 年巴西对中国出口的纺织品和原料占总出口额比例不足 1%，而进口占总额在 10% 左右，2014 年出现近年来最大逆差，高达 34.37 亿美元（见表 4）。

表 4　　　　　　　　　　巴西纺织品及原料贸易对中贸易情况

年份	出口 （百万美元）	占总出口额比例 （%）	进口 （百万美元）	占总进口额比例 （%）	逆差 （百万美元）
2012	741	1.80	3 320	9.70	2 579
2013	214	0.50	3 518	9.40	3 304
2014	375	0.90	3 812	10.20	3 437
2015	200	0.60	3 222	10.50	3 022
2016	114	0.30	2 121	9.10	2 007
2017	150	0.30	2 641	9.70	2 491

资料来源：中华人民共和国商务部：《国别报告》。

（四）造纸业

2018 年 3 月 16 日，巴西两大纸浆生产企业 Fibria Celulose SA 和 Suzano Papel e Celulose SA 决定合并，全球第一家年产千万吨级阔叶浆生产企业诞生，占全球约 15% 的份额。Fibria Celulose SA 为全球最大的纸浆厂之一，是生产桉树纸浆的世界领导者，2017 财年第三财季净利润为 7.42 亿巴西雷亚尔，同比增长 2 492.09%，营业收入为 28.44 亿巴西雷亚尔，同比上涨 23.64%。Fibria Celulose SA 专注于生产、销售短纤维纸浆，年生产能力 525 万吨。Fibria Celulose SA 在巴西圣埃斯皮里图州的阿拉克鲁斯设有工厂，而阿拉克鲁斯的波图塞尔港是巴西唯一专注纸浆出口的港口。

巴西有着丰富的森林资源，拥有的热带雨林面积达 390 万平方公里。在过去，丰富的森林资源并没有给巴西造纸业带来太大的发展。1950 年以前，巴西造纸业的原材料、化学材料及设备都依赖进口，造纸行业生产力低下完全没有办法满足巴西人民的需求。1950 年后，巴西政府开始从西方发达国家引进先进的技术和设备，行业整体能力得到阶段性进展，产量从 50 年代开始，每十年以两倍左右的速度增长。1978 年，巴西纸业开始往国际市场发展。

巴西专家认为，桉树生长速度是欧洲用于造纸的松树的 6 倍，于是巴西政府从澳大利亚引进桉树，用桉树作为原材料，加上廉价的劳动力，使巴西纸浆的生产成本大大降低。相对较低的价格成为了巴西抢占国际市场的有力手段。当时，芬兰用于纸浆生产的木材要 40 美元一立方米，美国要 25 美元，葡萄牙 15 美元，而在巴西只要 10 美元。

经过多年的发展由图 3 可以看到，2016 年，巴西纸浆总产量 1 877 万吨，占世界总产量 10%，排名世界第二，仅次于美国。中国与加拿大紧随其后，占比均约为 9%。

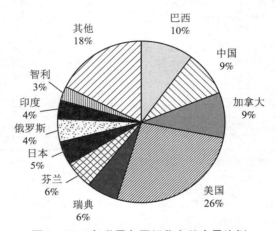

图 3　2016 年世界各国纸浆占总产量比例

资料来源：联合国粮食及农业组织。

根据《巴西日报》2017 年 7 月 4 日报道，巴西木材工业协会指出，中国是巴西纸浆最重要的出口目的地，出口到中国的纸浆占巴西纸浆出口总额的 43% 以上，为巴西创造了 10 亿美元财富，与 2016 年前 5 个月巴西向中国出口的纸浆总额相比增长了 27.7%[①]。根据中华人民共和国商务部《国别报告》数据，近年来中国向巴西进口纤维素浆和纸张的总额一直在稳定上涨。2012 年，巴西对中国纤维素浆、纸张的出口额为 13.14 亿美元，2017 年上升至 26.71 亿美元（见表 5）。

值得一提的是，巴西科学家发明了用烟头造纸的方法，有望解决烟头污染问题，而在此前，烟头污染治理一直是世界性难题。这个项目是 2002 年开始进行的，这项技术能将烟头无害化，并可以去除烟油的异味，而且操作简单，需要空间小，有着环保意义，前景十分广阔。

---

① 中国国际贸易促进委员会驻巴西代表处：http://www.ccpit.org/Contents/Channel_3929/2017/0705/835990/content_835990.htm，最后访问于 2018 年 12 月 6 日。

表5　　　　　　　　　巴西对中国出口纤维素浆、纸张的出口

年份	总额（百万美元）	同比增长（%）
2012	1 314	3.2
2013	1 665	3.6
2014	1 801	4.4
2015	1 992	5.6
2016	2 281	6.5
2017	2 671	5.6

资料来源：中华人民共和国商务部：《国别报告》。

有关部门做过专门统计，按每300个烟头生产7张A4复印纸计算，里约州每天可生产98万张纸，每年达3.577亿张，而一棵重约100千克的树可制造约1万张A4纸，那么，里约州每年可以少砍伐35 770棵树。

如今，巴西70%的学校、酒店及政府办公部门都在使用烟头纸产品，不仅节省了木材，更培养了人们日常生活中的环保理念，为巴西的环境治理作出了巨大贡献。相信，随着时间的推移，这项化腐朽为神奇的技术也能在世界上更多的地方生根发芽。

（五）机电产品

随着巴西经济的发展，巴西城镇化水平迅速提高，世界银行发表的《世界发展指标》报告中指出，2013年巴西城镇化水平高达85%，联合国预测2050年巴西城镇化水平有望达90.7%；中产阶级人数占比迅速上升，超过50%，中产阶级消费群体从整体上提高了巴西消费者的购买能力，加上巴西人口结构偏向年轻化，超前消费意识较强，使巴西成为消费电子产品极具潜力的消费大国。

根据巴西电子电器协会（ABINEE）的报告，巴西本土生产的家电和消费电子产品远远不能满足巴西国内的消费需求，多年来进口量是出口量的数倍之多。亚洲是巴西家电和消费电子产品的主要进口来源地，占巴西进口总额的60%，随着中巴贸易的发展，中国所占比例逐渐超过亚洲其他国家的总和。中国和美国是巴西家电和消费电子产品的主要进口来源国，巴西对中国产品的依赖很大，2006年中国占巴西家电和消费电子产品的份额是23%，而到了2013年上升至37%，美国则从2006年的15%降到2013年的12%（见图4）。

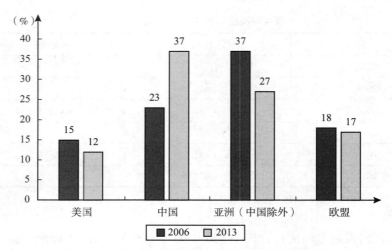

图4 巴西家电和消费电子产品进口主要来源国占比

资料来源：巴西电子电器协会。

巴西工业有着高成本低效益的弱点，使得机电产品在国际市场上竞争力较弱，一直存在着大额逆差。在巴西进口的商品中，机电产品是最主要的商品。近年来，巴西机电产品出口额占总出口额的8%左右，而进口额占总进口额的25%以上（见表6）。

表6   巴西机电产品进出口额及占比

年份	出口（百万美元）	占总出口额比例（%）	进口（百万美元）	占总进口额比例（%）
2012	18 806	7.8	60 163	27.0
2013	17 638	7.3	64 032	26.7
2014	16 129	7.5	58 902	25.7
2015	15 011	8.0	45 197	26.4
2016	14 887	8.0	38 067	27.7
2017	17 284	7.9	38 130	25.3

资料来源：中华人民共和国商务部：《国别报告》。

巴西有着巨大的消费潜力，但巴西的消费市场严重依赖进口，主要原因是巴西国内生产疲软，设备落后，技术发展较为滞后，工业水平发展缓慢。巴西电子电器行业公会公开资料显示，2015年行业从业人数25.6万人，而2014年从业人数为29.4万人。

巴西面临着"去工业化"带来的问题。经历"黄金十年"后，巴西为发展国内工业，采取"进口代替"策略，"进口代替"策略给巴西工业带来生机的同时，也给巴西经济发展带来了各种各样的问题。过度的保护使巴西工业发展缓慢，造成高成本低效益的局面，扭曲的市场信号导致巴西资源配置不合理和产业结构失衡等问题。巴西工业基础不完善，但工业资本却流向资本技术密集型产业和第三产业，使得高新技术行业和服务业获得大量资本投资迅速发展。但工业发展缓慢，出口以资源产品和初级产品为主，而国内消费的最终产品则依赖进口。

据巴西工业发展研究所（IEDI）的数据，在 150 个国家的全球竞争力排名中，继连续四年排名第 33 位后，巴西工业竞争力已下降到第 35 位。巴西制造业人均产值从 2010 年开始每年下降 1.8%，到了 2017 年，制造业总产值仅占全国生产总值的 11.7%；与此同时，在新兴经济体中人均产值上涨 1.5%。

中国相对巴西有着较为成熟的工业体系，工业有着一定的规模效应，因此中国的机电产品在国际市场有着物美价廉的特点，加之中巴贸易合作越来越密切，使得中国成为巴西最大的机电产品进口来源国。2017 年中国占巴西机电产品进口的 34%，而第二大进口来源国美国仅占 11%（见图 5）。

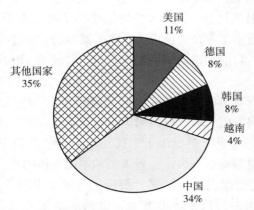

图 5　2017 年巴西机电产品主要进口来源国占比

资料来源：中华人民共和国商务部：《国别报告》。

中国是巴西主要的进口来源国，而机电产品是巴西从中国进口的最主要的产品，占对中国进口总额的 50% 左右，达 130 亿美元。巴西对中国出口的机电产品只占对中出口总额的 1% 左右，仅 5 亿美元，逆差达 125 亿美元，相距 20 倍以上（见表 7）。

表7 巴西对中国机电产品进出口额及占比

年份	出口（百万美元）	占对中出口总额比例（%）	进口（百万美元）	占对中进口总额比例（%）
2012	462	1.1	17 734	51.8
2013	366	0.8	19 000	50.9
2014	346	0.9	18 048	48.3
2015	676	1.9	13 701	44.6
2016	716	2.0	10 967	46.9
2017	505	1.1	13 070	47.8

资料来源：中华人民共和国商务部：《国别报告》。

（六）航空工业

巴西航空工业起步于1969年，标志是巴西航空工业公司（EMBRAER S. A.）的成立。1969年，巴西政府主导成立了巴西航空工业公司，以国家股份为主，占96.5%，私人股份为占3.5%。1994年，该公司进行了私有化改革，巴西政府保留1.45%的股份及否决权。到今天航空工业已经成为巴西出口贸易创汇的主要行业之一，而巴西航空工业公司已成为仅次于波音公司和空中客车公司的世界第三大飞机制造企业。目前，巴西航空工业公司已经成为120座级以下商用飞机的最大制造商。

得益于巴西政府对于发展航空工业"人才至上"和"稳扎稳打"的指导方针，相对于苏联偏向军用领域，巴西对国内航空工业以市场为导向，侧重于民用航空领域。巴西航空工业公司专注于为民用航空、公务航空以及防务和政府市场，业务范围主要包括商用飞机、公务飞机和军用飞机的设计制造，以及航空服务。其民用航空产品已被美国、法国、英国、德国和中国等45个国家的世界主流支线航空公司选为主力机型。2016年，巴西航空工业公司交付各类飞机225架，净利润为186亿美元，比2015年的87亿美元增加一倍以上。

目前，巴西航空工业公司是巴西主要出口创汇企业之一，在世界五大洲的飞机销售量超过5 000架。主要产品为ERJ－145系列和E170/190系列支线喷气客机、"超级大嘴鸟"螺旋桨战斗机等。该公司私有化仍在进行，目前国家持股逐渐减少至0.8%，但依然保有否决权。如今，巴西航空工业公司是全球最大的120座级以下商用喷气飞机制造商，占世界支线飞机市场约45%市占率。

截至2015年，巴西全国共有机场2 603个，其中国际机场34个，国内机场

29 个，小型公用机场 654 个，小型私人机场 1 886 个。主要国际机场有：圣保罗、里约热内卢、巴西利亚、累西腓和玛瑙斯。圣保罗、里约热内卢有航班直飞欧洲、北美各主要城市以及南非约翰内斯堡和阿联酋迪拜，从中国出发可经这些城市中转抵达巴西。另外，中国国际航空公司已开通北京经西班牙马德里至圣保罗的航线。

根据世界银行公布数据，2017 年巴西航空货运①达 1 737 百万吨·千米，载客人数将近 1 亿人次，全球出港量②达 803 864 人次（见表 8）。

表 8　　　　　　　　　　　2012～2017 年巴西航空运输概况

年份	货运（百万吨·千米）	载客人数（人次）	全球出港量（人次）
2017	1 737	96 395 709	803 846
2016	1 514	94 142 377	826 943
2015	1 494	102 039 359	944 557
2014	1 597	100 403 628	937 437
2013	1 637	95 591 641	952 307
2012	1 363	94 752 568	1 002 565

资料来源：世界银行。

2002 年 12 月，巴西航空工业公司与中国航空工业集团公司签署工业合作协议，达成巴中在航空领域合作的框架协议。2003 年 1 月，哈尔滨安博威飞机工业有限公司挂牌成立巴中双方分别占注册资本的 51% 和 49%。这也是中国航空制造业第一次与国外先进商用飞机制造商以合资形式进行整机合作。截至 2010 年 6 月底，哈尔滨安博威共交付 36 架 ERJ 145 型号飞机。

二、石油、天然气、清洁能源、乙醇燃料

（一）石油

历史上的巴西是一个贫油的国家，主要依靠进口满足国内石油需求。2005

---

① 航空货运：每段飞行距离内的运货、快递和外交邮包量，用百万吨乘以路程千米数来计算。
② 全球出港量：本国登记的国内外启程航班数量。

年，巴西石油公司首次在桑托斯海岸盆地发现了盐下石油资源，随后，桑托斯盆地、坎普斯盆地、圣埃斯皮里图海岸盆地也陆续发现了油气资源。从 2009 年开始，巴西成为石油净出口国；根据美国能源信息管理会发布的全球石油产量数据，2017 年巴西日均油气产量为 320 万桶，占全球总产量的 3% 巴西石油产量上升至世界第九位，超越墨西哥和委内瑞拉，成为拉美地区最大的产油大国。

巴西石油开采有着浓厚的"中国元素"。巴西油气埋藏较深，勘探和开发的成本相对较高，近年来巴西经济发展不景气甚至出现负增长，资金和设备成为石油开采的短板。里贝拉油田的石油预期储量占巴西全国已探明原油总储量的 80%，2013 年巴西政府对里贝拉油田项目进行了的开采权招标，中石油、中海油与其他国家的油企组成的联合体中标，而中石油与中海油分别持有 10% 的权益。里贝拉项目于 2017 年末开始进入回收期。2017 年，巴西政府举行了新一轮盐下层石油区块招标，中国油企参与的联合体再次中标，中石化、中石油、中海油分别持有各自投标联合体中 25%、20%、20% 的股权。

据时任巴西石油署署长德西奥·奥多内预测，到 2027 年，巴西将成为石油输出国组织外全球最大的石油生产国；到 2035 年，巴西石油产量将占到全球新增供应量的 1/3。

2018 年前 8 个月，巴西原油（包括伴生气凝析油）出口量相对稳定（见表 9），月均 1 117.39 千桶。虽然近几年石油开采迅猛发展，但不得不面临炼油技术落后的问题。巴西是曾经的贫油国，炼油技术没有良好的发展条件。巴西国家石油公司控制着巴西 98% 的炼油行业，没有新的资本和技术投入，2026 年巴西将进口大量的石油衍生品，石油衍生品的价格高于原油，从战略层面上看会阻碍巴西的发展。

表 9 　　　　　　　2018 年 1 ~ 8 月巴西原油（包括伴生气凝析油）出口量

时间	出口量（千桶/天）
2018 年 8 月	1 205. 26
2018 年 7 月	892. 55
2018 年 6 月	1 085. 7
2018 年 5 月	1 053. 81
2018 年 4 月	1 018. 03
2018 年 3 月	1 218. 94
2018 年 2 月	1 191. 93
2018 年 1 月	1 272. 87

资料来源：JODI – Oil World Database.

巴西国内多年来对炼油行业缺乏投资，石油炼化行业发展缓慢，低水平的炼能无法满足石油产量的迅速上升的需求，巴西不得不将原油大量出口，目前中国是巴西最重要的原油出口国。

在中美贸易战争中，中国削减对美进口原油总量并增加对美原油进口的关税，加之中国允许国内独立炼油商使用进口原油，未来中国国有油企和独立炼油商对巴西原油的需求将进一步增长，为巴西对中出口原油创造了绝佳的机会。

（二）乙醇燃料

巴西是世界上最早开发乙醇燃料技术的国家，到今天已经有了40多年的历史，如今巴西已经是仅次于美国的世界第二大乙醇生产大国。根据巴西法律规定，汽油中添加乙醇的比例高达27%，巴西的乙醇燃料已深入人心。在巴西，加油站除了提供汽油、柴油，还提供乙醇燃料，而且乙醇燃料要比汽油便宜25%左右。

虽然巴西是今天拉美地区的第一产油大国，但在20世纪70年代，巴西90%的石油消费需要依赖进口。1973年，第一次世界石油危机给严重依赖石油进口的巴西一个沉重的打击。为满足国内对燃油的需求，实现能源自给，1975年，巴西政府开展汽车乙醇燃料计划，扩大乙醇生产，提高乙醇燃料的使用水平，并颁布法令授权石油公司在汽油中兑入一定比例的无水乙醇。1979年第二次世界石油危机后，乙醇燃料生产技术明显提高，首辆以含水酒精为燃料的汽车问世。1984年，巴西生产的酒精汽车占全国总产量的94.4%。1986年，世界石油危机缓解，油价大幅下跌，加上国际糖价上升，导致巴西部分用于生产乙醇的甘蔗用于生产蔗糖，造成1989年巴西酒精供应短缺，酒精汽车的销量和产量出现下降。1991年，巴西政府为了加快乙醇燃料的发展，颁布法令要求全国所有汽油都必须兑入20%～24%的无水酒精。2003年，福特巴西分公司推出了首辆汽油—酒精双燃料汽车，可以单独使用乙醇或汽油作为燃料，也可以使用任意比例的酒精和汽油混合的燃料。

经过40多年的发展，巴西酒精生产技术达到世界领先水平，近20年来，巴西乙醇产量稳定上升，实现近3倍的增长（见图6）。加上巴西是世界最大的甘蔗种植大国，劳动力相对廉价，使得巴西成为世界酒精出口大国，为巴西出口贸易做出不小的贡献，2006年酒精出口为巴西带来了30亿美元的外汇收入。

图 6　巴西乙醇产量

资料来源：联合国数据库。

　　由图 7 可以看出，进入 21 世纪以来，巴西乙醇出口量迅速增长，2008 年达到峰值，超过 4 000 千吨，但 2009 年出现首次下滑，2010 年出口量仅为 1 500 千吨左右。近几年来，年出口量出现较大幅度的波动，但与峰值相比下降幅度依然有较大的差距。

图 7　巴西乙醇燃料出口量

资料来源：联合国数据库。

　　随着全球经济的发展，世界各国对能源的需求越来越大，绿色经济越来越受到重视，巴西有着成熟乙醇燃料和乙醇汽车生产技术，世界上很多国家都愿意和巴西合作。

（三）天然气

巴西从 20 世纪 90 年代开始，天然气的生产稳步增长。2000～2002 年三年间，巴西发现的多个气田，积极推动了巴西天然气生产的发展。巴西的天然气勘探和生产由巴西国家石油公司负责，根据巴西的国有企业私有化议程，国家天然气领域的一部分行业正在由国有转变为私有，但由于产业上游企业私有化进程发展相对缓慢，目前巴西的天然气的分销由各州政府控制。目前巴西经济发展缓慢，许多州政府存在着严重的财政问题，作为一种增长运营资金的方式，州政府逐步将国营天然气分销公司出售，进行私有化。

2017 年巴西探明天然气储量为 15 万亿立方英尺。巴西最大的天然气田位于 Campos 和 Santos 盆地，而巴西东南沿海地区是烃资源富集区，近年来，巴西致力于对该地区的天然气资源进行勘探，今后巴西的天然气储量和产量有大幅增长的潜力。2006 年巴西天然气总产量仅为 6 250 亿立方英尺，2017 年增长至 14 170 亿立方英尺。近十年间，巴西天然气总产量的增长幅度在一倍以上。

2018 年 3 月，巴西国家石油公司宣布，中国山东科瑞石油装备有限公司和巴西建筑公司梅托多组建的联合体与该公司已签署了价值约为 6 亿美元的合约，将建设天然气加工厂项目。该项目位于里约热内卢伊塔博拉伊市，主要加工处理 Santos 盆地盐下层油田的天然气，建成后将成为巴西最大的天然气加工厂，使巴西国家石油公司天然气的日加工量从目前的 2 300 万立方米增加至 4 400 万立方米，大幅度增强盐下油田天然气加工能力，减少巴西对进口天然气的需求。该项目预计在 2020 年投入生产。

由图 8 可以看到，近 10 年以来巴西天然气总产量稳定增长，2006 年总产量约为 6 000 亿立方英尺，2017 年超过 14 000 亿立方英尺。

由于国内天然气生产不能满足国内的需求，阻碍经济发展，巴西于 1999 年开始对天然气实施进口。玻利维亚是巴西主要的天然气进口国，国内天然气消费半数依赖从玻利维亚进口。2006 年玻利维亚宣布，将上调天然气能源的出口价格，为此巴西与玻利维亚进行了 9 个多月的协商，并冻结在玻利维亚的所有投资，于 2007 年 2 月双方达成了新的天然气价格协议。

由图 9 可以看到，巴西天然气进口量峰值出现于 2015 年，达 6 700 亿立方英尺。2016 年开始出现大幅度下滑，主要原因是巴西热电需求和整体经济活力减弱有关。巴西石油公司在 2016 年表示，将出售其在里约热内卢和塞阿拉州的液化天然气终端，以及与这些终端相关联的热电厂，逐渐缩小其在巴西天然气及液化天然气行业的规模。

（十亿立方英尺）

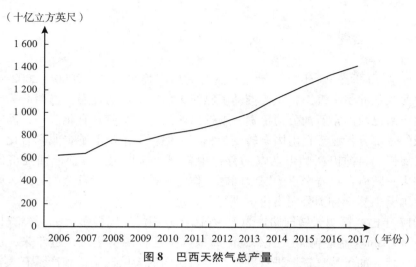

图 8　巴西天然气总产量

资料来源：International Energy Statistics（EIA）.

（十亿立方英尺）

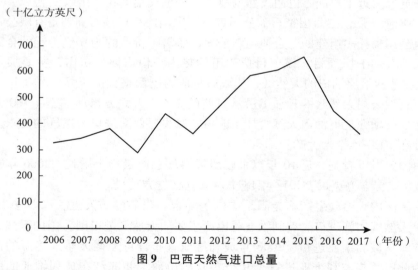

图 9　巴西天然气进口总量

资料来源：International Energy Statistics（EIA）.

　　巴西天然气出口规模很小，2017 年出口总额仅为 48 亿立方英尺。

　　中国和巴西的石油战略合作始于天然气管道建设。2006 年，中石化和巴西国家石油公司签署天然气管道建设合同，承包了巴西 303 公里的管道建设，合同金额约为 2.4 亿美元。至今中巴已进行了多次天然气管道建设的合作。值得关注的是，2018 年 4 月，中投公司宣布，其海外子公司中投海外联合布鲁克菲尔德等机构，从巴西国家石油公司手中收购了巴西东南部天然气管道公司90%的股份。该公司拥有长达2 048公里的管道系统，连接了巴西里约热内卢、圣保罗、纳斯吉拉斯州、玻利维亚和巴西海洋油气田，主要为人口密集、工业化程度高的南中部地区运输天然气。

截至2016年8月，巴西建成两条跨国天然气管线。第一条连接巴西和国外天然气田的管线是玻利维亚—巴西管线，总投资21亿美元，总长度达两千英里。该管线工程建设于1999年7月投入运营。该管线输送天然气至圣保罗，随后延伸至其南部的阿雷格里港。第二条是阿根廷—巴西管线，将天然气从巴拉那输送到乌鲁瓜亚纳，主要用于生产热电。

（四）清洁能源

巴西十分重视本国能源结构，2009年巴西政府发布了《国家气候变化政策》，鼓励发展可再生能源，增加风电、水电、太阳能发电及生物发电的供给，鼓励使用太阳能、风能、生物质能和热电联产方式供电等。

巴西清洁能源的生产产量位于世界前列。2016年，水力净发电量仅次于中国和加拿大，位列世界第三，其中与加拿大差距仅为1.6%；其次，风力净发电量330亿千瓦时，位列世界第七。

巴西主要以水力发电为主，但发电量不稳定，每年净发电量均有超过100亿千瓦时的波动；核电净发电量相对稳定，但发电量小，2016年为150亿千瓦时，仅为水力发电的4%；近年来巴西风力发电发展迅速，2016年净发电量达330亿千瓦时，是2012年的6倍以上，但发电量仍然较低，不足水力发电的10%（见表10）。

表10　　　　　　　**2012～2016年巴西主要清洁能源产电量**　　　　单位：十亿千瓦时

年份	水力净发电量	风电净发电量	核电净发电量
2016	377	33	15
2015	356	22	14
2014	370	12	14
2013	387	6.6	15
2012	411	5.1	15

资料来源：International Energy Statistics（EIA）.

巴西国内电力需求量巨大，仅次于美国和加拿大，位居美洲第三大电力需求国。巴西有着丰富的水源，是南美洲水能资源最丰富的国家，水电潜能仅次于中国和俄罗斯，排名世界第三。其电源结构以水电为主，水力发电是最主要的电力来源，水电装机约占总装机的72%，巴西近80%的电力需求全部由大型水电站供给。但每年4~10月的旱季，巴西境内几乎所有的水力发电站的发电量都会出现下降，为满足国内的能源需求，巴西能源正朝着"多样化"方向发展。

巴西水力发电始于1883年的国内首座水力发电站竣工投产，至今已发展了135年。20世纪70年代开始，巴西水力发电发展迅速，水电工程迅猛扩张，为巴西经济发展提供了电力保障，促进了巴西的经济发展。但是巴西水电发展并非尽善尽美，在建造水电站和水电站大坝及蓄水池的过程中，引发一系列负面的社会和环境影响，例如2015年亚马逊河部落结盟抵抗水力发电站建设等。

厄尔尼诺现象对巴西气候产生了严重的影响，引发了巴西多个地区严重干旱及降雨量不稳定的情况，并且这样的现象有逐渐增强的趋势。2015年，由于气候变化导致巴西产电量占全国70%的东南部水库水位下降，蓄水量仅有19%，低于预期的一半，使得水电供应减少，造成巴西10个州强迫性停电，引发严重的社会问题和经济问题。2018年，巴西东南部地区经历了21世纪以来最严重的旱灾。

同时，巴西政府十分注重发展风能，相对于巴西水力发电来说，风力发电成本更低，近年来巴西风力发电也在迅速发展。得益于东北季风，东北部是巴西风力发电量最大的地区，其中北大河州使用的电能有一半是来自风能，该州风力发电发展迅速，2016年发电量同比增长50%。

尽管巴西水能及风能发电发展势头迅猛，但巴西核电发展相对落后，位列世界第十八位，加上巴西电网覆盖不足，电网基础设施建设滞后，电网容量过小，平均输配电损耗率高达17%，部分地区约有20%的电力失窃等问题，使得巴西仍然需要进口电能来国内电能需求，2016年巴西电力进口总额达410亿美元，仅次于美国和意大利，成为世界第三大电力进口国。巴西电力系统仍然有着巨大的发展空间。

巴西打算在未来几年实现发电模式多样化。《2024年巴西能源计划》呼吁增加发展非水电的可再生能源发电3600万千瓦，天然气发电1100万千瓦，核能发电140万千瓦。EIA发布的《2016年国际能源展望》预计，从2014~2024年，巴西的GDP和电力需求的年均增长将分别达到2.4%和2.0%。根据官方10年能源计划（PDE），2024年的目标是公用事业规模太阳能达到7吉瓦（GW），分布式光伏发电装置达到 1.32 吉瓦（GW）。2020 年就可实现 1.4 吉瓦（GW）分布式光伏发电，尤其是鉴于巴西 ProGD 政策对太阳能行业的大力支持。据 MME 表示，到 2030 年约有 270 万巴西客户私人住宅、工业或农业部门安装分布式太阳能，产能相当于 23.5 吉瓦（GW）。

随着巴西《2030 年国家能源发展规划》的颁布和实施，巴西将扩大对能源领域的投资，开发核能、水力、热力、风能以及生物能源发电，以满足未来数十年的经济增长需求。巴西政府在能源领域的庞大投资规划，将极大地刺激国内对能源行业相关产品的需求，使能源行业继续保持迅速发展的势头，这对于巴西国内外的能源企业而言是很好的投资发展机会。

三、服务业

巴西的服务业相对发达，近年来巴西服务业的产值占 GDP 的 70% 左右。服务业对巴西经济发展举足轻重，服务业不仅是巴西产值最高的产业，也是创造就业机会最多的行业。根据世界银行公布数据显示，服务业产值占巴西 GDP 的 73.3%。由表 11 可以看到，2014 年，巴西商业服务出口总额达 390.47 亿美元，2015 年出现下滑，不足 330 亿美元；2017 年，巴西商业服务出口总额达 336.76 亿美元，同比增长 3.4%。

表 11　　　　　　　**2012～2017 年巴西商业服务出口总额**　　　　　单位：美元

年份	出口额
2017	33 676 596 773
2016	32 567 703 439
2015	32 988 918 033
2014	39 046 701 889
2013	36 342 259 363
2012	37 393 160 189

资料来源：世界银行。

商业服务出口是巴西出口贸易的主要行业，主要包括交通服务出口、旅游服务出口、保险与金融服务出口及计算机、通信和其他服务的出口。其中旅游服出口占比 17.3%，交通服务出口 17.2%，保险与金融服务出口 4.1%，计算机、通信和其他服务出口占比 61.5%（见图 10）。

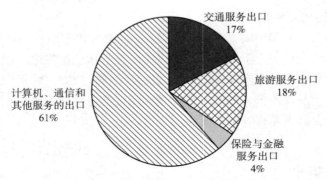

图 10　2017 年巴西商业服务出口组成

资料来源：世界银行。

巴西是著名的旅游胜地，主要旅游城市和景点包括里约热内卢、圣保罗、巴西利亚、萨尔瓦多、玛瑙斯、黑金城、伊瓜苏大瀑布、巴拉那石林和大沼泽地等。旅游业是巴西服务业的重要组成部分，也是巴西国内生产总值的重要组成部分。2006～2011 年间巴西旅游业对国内生产总值的总体贡献呈逐年上升趋势，2012～2014 年表现相对稳定，但 2015 年出现大幅度下滑，下降约 500 亿美元，2016 年和 2017 年有上升趋势（见图 11），2017 年旅游业对国内生产总值的总体贡献为 1 630 亿美元，占巴西 GDP 的 7.9%，而在 2003 年占比高达 9.2%。

图 11　2006～2017 年巴西旅游业对国内生产总值的总体贡献

资料来源：World Travel & Tourism Council（WTTC）.

巴西旅游业发展至今已经有 80 多年的历史。1995 年开始，巴西政府把发展旅游列入巴西发展战略规划，致力于开发旅游项目，扩大旅游收入，增加就业机会，促进国家社会经济的发展。根据 2015 年全球旅游竞争指数的排名，巴西在全球排名第 28 位，次于美国和加拿大，在美洲位列第三。近 20 年来巴西国际旅游收入呈总体上升趋势，但 2015 年出现较大幅度的下滑（见图 12）。巴西是世界十大旅游创汇国之一，游客主要来自美洲和欧洲。2016 年，巴西接待来自世界各地的游客达 658 万人次，产值 66.13 亿美元，占当年出口总收入的 3.0%。如今，旅游业已成为巴西继大豆和铁矿砂出口以外的第三大外汇来源。

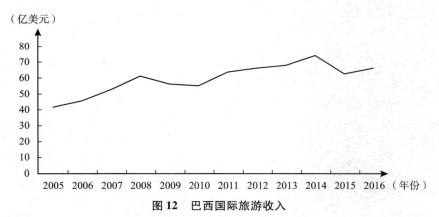

图 12　巴西国际旅游收入

资料来源：World Bank.

目前巴西信息产业也相对发达。从 20 世纪开始，巴西政府为促进本国信息技术研究和开发的进步，采取了一系列措施。1984 年，巴西议会通过了《国家信息产业法》；20 世纪 90 年代初，为促进巴西软件产品出口发展而制定 Software Export 计划，目标是使巴西成为世界上五大软件开发和出口国之一；2000 年出台《信息法》，鼓励信息技术企业及跨国企业开展研究开发活动；2007 年 1 月，将发展信息产业列入《促进增长计划》，大幅度降低针对信息产业的税收。得益于信息产业的发展，保险与金融服务、计算机和通信服务有着相当的技术基础，其服务出口在巴西商业服务出口中占有重要地位。

巴西公路修建现状和铁路修建现状是巴西旅游业发展的阻碍之一。巴西公路密度较低，且道路状况较差，而铁路建设多年没有得到发展。巴西铁路总长度为 29 303 公里，没有一个全国性的铁路网，虽然有项目招标，但巴西 2005年至今没有开展铁路建设。2008 年，巴西政府决定建设一条连接里约热内卢、圣保罗和坎皮纳斯的高速铁路，但因为无人投标而流标。2018 年 7 月，巴伊亚州州政府公布，比亚迪中标巴西名城萨尔瓦多的轨道交通项目，全程约 20 公里，预计 2020 年底建成通车。该轨道将连接萨尔瓦多市和西莫兹费尔霍市圣约翰岛，途径萨尔瓦多市中心区和沿海地带，以及萨尔瓦多市与西莫兹费尔霍市之间的山地地带，将提高巴西运输服务能力，促进巴西服务业、旅游业的发展。

巴西政治与经济环境

从中国对拉美和葡语国家
外交看中巴关系的发展

邹　静　王建伟[*]

摘　要： 进入 21 世纪，中国和拉丁美洲地区的互动愈加频繁，双方合作不断深化。巴西作为拉美地区首屈一指的大国和全球新兴经济体，与中国在国家、地区和全球层面的合作也颇为引人注目。巴西又是世界上最大的葡语国家，因此中巴关系也是中国和葡语国家关系的重要组成部分。近几年，国际市场上大宗初级产品超级周期的结束，中国经济增速的放缓和经济结构发生的转折性的变化，对拉美国家的影响凸显。拉美国家经济持续低迷，通货膨胀加剧，贸易保护主义高涨。同时，占地区主导地位的拉美左派执政党未能及时调整经济政策、升级产业结构，还因过多干预国家经济造成了各种腐败问题，造成了民众的强烈不满，拉美的政治钟摆向右倾斜。这些都给中拉关系和中巴关系的发展带来了一些不确定性。但是，即使巴西新意欲发展与西方国家的合作，也不太可能放弃维护发展中国家和新兴国家的整体利益、推动国际政治经济新秩序形成的多边机制。

关键词： 拉丁美洲　中拉关系　中国葡语国家关系　中巴关系

一、中国对拉美和葡语国家政策框架下的中巴关系

中国和拉丁美洲国家距离遥远，存在着政治、文化、宗教差异，相互了解甚少，拉丁美洲传统上又被视为美国的"后院"，这些都阻碍了双边关系的发展。

---

* 邹静，澳门大学政府与行政学系博士研究生。
　王建伟，澳门大学政府与行政学系教授。

20 世纪七八十年代，随着中美关系的缓和，以及中国把加强同广大发展中国家的团结与合作作为中国外交政策的基本立足点，一批拉丁美洲国家相继与中国建立了外交关系。最近两年，中国的拉美外交在邦交国方面又取得了新的突破。巴拿马、多米尼加和萨尔多瓦分别于 2017 年 6 月、2018 年 5 月和 8 月与中国建立了外交关系。① 20 世纪 90 年代，随着冷战的结束，中国和拉丁美洲国家高层来往和接触更加频繁，政治互信日益加深。1993 年，中国和巴西确立了战略伙伴关系，巴西成为了第一个与中国建立战略伙伴关系的拉美国家，并于 2012 年将其提升为全面战略伙伴关系。至今，中国共与 9 个拉美国家建立了战略伙伴关系，并同其中 5 个国家提升至全面战略伙伴关系。②

随着中国经济的迅速发展，中国越来越意识到发展中国家对中国经济增长和发展的不可替代的重要性。21 世纪初期，中国提出"走出去"战略，对自然资源、原材料和粮食的需求促使中国积极发展与资源丰富的拉美国家的关系。2014 年以来，中国一直是拉美的第二大贸易伙伴国，是拉美地区大宗商品的重要出口市场，也越来越多地进口拉美的农产品和工业制成品。③ 2017 年，中拉双边贸易额达 2 578 亿美元，同比增长 18.8%。④ 就当前中国与拉美国家的经贸发展情况来看中巴经贸关系，2017 年，中巴贸易额约占中拉贸易总额的 34%。巴西是中国在拉美的第一大贸易伙伴，并且中国已经连续九年成为巴西最大贸易伙伴⑤，中国是巴西的最大的贸易伙伴、第一大出口市场和第一大进口来源地。并且，巴西在对华贸易中长期处于顺差地位，这对巴西增加外汇收入、平衡国际收支发挥着重要作用。

巴西作为拉美地区首屈一指的大国，在区域一体化中发挥着主导作用。巴西积极支持中国与拉美在地区层面的合作，如支持中国成为美洲国家组织观察员和加入美洲开发银行，支持中国设立"中拉合作论坛"等。2011 年 12 月，33 个拉美国家在里约集团和拉美峰会的基础上宣布正式成立拉美和加勒比国家共同体（拉共体）。2014 年 7 月，习近平主席访问拉美，期间出席了中国—拉美和加勒比国家领导人会晤并发表主旨讲话，全面阐述中国对拉美政策主张，宣布建立平

---

① 据中华人民共和国外交部网站相关信息整理，https：//www. fmprc. gov. cn/web/ziliao_674904/2193_674977/。

② 据中华人民共和国外交部网站相关信息整理，https：//www. fmprc. gov. cn/web/gjhdq_676201/gj_676203/bmz_679954/，https：//www. fmprc. gov. cn/web/gjhdq_676201/gj_676203/nmz_680924/。

③ 中华人民共和国商务部：《2017 年中国与拉美加勒比经贸合作稳步发展》，2018 年 2 月 8 日，http：//www. mofcom. gov. cn/article/i/jyjl/l/201802/20180202710448. shtml。

④ 新华网：《我国已成为拉美第二大贸易伙伴国》，2018 年 11 月 29 日，http：//www. xinhuanet. com/fortune/2018 – 11/29/c_1123786863. htm。

⑤ 中华人民共和国驻巴西联邦共和国大使馆经济商务参赞处：《李金章大使在巴西企业管理年会上的讲话》，2018 年 5 月 14 日，http：//br. mofcom. gov. cn/article/todayheader/201805/20180502743359. shtml。

等互利、共同发展的中拉全面合作伙伴关系，成立中国—拉共体论坛。① 2015 年 1 月，中拉论坛首届部长级会议在北京举行，双方决心以中拉论坛为对话与合作的新平台、新起点、新机遇，进一步深化中拉全面合作伙伴关系。2015 年 3 月，巴西接受中国邀请，以创始成员国的身份加入亚洲基础设施投资银行。2016 年 11 月，中国政府发布第二份对拉政策文件——《中国对拉美和加勒比政策文件》，旨在总结经验，展望未来，全面阐述新时期中国对拉政策的新理念、新主张、新举措，推动中拉各领域合作实现更大发展。② 2018 年 1 月，中拉论坛第二届部长级会议在智利圣地亚哥举行。同时，中国正式邀请拉美和加勒比国家加入"一带一路"倡议，特别声明"拉美和加勒比国家是海上丝绸之路的自然延伸和'一带一路'国际合作不可或缺的参与方"。③ 至今，中国已与 15 个拉美国家签署了共建"一带一路"谅解备忘录。④

中巴关系不仅是中国对拉美外交的重要组成部分，也是中国对葡语国家外交不可或缺的一环。18 世纪，葡萄牙获准在澳门建立了商站，从里斯本行驶到澳门的商船会停靠巴西，就此开始了中巴之间的商贸接触。⑤ 1996 年，巴西推动建立了葡萄牙语国家共同体。葡语国家共同体的建立是由时任巴西驻葡萄牙的大使若泽·阿坝雷希多·奥利维拉推动的。⑥ 至今，葡萄牙语国家共同体成员包括葡萄牙、巴西、安哥拉、莫桑比克、几内亚比绍、佛得角、圣多美和普林西比、东帝汶和赤道几内亚九个国家。⑦ 其中，巴西在葡语国家中人口最多，国土面积最大，国内生产总值最多。⑧ 2003 年 10 月，由中国中央政府发起、商务部主办的中国—葡语国家经贸合作论坛在澳门成立。中葡论坛每三年举行一届部长级会议，2019 年将举行第六届。至今，中葡论坛包括了葡萄牙语国家共同体中除赤

---

① 新华网：《习近平出席中国—拉美和加勒比国家领导人会晤并发表主旨讲话》，2014 年 7 月 18 日，http：//www. xinhuanet. com/world/2014 – 07/18/c_1111687937. htm。

② 中国—拉共体论坛：《中国对拉美和加勒比政策文件》，2016 年 11 月 25 日，http：//www. chinacelacforum. org/chn/zywj/t1418582. htm。

③ 中国—拉共体论坛：《中国—拉共体论坛第二届部长级会议关于"一带一路"倡议的特别声明》，2018 年 2 月 2 日，http：//www. chinacelacforum. org/chn/zywj/t1531607. htm。

④ 据中国一带一路网相关资料整理，https：//www. yidaiyilu. gov. cn/。这 15 个国家分别是：巴拿马、特立尼达和多巴哥、苏里南、玻利维亚、安提瓜和巴布达、多米尼克、圭亚那、乌拉圭、哥斯达黎加、委内瑞拉、格林纳达、萨尔瓦多、多米尼加、智利、厄瓜多尔。

⑤ 保罗·斯柏乐：《中国与葡语国家的合作——巴西的视角》，载于《全球化世界中的葡语国家与中国》（魏丹主编），社会科学文献出版社 2014 年版，第 96 页。

⑥ 保罗·斯柏乐：《中国与葡语国家的合作——巴西的视角》，载于《全球化世界中的葡语国家与中国》（魏丹主编），社会科学文献出版社 2014 年版，第 103 页。

⑦ 资料来自葡萄牙语国家共同体官网，https：//www. cplp. org/。

⑧ 巴西国土面积是 851.49 万平方公里（巴西地理统计局统计），人口（2017 年）是 2.086 亿，国内生产总值（2017 年）是 2.05 亿美元（国际货币基金组织统计）。资料来源：中华人民共和国外交部网站，https：//www. fmprc. gov. cn/web/gjhdq_676201/gj_676203/nmz_680924/1206_680974/1206x0_680976/（2018 年 10 月更新）。

道几内亚之外的所有八个葡语国家。依据中国—葡语国家经贸合作论坛（澳门）常设秘书处的统计数据显示，自中葡论坛成立以来，中国和葡语国家双边贸易和投资发展迅速，合作领域也不断拓展。其中，中巴进出口商品总值在中国与葡语国家中排列第一位，且所占比重极大。如2017年，中国与葡语国家进出口总额约1 176亿美元，而中巴贸易进出口就占了约875亿美元。[①] 不仅如此，2015年，"葡语国家产品及服务展"在"第二十届澳门国际贸易投资展览会"首次亮相。2017年，中国澳门贸易投资促进局、巴西出口和投资促进局和葡萄牙经贸投资促进局合作，在巴西圣保罗市和葡萄牙里斯本市举办"葡语国家产品及服务展"推广路演。2018年，展会首次设立"巴西无人商品体验区（巴西名品汇）"和"葡语国家酒类及食品商机对接会"。中国与巴西本来就有着全面深入的双边关系，而中国和葡语国家之间的合作机制，更有助于双边关系的深化。同时，中巴关系的深入发展也会带动中国和葡语国家之间关系的发展。

从以上的分析中可以看到，巴西在中国与拉美关系和与葡语国家关系中占有重要而又特殊的位置。巴西是第一个与中国建立战略伙伴关系，并将其提升为全面战略伙伴的拉美国家。它是资源能源优势明显的国家，是中国非常重要的原油、铁矿砂和大豆的提供者，是中国在拉美最大的贸易伙伴。作为拉美地区影响力最大的国家和西半球最大的发展中国家，巴西注重与中国发展双边和多边外交关系，双边在国家、地区和全球的合作越来越密切。

二、中巴关系发展现状

（一）中巴双边贸易关系

进入21世纪，中巴贸易快速增长且略有波动。2000年，双边贸易总额28.45亿美元[②]；到2013年，双边贸易总额已增至历史最高位902.8亿美元[③]；从2014年开始，双边贸易总额略有下滑；2017年，双边贸易额为875.4亿美元[④]。在

---

① 中国—葡语国家经贸合作论坛（澳门）常设秘书处：中国与葡语国家进出口总额贸易数据，http：//www. forumchinaplp. org. mo/category/news/trade－data/。
② 人民网：《综述：中巴战略伙伴关系稳步发展》，2001年4月11日，http：//www. people. com. cn/GB/shizheng/19/20010411/439627. html。
③ 牛海彬：《中国巴西关系与金砖国家合作》，载于《拉丁美洲研究》2014年6月，第36卷第3期，第50页。
④ 中华人民共和国外交部：《中国同巴西的关系》（最近更新时间：2018年6月），https：//www. fmprc. gov. cn/web/gjhdq_676201/gj_676203/nmz_680924/1206_680974/sbgx_680978/。

2018 年 11 月首届中国国际进口博览会上，巴西工贸服务部部长马尔科斯·佩雷拉（Marcos Pereira）表示，2018 年 1～9 月，巴西对中国的进出口额较去年同期相比均有显著增长。① 2009 年，中国取代美国成为巴西在全球的第一大贸易伙伴和最大的出口国。② 2012 年，中国首次取代美国成为巴西最大的进口来源国。③ 至今，中国已经连续九年成为巴西最大贸易伙伴。值得一提的是，在 2018 年首届中国国际进口博览会上，巴西是首个公布参展阵容的国家，并派出了庞大的代表团参会。作为进博会的十二个主宾国（印度尼西亚、越南、巴基斯坦、南非、埃及、俄罗斯、英国、匈牙利、德国、加拿大、巴西和墨西哥）之一，根据上海对外经贸大学发布的首届中国国际进口博览会主宾国进口贸易指数，巴西是中国主要进口来源国，仅次于德国和越南；中国从巴西进口的竞争力指数仅次于越南；中国对巴西的进口贸易效率值在 90% 以上。④ 时任巴西工贸服务部部长的马尔科斯·佩雷拉表示确信中巴贸易结构具有互补性，巴西产品在一直保持着强劲增长势头的中国市场有着广阔的机遇。⑤ 在进博会第二天，阿里巴巴就同全球最大肉类加工企业——巴西 JBS 集团签订了 3 年共 15 亿美元的采购协议，成为中巴两国迄今最大牛肉进口订单。⑥ 中巴贸易迅速增长主要在于中国对巴西能源、矿产和粮食有着极大的需求。以中巴石油合作为例，2009 年，中国与巴西签署了 100 亿美元的"贷款换石油"协议，中国国家开发银行为巴西提供 100 亿美元的贷款，在 2009～2013 年间巴西石油公司按照市场价格每天向中国供应 10 万～16 万桶原油。⑦ 2010 年，中石化与巴西国营石油公司 Petrobras 签订了广泛的策略性合作协议，还获得了巴西北部两块石油区块的开发权。当前，尽管巴西石油公司深陷腐败丑闻债务危机，中国仍从长远利益出发，于 2015 年与其签署

① 刘洪亮、赵海博、周俊羽、张峻榕、章华龙：《参展成果超出预期，中国诚意满满！多国企业已预订下届进博会》，转载自文汇 APP，澎湃新闻，2018 年 11 月 23 日，https://www.thepaper.cn/newsDetail_forward_2664031. 时任巴西工贸服务部长马尔科斯·佩雷拉指出，2018 年 1～9 月，巴西对中国的出口总额为 472 亿美元，巴西自中国进口总额为 267 亿美元。前三个贸易总额数据是根据中国海关统计得来。

② 中华人民共和国驻巴西联邦共和国大使馆经济商务参赞处：《2009 年中国是巴西最大贸易伙伴》，2010 年 1 月 15 日，http://br.mofcom.gov.cn/article/jmxw/201001/20100106746488.shtml.

③ 中华人民共和国驻巴西联邦共和国大使馆经济商务参赞处：《中国成为巴西第一大进口来源国》，2012 年 11 月 1 日，http://br.mofcom.gov.cn/article/jmxw/201211/20121108416453.shtml.

④ 王烨捷：《首届进博会主宾国进口贸易指数发布》，中青在线，2018 年 11 月 13 日，http://news.cyol.com/yuanchuang/2018-11/13/content_17781012.htm.

⑤ 刘洪亮、赵海博、周俊羽、张峻榕、章华龙：《参展成果超出预期，中国诚意满满！多国企业已预订下届进博会》，转载自文汇 APP，澎湃新闻，2018 年 11 月 23 日，https://www.thepaper.cn/newsDetail_forward_2664031.

⑥ 吴秋余、张炜、林丽鹏、王珂：《推动开放合作　共创美好未来——写在首届中国国际进口博览会闭幕之际》，载于《人民日报》2018 年 11 月 11 日 01 版。

⑦ 崔守军：《中国与巴西能源合作：现状、挑战与对策》，载于《拉丁美洲研究》2015 年 12 月，第 37 卷第 6 期，第 47 页。

了价值 35 亿美元的新的融资协议。① 2016 年，中国与巴西续签了 100 亿美元的 "贷款换石油" 协议。② 随着巴西石油日产量的不断提升，中国从巴西的原油进口量增速惊人。2018 年第一季度，巴西已成为中国第五大原油进口来源地。③ 由此，中国也需要密切关注巴西国内政治发展状况，避免党派斗争、政治腐败等问题带来的经济风险。

中国从巴西主要进口原材料，巴西主要从中国进口制成品，双方从贸易互补中获益，但也使中巴贸易存在着结构失衡的问题，巴西担心 "被沦为中国原材料和资源供应地"，中国因此饱受 "新殖民主义" 诟病。就中国从巴西进口来看，2002～2012 年，中国从巴西大幅度增加原油、铁矿石、大豆等大宗商品的进口量，使大宗商品价格大幅上涨，大量外资流入巴西，巴西出口收入也大幅增加。然而，近年来，大宗商品超级周期宣告结束，工业对经济增长贡献不足，中国经济增速放缓，经济转型进入新常态，导致中巴贸易出现波动，巴西感受到了大宗商品繁荣之后的宿醉效应，也引发了巴西国内 "对中国经济过度依赖" 的抱怨。从中国向巴西出口来看，中国出口到巴西的同类制造业产品冲击着巴西的国内市场，也影响着巴西相关产业的就业率。为此巴西在 WTO 体制内多次发起反倾销调查。据中国商务部贸易救济调查局统计，2016 年全年，巴西针对中国发起的反倾销调查和裁决案件高达 35 起，其中至少 70% 的案件以不利于中国企业的裁决而告终。④ 以至于在 2016 年 12 月 11 日针对中国反倾销 "替代国" 的做法终止，2017 年与 2016 年同期相比巴西对中国发起反倾销调查明显减少的情况下，中国贸促会依然提醒中国企业不能掉以轻心。⑤

（二）中巴双边投资关系

中巴双边投资有所增长也略有波动，中国对巴西的投资相对发展迅速。2010 年，中国一跃取代美国成为巴西的最大投资国。但是自此以后，中国对巴西直接投资在 2011 年和 2012 年下跌至 1.79 亿美元和 1.85 亿美元。⑥ 2017 年，中国对

---

① 崔守军：《中国与巴西能源合作：现状、挑战与对策》，载于《拉丁美洲研究》2015 年 12 月，第 37 卷第 6 期，第 47 页。
② 凤凰网财经：《外媒：中企正在与巴西谈判 中国或在每周获炼油产能》，2018 年 4 月 23 日，http：//finance. ifeng. com/a/20180423/16176793_0. shtml。
③ 中华人民共和国海关总署：《今年一季度我国原油进口量价齐升》，2018 年 5 月 11 日，http：//www. customs. gov. cn/eportal/ui? pageId = 696401&currentPage = 1&moduleId = 803a199eac704a97a8ea1f0a18cb3a0e。
④⑤ 中国国际贸易促进委员会：《巴西对华反倾销调查大幅减少 企业仍不可掉以轻心》，2017 年 6 月 22 日，http：//www. ccpit. org/Contents/Channel_4131/2017/0622/828349/content_828349. htm。
⑥ 新浪财经：《中国对巴西海外直接投资持续下降》，2013 年 11 月 4 日，http：//finance. sina. com. cn/world/20131104/010617206667. shtml。

巴西直接投资 6. 43 亿美元，排名第 16 位。① 中国在巴西的投资主要涉及承建火电厂、特高压输电线路、天然气管道、港口疏浚等大型基础设施项目，我国相关大型企业如中石油、中石化、中海油、中国化工、国家电网、国家电投、中国电建、三峡、国家核电等均有通过并购和竞买公共项目特许经营权等多种形式投资巴西。以三峡为例，三峡集团与葡萄牙电力公司合作，成功进入了巴西水电市场。在短短五年里，三峡巴西公司拥有了 17 座水电站、11 座风电场和 1 家电力交易公司，业务分布在巴西 10 个州，成为了巴西第三大电力公司。② 值得一提的是，2018 年 12 月，国家主席习近平访问葡萄牙之际，三峡和葡电在里斯本签署《三峡集团和葡电合作协议》。③ 三峡巴西公司取得如此成绩，是中国和葡语国家在投资合作中互利共赢的典型。2018 年 5 月，中国驻巴西大使李金章在巴西企业管理年会上的讲话中提到，即使在巴西经济低迷的情况下，中资企业依然助力巴西经济复苏。据巴方统计，中国在巴西的投资存量已经超过 540 亿美元，成为巴西最大的投资来源地之一。④ 而巴西对中国的投资主要涉及飞机制造、压缩机生产、煤炭、房地产、汽车零部件生产、水力发电、纺织服装等项目。巴西在华投资登记的企业数量很多，但知名企业很少。其中以巴西最大和全球领先的 120 座以下飞机出口企业 Embraer 和哈尔滨飞机工业有限公司 2002 年在华共同投资设立的哈飞—安博威工业有限公司最为著名。⑤

从中国对巴西投资来看，集中于资源、土地、劳动力密集型产业和大型基础设施建设。这些投资较容易引发如毁林开荒、水土污染等生态环境保护的问题，同时还涉及巴西土著权益维护、土地劳工雇用、劳工工作环境等企业社会责任问题的领域。如 2009 年对巴西大豆加工厂的投资就引发了巴西公众的反对，巴西还因此对相关法律做了修改以限制外国土地投资。⑥ 再如2014 年，中国、巴西、秘鲁就开展连接大西洋和太平洋的铁路合作提出修建两洋铁路。这一提议有利于联通拉美国家、减少运输成本、促进物流出口等等，但在面临的问题中，亚马逊雨林的保护和沿线原住民部落权益的保障都

---

① 中华人民共和国驻巴西联邦共和国大使馆经济商务参赞处：《2017 年巴西吸收外国直接投资603. 45 亿美元》，2018 年 2 月 27 日，http：//br. mofcom. gov. cn/article/jmxw/201802/20180202715750. shtml。

② 三峡国际能源投资集团有限公司：《三峡巴西公司成立五周年》，2018 年 10 月 10 日，http：//www. ctgi. cn/sxgjzwz/xwzx90/jyxx/814078/index. html。

③ 三峡国际能源投资集团有限公司：《中葡两国领导人共同见证 三峡集团与葡电签署合作协议》，2018 年 12 月 6 日，http：//www. ctgi. cn/sxgjzwz/xwzx90/gsyw7/821235/index. html。

④ 中华人民共和国驻巴西联邦共和国大使馆经济商务参赞处：《李金章大使在巴西企业管理年会上的讲话》，2018 年 5 月 14 日，http：//br. mofcom. gov. cn/article/todayheader/201805/20180502743359. shtml。

⑤ 中华人民共和国商务部：《对外投资合作国别（地区）指南：巴西（2017 年版）》，第 40 页，http：//fec. mofcom. gov. cn/article/gbdqzn/。

⑥ 麦沛宜、郭存海、白瑞东：《中国拉美研究发展报告（1949～2018）》，中拉智讯（中拉青年学术共同体微信公众号），2018 年 6 月 9 日。

是无法绕开的重要议题。与此同时，迅速增长的中国对巴西投资为巴西带来了资金和技术等，但是也冲击着巴西本土的相似产业，因此在巴西国内也出现了限制中国投资的舆论。新当选的巴西总统博索纳罗在选举过程中就曾多次批评中国在巴西的投资，并宣称要对其进行限制，这对中巴关系带来了一定的不确定性。

（三）中巴双边政治关系

随着中巴双边贸易、投资规模的不断扩大，经济依赖的不断加深，高层政治交往也日益频繁。2004 年以来，双边最高国家领导人多次互访，两国签署的公报和共同行动计划等都表现出双边强烈的合作意愿，反映出合作领域的多元和层次的多样，双边战略关系逐步加深。[1] 然而，当前来看，中巴关系走向会受到巴西右派政党上台的影响。从 2003 年卢拉上台到 2016 年左派总统罗塞夫黯然下台，巴西左派政党劳工党治理巴西超过 13 年。这两位总统都积极发展与中国的关系，并优先发展南南合作。从时间的维度来看，得益于大宗商品需求的旺盛、南南合作新浪潮等原因，这一时期是巴西经济发展的黄金时期，也是中巴经济快速发展的时期。但是这期间巴西没有致力于国家经济持续均衡健康发展，没有积极进行产业结构调整升级，而是把大量充足的财政盈余用于社会再分配，加强社会福利。随着大宗商品需求不振，特别是中国经济增速放缓并对大宗商品需求大幅下降的情况下，巴西财政收入大幅下降，经济结构改革愈发困难。而且由于政府对经济活动的过多干预，劳工党频频爆出的贪腐丑闻，以至于罗塞夫遭弹劾下台。接替罗塞夫的特梅尔总统组织了以中右派为主的政府。在上台之初，特梅尔表示"巴西要改变与新兴国家集团结盟的策略，密切与美国的合作关系"[2]，加强与欧美发达国家、拉美中右翼政府之间的联系。同时，在国内对左派政府的政策进行大幅调整，致力于提高经济市场化和开放度，重塑国家经济，但依然未能带领巴西走出危机。经济的不稳定和政治的动荡使巴西人民急切地希望有所改变。2018 年 10 月 28 日，极右派社会自由党候选人博索纳罗击败劳工党候选人阿达，当选新一届巴西总统。大选期间，博索纳罗提出强化执法、打击犯罪、清除腐败等主张，表明深化同欧美、日本等发达国家的关系，扩大与西方的贸易规模等意向。在针对中国公司收购巴西电力公司一事上

---

① 据中华人民共和国外交部网站相关信息整理，https：//www. fmprc. gov. cn/web/gjhdq_676201/gj_676203/nmz_680924/1206_680974/sbgx_680978/。

② 周志伟：《巴西政治变局下的中巴关系之"变"与"不变"》，载于《环球财经》2017 年第 1 期，第 130 页。

两次抨击"中国不是在巴西并购,而是在买下巴西"。① 鉴于博索纳罗的军人出身,德国《明镜周刊》甚至认为本次大选是巴西自 1985 年结束军事独裁以来,政治上最为重大的变化。② 这位极右翼总统上台后,巴西的对华政策会如何变化引人关注。

(四)中巴在区域层面的关系

当前,中巴在地区层面的关系主要受到拉美左翼退潮以及美国把中国作为竞争对手的意识有强化之势的影响。2015 年,阿根廷和委内瑞拉的两场选举结果,被评为"风光了 10 余年的拉美左翼浪潮开始退潮"。③ 11 月,阿根廷右派在总统大选中获胜;12 月,委内瑞拉右派赢得议会大选;2016 年,巴西最大左翼政党劳工党陷入经济严重衰退和贪腐丑闻,总统罗塞夫遭到弹劾,古巴、委内瑞拉、厄瓜多尔和玻利维亚等国对弹劾结果表示抗议。2017 年,智利中右派在总统大选中获胜。这些政治发展都表明拉美左派在拉美地区的主导地位丧失。乌拉圭、委内瑞拉、厄瓜多尔、玻利维亚、古巴等左派政党执政的国家以及拉美地区次区域组织对特梅尔政府的合法性的质疑,以及拉美地区左派右派政党之间的博弈,可能会波及拉美地区一体化进程,使中国和拉美的整体合作受到影响,也会影响到地区层面中巴关系的发展。

不仅如此,美国外交传统上的"门罗主义"就将拉丁美洲视为其后院,不容他国染指,因此中巴关系也面临着地缘政治上的挑战。随着中国与拉美关系的日益深化,美国甚至出现了拉美地区是中国新后院的说法。④ 2018 年 2 月初,美国国务卿雷克斯·蒂勒森在一次演讲中再次表达了对中国在拉美地区的担心,表示"获得中国提供的帮助总是有代价的",并警告拉美国家不要依赖"只想为自己人民赚取利益的新帝国主义列强"。2 月 2 日,负责国际事务的副财长大卫·马尔帕斯在美国华盛顿的战略与国际研究中心也发表了类似论述。⑤ 10 月 17 日,美中经济安全审查委员会发布了《中国介入拉丁美洲和加勒比》的研究报告,报

① 史雨轩:《巴西极右总统候选人称中国在买下全巴西》,观察者网,2018 年 10 月 11 日,https://www.guancha.cn/internation/2018_10_11_475100.shtml?s=zwyxgtjbt。
② 张维琪:《2018 巴西大选回顾:极右翼小党候选人缘何胜出?》,澎湃新闻,2018 年 11 月 2 日,https://www.thepaper.cn/newsDetail_forward_2589365。
③ 郑怡雯:《中国外交新局 拉美政治右转经济衰退,中拉关系会变坏吗?》,澎湃新闻,2015 年 12 月 29 日,https://www.thepaper.cn/newsDetail_forward_1414077。
④ 美国之音:《美专家:美应考虑中国在拉美的影响力对美的安全影响》,2014 年 1 月 9 日,http://www.voachinese.com/content/china-impact-in-latin-america-usa-security/1827028.html。
⑤ 麦沛宜:《中国比美国更了解拉美吗?》,美洲对话,2018 年 2 月 28 日,https://meizhouduihua.com/2018/02/28/中国比美国更了解拉美吗。

告认为中国侵蚀了美国在拉美的经济主导地位，减弱了美国在拉美的战略影响，挑战了美国在拉美的地位。[①] 11 月，美国战略与国际问题研究中心发布的《中国崛起背景下拉美和加勒比未来》对 2050 年中国在台湾问题、经济、监控、政治、安保、军事等方面对拉美的影响作出推测，建议美国对抗中国在拉美的影响，提醒拉美国家抵御外来竞争。[②] 不过，美国智库兰德公司最近发布的《"一带一路"的黎明时刻：中国在发展中世界的存在》则认为，中国在拉美的活动没有伤害美国的利益，甚至在拉美寻求经济机会这一目标与美国是一致的，但是担心中国的发展模式可能会削弱美国推动善治的努力。[③]

中国和巴西除了在拉丁美洲地区层面发展双边多边关系之外，还可以借助葡语国家之间的联系加强对非洲合作。从上文可知，葡萄牙语国家共同体成员包括葡萄牙、巴西、安哥拉、莫桑比克、几内亚比绍、佛得角、圣多美和普林西比、东帝汶和赤道几内亚九个国家。从地理位置来看，安哥拉、莫桑比克、几内亚比绍、佛得角、圣多美和普林西比，以及赤道几内亚都属于非洲国家。众所周知，巴西与非洲有着深厚的历史文化渊源。16 世纪开始，在葡萄牙的殖民统治下，非洲奴隶陆续被贩运到巴西。1888 年，巴西废除奴隶制后，这些非洲人就变成了巴西公民。但是独立后的巴西偏重发展与美洲和欧洲国家的关系。同时，非洲裔巴西人在巴西仍然处于边缘社会地位。直到 20 世纪 70 年代中期，巴西开始实施"负责的实用主义"外交政策，强调巴西"属于第三世界，拉美和非洲是它对外活动的'优先地区'"。[④] 巴西政府积极发展与非洲葡语国家的关系，支持非洲葡语国家首脑会议达成的"在发展中国家之间进行横向合作"的协议。[⑤] 1983 年，巴西总统菲格雷多访问尼日利亚、几内亚比绍、塞内加尔、阿尔及利亚和佛得角五国。这是巴西总统第一次访问非洲大陆。1996 年，巴西推动成立了葡萄牙语国家共同体，葡语国家共同体已成为巴西与非洲国家进行沟通、开展合作的重要平台。同时期，巴西还参与了联合国驻安哥拉和莫桑比克的维和行动。进入 21 世纪，时任巴西总统卢拉改变巴西在外交政策上对欧美国家的严重依赖，实

---

① Katherine Koleski, Alec Blivas. "*China's Engagement with Latin America and the Caribbean*", October 17, 2018, https://www.uscc.gov/Research/chinas – engagement – latin – america – and – caribbean.

② R. Evan Ellis. "*The Future of Latin America and the Caribbean in the Context of the Rise of China*", November 2018, https://www.csis.org/analysis/future – latin – america – and – caribbean – context – rise – china.

③ Andrew Scobell, Bonny Lin, Howard J. Shatz, Michael Johnson, Larry Hanauer, Michael S. Chase, Astrid Stuth Cevallos, Ivan W. Rasmussen, Arthur Chan, Aaron Strong, Eric Warner, Logan Ma. "At the Dawn of Belt and Road: China in the Developing World", October 16, 2018, https://www.rand.org/pubs/research_reports/RR2273.html.

④ 吴婧：《巴西和非洲关系及对我国的启示》，载于《拉丁美洲研究》2013 年 6 月，第 35 卷第 3 期，第 17 页。

⑤ 徐国庆：《巴西对非洲关系的演变及其特点》，载于《西亚非洲》2012 年第 6 期，第 138 页。转引自陈作彬：《从菲格雷多总统的非洲之行谈起》，载于《拉丁美洲研究》1983 年第 6 期，第 31 页。

行"一种第三世界主义政策,"① 巴西和非洲关系进入了政治、经济全面提升的新时期。巴非高层互访频繁,且多次在多边场合举行会晤。巴西还积极发展与非洲地区组织的关系,如2010年,在佛得角举行巴西—西非国家经济共同体首脑会议。2006年,巴西倡导并推动建立南美洲—非洲首脑会议,会议通过了《阿布贾宣言》和相应的行动计划。巴西作为世界上最大的葡语国家和南美洲唯一的葡语国家,也致力于扩大葡语的影响和巴西的文化影响力。如2008年,巴西—非洲—葡语系国际一体化大学的建立不仅是巴西还是整个葡语系在非洲和东帝汶的教育项目,亦是巴西对非洲发展的国际承诺。② 再看中国,2003年,中国政府推动建立了中葡经贸合作论坛,主要是加强与葡语国家的经贸交流。相较于巴西而言,中国更愿意与非洲葡语国家发展双边关系。总的来说,非洲对于中国与巴西来说都有着重大的战略意义,因此在各自发展与非洲关系时,某种程度的竞争是不可避免的。但是,中巴各有侧重和优势。同样作为发展中大国和新兴国家,中巴可以就非洲事务进行对话和磋商,加强在非洲事务上的合作。而在这方面,由于中葡论坛等合作机制的存在,中巴在发展和非洲葡语国家关系上进行合作的可行性就更高。

(五) 中巴在全球范围的关系

在全球层面上,中巴作为东西半球最大的发展中国家,在如全球经济治理改革、全球气候变化、减贫、维和行动、能源安全、粮食安全等大多数国际重大问题上,面临着相似的挑战和难题,有着共同的利益诉求和关切,也因此有着相同或相似的立场。例如,中巴两国积极推进在金砖五国这一框架下和平台上的合作。尽管"金砖"这一概念的提出是基于经济考量,但是金砖五国从成立之始就是一个国际政治力量的存在。作为东西半球最大的新兴经济体,中国和巴西是全球化和自由贸易的受益国家,两国通过多种渠道多次表明反对反全球化和贸易保护主义,巩固多边贸易体系,积极争取和维护发展中国家的利益,以期建立一个更加公平合理的国际政治经济新秩序。然而,新当选的巴西总统博索纳罗在选举期间向欧美等西方国家示好、表现出了贸易保护主义倾向,让人对其上任后与中国在全球层面的合作表示担忧。再如,同样作为"基础四国",中巴注重在应对气候变化领域的合作。在2018年12月的卡托维兹气候变化大会上,《巴黎协定》

---

① 吴婧:《巴西和非洲关系及对我国的启示》,载于《拉丁美洲研究》,2013年6月,第35卷第3期,第17页。
② 保罗·斯柏乐:《中国与葡语国家的合作——巴西的视角》,载于《全球化世界中的葡语国家与中国》(魏丹主编),社会科学文献出版社2014年版,第108页。

缔约国对于应对气候变化资金的落实、国家自主贡献范围的确定，如何划定"共同但有区别"的责任等关键问题上进展缓慢，会期一度延长，但是"基础四国"在大会现场共同举行并出席新闻发布会，表达对会议通过实施细则充满信心，共同推动大会取得成功。① 然而，巴西总统博索纳罗在大选过程中声称要效仿特朗普退出《巴黎协定》，虽然后来又表示不退出，但是巴西放弃了 2019 年第二十五届联合国气候变化大会的承办权，这着实给世界传递了负面信号。

三、中巴关系展望

从经贸关系来看，过去的十多年里，来自中国的贸易和投资促进了巴西经济的增长。但是随着世界经济增长乏力、大宗商品超级周期宣告结束，巴西财政收入大幅下降，经济政策被迫调整之后，经济结构改革愈发困难。巴西经济持续低迷，通货膨胀率上扬，公共赤字不断扩大。国内持续恶化的社会治安、严重的贫富悬殊、高失业率等问题突出。分析人士认为，巴西经济状况不容乐观，博索纳罗当选后的首要任务是振兴巴西经济。② 根据巴西官方统计数据，2015 年巴西国内生产总值下跌 3.77%，2016 年下跌 3.59%。2017 年经济增长率也仅为 0.98%。③中国连续九年作为巴西的第一大贸易伙伴，作为巴西原油、大豆等的重要进口国，巴西在中巴贸易中一直处于贸易顺差地位，巴西为了增加财政收入，为了发展本国经济，都需要同中国合作。2018 年 11 月，巴西工业、外贸和服务部部长马尔科斯·乔吉（Marcos Jorge）就表示，巴西希望进一步增加向巴西在全球范围内最大的贸易伙伴中国的商品出口数量和种类。④ 以大豆为例，据巴西农业部统计，2018 年前 7 个月，巴西对中国大豆出口达 4 390 万吨，占巴西大豆总出口量的 80.6%，出口额约 175.5 亿美元。⑤ 同时，巴西市场大豆价格有所上涨，特别是自 4 月起价格涨幅开始加大。⑥ 农牧业的快速发展推动巴西经济走向复苏。⑦与此同时，受当前中美贸易争端的影响，中国削减从美国进口的原油总量并增加

---

　　① 吕新文：《解振华：中国支持基础四国共同立场，推动达成巴黎协定细则》，2018 年 12 月 13 日，https：//www.thepaper.cn/newsDetail_forward_2737273。
　　②③ 新华网：《巴西内外课题考验新总统》，2018 年 10 月 30 日，http：//www.xinhuanet.com/mrdx/2018 – 10/30/c_137568553.htm。
　　④ 南美侨报：《巴西盼加强与中国外贸合作》，2018 年 11 月 6 日，http：//www.br – cn.com/news/br_news/20181106/118704.html。
　　⑤⑥ 新华社：《财经观察：大豆贸易没有"渔翁得利"——从美国、巴西豆农得失看经贸摩擦》，2018 年 9 月 25 日，http：//www.xinhuanet.com/fortune/2018 – 09/25/c_1123478488.htm。
　　⑦ 莫成雄：《结束严重衰退　巴西 2017 年经济增长 1%》，新华网，2018 年 3 月 2 日，http：//www.xinhuanet.com/world/2018 – 03/02/c_129821225.htm。

对美国原油的关税，巴西迅速增长的石油开采量弥补着美国原油的空缺。特别是中国政府允许独立炼油商使用进口原油之后，中国的国有石油企业和独立炼油商对巴西原油的需求都会增加。① 大豆作为食用植物油的原料和蛋白饲料的来源重要性不言而喻。中美经贸摩擦导致的加征关税措施，有可能会使国内的大豆供应产生一定缺口。中储粮相关负责人表示，缺口完全可以通过多元化渠道予以解决。② 预计巴西将趋势性增加大豆播种面积，产量有可能增加 500 万吨以上。③ 根据中国海关总署最新统计数据显示，前三季度，我国自巴西进口大豆 5 009.8 万吨，增加 16.9%，占同期我国大豆进口总量的 71.6%。同期，自美国进口大豆 1 650.4 万吨，减少 20.2%，占 23.6%。④ 由此可以看出，巴西外贸创汇、发展经济需要中国，中美贸易争端下的中国也需要巴西这一重要的进口来源国。不仅如此，随着中国经济的放缓和产业结构的调整，中国提出以共建"一带一路"引领中拉关系的重要倡议。在当前单边主义和贸易保护主义抬头的背景下，"一带一路"高举多边主义大旗，为完善全球治理体系变革、推进贸易投资自由化便利化提供中国方案。当下，巴西面临资金短缺，结构性改革等问题。中国在巴西不景气、外来投资减少的情况下依然保持对巴西投资较高水平，并不断向信息技术、生物医药、交通运输等领域扩展优化，更加关注生态环境保护、企业社会责任、对土著权益的保护等等。这和巴西推动经济长远发展，促进包容性增长，推进结构性改革的目标高度契合。同时，拉美地区基础设施缺口和再工业化需求也为中国提供了广阔的市场。

从政治关系来看，新当选的巴西总统博索纳罗在大选期间主张深化同欧美、日本等发达国家的关系，扩大与西方的贸易规模。中国在巴西外交中的重要性可能会减弱，巴西政府对南南合作、新兴国家之间合作的重视程度可能会下降。这与前任总统特梅尔在上任初期的外交政策相似。特梅尔在上任之初就表示要改变与新兴国家集团结盟的策略，加强与欧美发达国家之间的联系。但是特朗普提出的回归制造业、重新评估自由贸易协定、限制移民等政策主张，使得巴西强化与美国的关系难以取得成效。此后，特梅尔持续调整外交政策，强调务实与灵活性，不断深化与中国全面战略伙伴关系，注重与南北关系的平衡，继续强化与新兴国家之间的合作。博索纳罗对美国的示好，与特朗普政府的孤立主义和保护主义的倾向存在着错位，最终在经济层面的需求可能也会促使博索纳罗的外交理念

① 新浪财经：《中国削减美国进口原油总量 巴西瞅准机会弥补空缺》，2018 年 9 月 20 日，https：//finance. sina. com. cn/stock/usstock/c/2018 - 09 - 20/doc - ihkhfqnt0919159. shtml。

②③ 王珂：《中储粮：全部通过美国以外国家采购大豆，可满足日常运营需要》，澎湃新闻，2018 年 8 月 11 日，https：//www. thepaper. cn/newsDetail_forward_2338675。

④ 中华人民共和国海关总署：《今年前三季度我国大豆进口量小幅减少 9 月自美进口量创近 26 个月新低》，进出口监测预警分析文章，2018 年 12 月 12 日。

进行不断的修正。

从中巴区域和全球层面的关系来看，双边合作可能会放缓，但会继续发展。拉美地区左派政党执政的国家以及拉美地区次区域组织对巴西右派执政党合法性的质疑，以及拉美地区左派右派政党之间的博弈，可能会波及拉美地区一体化进程，使中国对拉美的整体合作受到影响，也会影响地区层面中巴关系的发展。但是拉美国家鉴于自身发展的需要，依然会促进中拉合作论坛层面的合作。从中国与葡语国家关系的角度来看中巴关系，在葡语国家体系中，既有发达国家葡萄牙，也有巴西、安哥拉等发展中国家。中国和巴西作为新兴大国，可以在发达国家和发展中国家之间起到联系和枢纽的作用。正如上文所提到的，中国和葡萄牙合作在巴西进行投资，如中国三峡集团与葡萄牙电力公司合作，成功进入巴西水电市场。中葡之间这样的第三方合作还有很大的潜力可挖。中国和巴西在非洲都有着重大的战略目标，双方在未来也有可能把非洲事务提上双边磋商的议事日程，开展相关的合作。在全球层面，已有的与新兴国家合作的平台如金砖，是巴西参与全球治理的重要场所。即使巴西新意欲发展与西方国家的合作，也不太可能放弃这些维护发展中国家和新兴国家的整体利益、推动国际政治经济新秩序形成的多边机制。

巴西政局稳定性分析及其对中巴经贸的影响

周志伟[*]

摘　要： 在 2018 年选举，"博索纳罗现象"比较深刻地改变了巴西政治生态。博索纳罗的当选充分体现了巴西社会的"变革"心态，与此同时，也反映出了巴西传统治理模式存在的缺陷。随着中小政党在议会、州长选举中的快速上升，传统政党在巴西政治体系中的权力空间受到了明显挤压，但是这些传统大党依然具有较为明显的优势，这种局面增加了博索纳罗未来执政的难度，同时也有可能迫使博索纳罗改变激进的政策主张。在对华关系上，博索纳罗在竞选期间对中巴关系的正面评价不高，但是，中巴经贸关系对巴西的重要性和不可替代性将迫使博索纳罗政府对中巴关系作出重新评估，而巴西国内各利益集团之间的博弈或将影响到未来四年中巴关系的整体走向。

关键词： 2018 年选举　博索纳罗现象　政治生态　意识形态化　中国投资

　　自 2015 年 12 月启动对前总统罗塞夫的议会弹劾程序以来，巴西在过去的三年间陷入了政治、经济和社会的多重危机，尤其是受反腐的"洗车行动"影响，巴西政局经历了诸如罗塞夫被弹劾、卢拉被捕入狱、特梅尔接连受贪腐指控、大批政治精英面临腐败调查等一系列事件，而这些事件综合在一起给巴西政局造成了很大的冲击，甚至可以说，巴西政治局势在过去三年间一直处于较为动荡的局面，即便是在特梅尔接替罗塞夫就任总统后，其接连涉腐被控，内阁要员也因腐败问题曾出现频繁换人的局面，即便特梅尔政府推动了一系列受到市场好评的改革政策，但特梅尔政府的两年政绩并未得到民众的支持，其支持率持续走低，在 2018 年 10 月选举前降到了不足 5% 的历史最低水平。很显然，过渡性质的特梅尔政府未达到通过刺激经济争取的民心的执政预期，经济在经历了连续两年的大

---

　　* 周志伟，中国社会科学院拉丁美洲研究所研究员、巴西研究中心执行主任。

幅下跌后，2017 年 GDP 仅实现了不足 1% 的恢复。经济持续低迷使得失业率攀升至 12% ~ 13% ，[①] 社会矛盾由此进入高发期间。正因为如此，即便是在特梅尔总统主推的财政改革、劳工改革在议会表决之时，国际主要评级机构并未提高对巴西市场的投资评级，原因就在于对特梅尔政府执政及 2018 年选举后巴西政局走势预期的不确定。

2018 年是巴西大选年，同时也被广泛看成是巴西释放政经不确定性的重要节点。2018 年 1 月 24 日，巴西联邦第四区法院对巴西前总统卢拉的受贿和洗钱案做出二审判决，统一判定卢拉罪名成立且刑期从 9 年 6 个月改判为 12 年 1 个月。尽管劳工党为卢拉争取参选资格不断申诉到选举法院规定的"截至日期"（9 月 11 日），最终还是选择了前圣保罗市长费尔南多·阿达（Fernando Haddad）取代卢拉参加总统选举。2018 年 10 月 7 日，巴西总统选举首轮投票结束，右翼的社会自由党候选人贾伊尔·波尔索纳罗（Jair Bolsonaro）以 46.03% 的支持率高居首位，排名第二位的劳工党候选人阿达获得了 29.28% 的选票。10 月 28 日，巴西大选第二轮投票结果产生，博索纳罗以 55.13% 的支持率最终胜选，而其竞争对手阿达获得 44.87% 的支持率，未能实现成功逆袭。博索纳罗的当选使巴西政局在经历 2 年混乱之后回归秩序，毕竟弹劾后的特梅尔政府的合法性一直颇受争议，而博索纳罗从民选中胜出的结果应该并且也会得到各方的承认和尊重。与此同时，博索纳罗的崛起也改变了自 1994 年以来由劳工党和社会民主党两党主导的竞争格局，政治力量格局或出现进一步的深度洗牌，而博索纳罗的极右翼身份也说明巴西政治生态明显"右转"，内政外交存在调整的较大可能性，巴西政局的稳定性同样还面临一定考验。

一、"博索纳罗现象"产生的逻辑

从个人履历来看，博索纳罗绝非巴西传统意义上的政治精英。尽管早在 1988 年就以市议员起步进入巴西政坛，但其政治资历在 2018 年选举之前仅为联邦众议院议员，在 27 年的众议员生涯中，先后提交了 171 个提案，但仅只有 2 项提案最终被成功立法，议员资历远够不上资深级。另外，自 1990 年以来，博索纳罗先后更换过 8 个政党[②]，但均非传统意义上的主流党派，尤其考虑到博索纳罗

---

① Paulo Whitaker. Desemprego no Brasil atinge maior taxa desde maio de 2017, *Reuters*, 27 de abril de 2018.

② 分别为基督教民主党（PDC, 1989 ~ 1993 年）、进步党（PP, 1993 年）、改革进步党（PPR, 1993 ~ 1995 年）、巴西进步党（PPB, 1995 ~ 2003 年）、巴西工党（PTB, 2003 ~ 2005 年）、自由阵线党（2005 年）、进步党（2005 ~ 2016 年）、基督教社会党（PSC, 2016 ~ 2018 年）和自由社会党（PSL, 2018 年以来）。

目前所在的自由社会党（PSL）是一个1998年才在巴西最高选举法院登记注册的新党，并且博索纳罗在2018年1月才正式转投该党，因此，从某种意义上来说，博索纳罗的确属于是巴西政坛的"局外人"，甚至被不少媒体和分析家评价为"投机分子"。

要理解"博索纳罗现象"的形成背景，从分析巴西传统政党的衰落更符合逻辑。自1994年以来至2018年选举，巴西先后经历了6次选举，社会民主党（PSDB）人卡多佐凭借当年"雷亚尔计划"整顿宏观经济的政绩在1994年和1998年选举中连续获胜，而劳工党（PT）则在2002年以来的四次选举中获胜。由此可以看出，在过去的20多年间，尽管巴西政党数量持续增加到了35个，但是在选举层面完全呈现为上述两个传统政党直接竞争的局面。在与社会民主党的竞争中，劳工党处在较为明显的上风，连续在此前4次大选（2002年、2006年、2010年和2014年）战胜社会民主党。尽管取得了连选连任的优势，但受经济下行和政治腐败的双重冲击，劳工党最终以不光彩的方式收局：2016年，罗塞夫总统被议会弹劾；2018年，卢拉因涉腐问题被捕入狱；与此同时，一大批劳工党政要受控获刑，而且巴西石油腐败案甚至殃及了多个邻国政局。毫不夸张地说，曾经以"反腐旗手"跃升巴西政坛的劳工党在其执政期间欠下了巨额"道德赤字"，直接造成了该党群众基础大幅萎缩，尤其是在经济发展水平较高、中产阶级规模较大的东南部和南部各州，劳工党总统候选人阿达的支持率最高也只有41.8%（米纳斯吉拉斯州）。另外，如果从竞选纲领中的经济政策规划来看，阿达的重点在于强调继续扩大社会支出，延续劳工党执政时期优先解决社会分配的政策思路，试图巩固中下阶层的支持群体，但是从最近3年来巴西经济形势（尤其是财政状况）来看，这种政策由于缺乏经济增长的支撑，实际上不具备现实操作性，这也是阿达无法赢得市场和中产阶级信心的主要障碍，阿达也就不具备扭转选举劣势的空间。事实上，在卢拉参选资格被否后，阿达要赢得大选的唯一途径就是实现与戈麦斯为首的其他左翼力量的整合，但是，左翼政党内部在2018年大选中出现了明显的分化。在首轮的选举中，具有明显左翼倾向的候选人有4位之多，其中，民主工党候选人戈麦斯在首轮投票中获得了12.47%的支持率，被认为是阿达能否在第二轮投票中逆转的关键，该党在罗塞夫弹劾案中一直保持对劳工党的支持态度。但是，戈麦斯在首轮出局后便前往欧洲，直到投票前一天才回到巴西，其意在于回避劳工党的拉拢，尽管期间作出了"批判性支持阿达"的表态，但是从第二轮投票结果来看，戈麦斯的票仓转移效果并不明显。相类似的是，网络党候选人玛丽娜虽是劳工党成员且出任过卢拉政府内部部长，但也仅是做出"批判性支持阿达"的表达，这体现出巴西左翼政党内部存在较大分裂的现状，而劳工党最终未达到整合左翼政党力量的选举目标（见图1）。

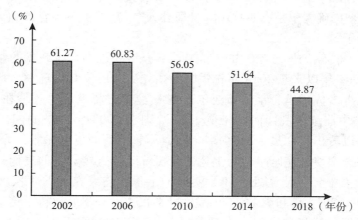

图1 劳工党在2002～2018年历届总统选举中的支持率情况

资料来源：巴西最高选举法院数据库，http://www.tse.jus.br/eleicoes/eleicoes–anteriores/eleicoes–anteriores.

除劳工党外，目前特梅尔政府执政联盟中的民主运动和社会民主党一直是巴西的传统大党，尤其是社会民主党在劳工党执政的13年（2003～2016年）间一直是最大的反对党。2016年劳工党的下台被认为是社会民主党东山再起的绝佳机会。但是，受腐败和政党分裂的影响，该党总统候选人阿尔克明在首轮便早早出局，并创下了该党自1989年以来的最糟糕表现（4.8%）。同样，由于特梅尔政府不被绝大多数民众认可的执政业绩，执政党民主运动（MDB）总统候选人梅莱雷斯仅获得1.2%的选票。

那么，从博索纳罗个人因素来看，自宣布参选以来，巴西国内外不同媒体给他贴出过"法西斯分子""独裁狂热者""种族主义者"等标签，这也是其他竞争对手对他最主要的火力攻击点。但是，考察其26年的众议员政坛履历，一直是劳工党政府坚定的反对者，这也使其在本次大选中具有更强的"聚众"效应，争取到了不少中间党派的支持。尤其是在过去4年声势浩大的反腐行动中，政治腐败成为巴西民众关注的核心议题，与此同时，巴西民众也认为常规治理对反腐的失效，而博索纳罗少有的"清白档案"以及对腐败"零容忍"的强硬立场迎合了选民的诉求。尤其对于厌倦巴西政治腐败的选民而言，候选人有无腐败污点或许是最重要的评价标准。另外，在巴西民众关心的公共安全议题上，尽管博索纳罗对枪支管制的表态引起争议，但体现出强化公共安全治理的决心。不可否认的是，博索纳罗自参选以来提出了非常多的争议性观点（甚至冲击到巴西正常的民主、自由、平等原则），但是笔者认为，巴西多数选民对博索纳罗的支持并不能解读成巴西社会对传统价值观的否定，而更多体现出巴西民众对于传统国家治理模式的失望。或者可以说，巴西选民"求变"的愿望远胜于对于某些极端主张的担忧。另外，博索纳罗竞选团队的社交媒体公关在选举中发挥了重要的推手作用。

二、2018 年选举后的政治生态复杂化

2018 年选举结束后，巴西的政治力量格局发生了较为明显的调整，随着中小政党群体性崛起，巴西政党碎片化局面进一步加剧，这也给未来的博索纳罗政府带来较大的挑战。一方面，博索纳罗极右主张或将遭遇到来自传统政党的限制，过激的政策调整甚至将冲击博索纳罗执政的稳固性；另一方面，巴西政治体系环境和传统利益集团也有可能迫使博索纳罗不得不对自己的政策主张进行回调，从而更广泛地团结的中间党派，从而保证在议会中获得尽可能多的支持，以确保正常执政的环境。

（一）中小政党冲击传统政治秩序，政党"碎片化"程度加剧

由于腐败问题在过去三年间使巴西传统大党受到重创，中小派政党群体性崛起成为巴西 2018 年选举中最明显的特点。"博索纳罗现象"不仅使其本人从总统选举中脱颖而出，而且也成就了其所在的社会自由党。通过参众两院议员的改选后，社会自由党在众议院的议席从改选前的 1 个猛增至 52 个，一举成为众议院的第二大党派，仅次于劳工党。与此同时，参议院的议席也从选举前的零个增至 4 个。在州长选举中，社会自由党同样体现出惊人的增长势头，在朗多尼亚、罗赖马、圣卡塔琳娜三个州获胜，改写了该党在地方政府层面的空白局面。另外，诸如民主工党（PDT）、巴西共和党（PRB）、"能"党（PODE）、社会主义自由党（PSOL）、民主社会党（PSD）等中小党派在议会改选和州长选举中都体现出了比较明显的上升势头。比如，在总统选举第一轮投票中排名第三位的戈麦斯所在的民主工党在改选后的参、众两院各占到了 4 席和 28 席，成为当前巴西议会中的一股新兴力量。尤其在改选后的参议院中，中小政党的力量上升体现得更明显，席位增加最多的是民主社会党，从选前的 2 席增至 7 席。和社会自由党一样，"能"党和网络党在参议院的席位从选前的零个都增加到了 5 个。中小党派在挤压传统党派力量空间的同时，也加剧了巴西政党碎片化的局面。根据巴西最

高选举法院的统计数据，众议院的政党数量从 1994 年的 16 个增加到 2018 年选举后的 30 个政党，席位超过众议院总席位（513 个）10% 的政党数量由 1994 年的 5 个减少到目前的 2 个（见表 1）。

表 1　　　　　　　　　　巴西众议院政党构成情况

年份	政党总数	≥50 席的政党数量	21～49 席的政党数量	≤20 席的政党数量
1994	16	5	2	9
1998	15	5	2	8
2002	15	4	5	6
2006	19	4	6	6
2010	22	3	6	13
2014	28	3	7	18
2018	30	2	9	19

资料来源：巴西众议院（Câmara dos Deputados）和最高选举法院（TSE）。

（二）传统政党力量萎缩明显，但仍具有较稳固的优势

在 2018 年选举中，传统政党力量的萎缩不仅从"博索纳罗现象"得到直接体现，而且也从议会、州长两个层面的选举中反映出来。在众议院选举中，劳工党、社会民主党、民主运动党三大传统政党的席位都出现了大幅度的减少（见表 2），民主运动的众议员数量较选举前减少了 31 个，社会民主党的席位减少 25 个，劳工党的席位减少 13 个。除劳工党仍保持众议院第一大政党外，民主运动在众议院从第二大党下滑至第四位，社会民主党则更是从第三位降至第九位。在参议院方面，尽管传统大党同样出现了席位大幅减少的情况，比如，劳工党和民主运动分别减少 7 席，社会民主党减少 3 席，但基本保持参议院大党的身份，民主运动共计 11 个席位，维持参议院第一大党地位，排名第二大党的社会民主党席位为 8 个，劳工党共计 6 个席位，席位数量排名第 5 位。值得关注的是，在参议院选举中，传统大党席位大幅减少却维持优势，这也反映出参议院政党"碎片化"程度也得到明显强化，参议院的政党构成数量从选前的 18 个增加到 21 个。

表 2　　　　　　　　　传统政党在参、众两院议席在选举前后对比情况

	参议院		众议院	
	议席数量增减	排名增减	议席数量增减	排名增减
民主运动（MDB）	-7	—	-31	-2
社会民主党（PSDB）	-3	+1	-25	-6
劳工党（PT）	-7	-1	-13	—
巴西工党（PTB）	-4	-3	-15	-10

资料来源：根据巴西最高选举法院（TSE）统计资料整理。

在州长选举方面，2014 年选举出来的州长共来自 9 个党，而 2018 年选出的州长则来自 13 个党，其中，传统大党从获胜州数量方面都有所减少。比如，2014 年选举中，民主运动赢得 7 个州，社会民主党在 5 个州获胜，劳工党也拿下 5 个州，2018 年选举中，这三个传统大党赢得州长的数量分别为 3 个、3 个和 4 个，劳工党也成为本次选举中获胜州数量最多的政党，但都是来自较落后的东北部，分别是巴伊亚州、塞阿拉州、皮奥伊州和北里奥德朗德州。尽管传统大党在获胜州数量方面均有减少，但从获胜州的人口数量来看，社会民主党赢下圣保罗州长后，该党控制着全国人口的 28.59% 和 40.11% 的 GDP，依然具有非常强的影响力。劳工党获胜的四个州的人口总数占全国总人口的 14.69%，GDP 总量也占到全国的 7.87%。尽管博索纳罗所在的社会自由党赢下了圣卡塔琳娜、罗赖马、巴拉那三州州长，但从人口占比（4.51%）和 GDP 占比（4.93%）来看，影响力相对而言有限。

（二）执政环境不容乐观，政策回调预期增大

尽管博索纳罗在总统选举中打破了传统政党主导的巴西政治体系，但是根据前面的分析，博索纳罗政府未来的执政环境难言乐观，尤其考虑到博索纳罗在竞选中的政策主张受到了不少传统政治精英的质疑，比如社会民主党精神领袖卡多佐以及劳工党传统政敌就因为不认同博索纳罗的执政理念而改投阿达，这也预示着未来的博索纳罗政府的执政环境并不乐观。

议会中的政治力量对比是最能反映政府行政效率的环境宽松度。从目前来看，尽管社会自由党以 52 个席位跃居众议院第二大党，但算上在竞选中与其联盟的其他政党，总席位仅为 70 个，占众议院总席位（513 席）的 13.6%，距离政策调整议会表决所需的简单多数（257 席）以及宪法修正案表决所需的 3/5 多

数（308 席）存在非常大的差距。即便是启动全民公投，博索纳罗也需要获得总共 171 个议员（占总议席的 1/3）的支持。在参议院，博索纳罗目前的支持阵营的总席位数量为 9 个，仅占参议院总议席（81 个）的 1/9，距离简单多数（41 席）和 3/5 多数分别差 32 席和 40 席，考虑到参议员政党分布更为平均，未来的博索纳罗政府在参议院中面临的局面更为复杂。① 因此，从议会各政治力量对比情况来看，博索纳罗在竞选中提出的一系列激进主张很难通过议会的制度环境，甚至其经济顾问盖特斯主张的私有化、养老金改革、税收改革在参众两院也将会遭遇比较大的阻力。

三、巴西政治变局下的中巴经贸关系趋势

在 2018 年总统选举过程中，从竞选纲领来看，涉及对外关系的内容存在非常明显的意识形态倾向。概括而言，期主要外交思路包括，外贸政策强调"提升巴西产品附加值"的原则，主张外贸结构的平衡，改变巴西出口"初级产品化"的问题，促进巴西工业制成品的出口比重；明确支持美国总统特朗普限制外来移民的政策，强化与欧美发达国家的合作关系，不与专制国家（尤其指出是与美国、以色列、意大利等国作对的国家）发展关系，不与这些国家签订贸易协定；放弃"优先发展南共市"的外交政策安排，强调拉美一体化必须基于民主原则，坚持将本地区非民主国家（尤其委内瑞拉）剔除出一体化组织；改变巴西外交的多边主义传统，重视双边原则；主张巴西退出联合国人权理事会和巴黎气候协定；等等。② 从以上表述来看，博索纳罗的外交政策具有较强的意识形态色彩，尤其将左翼主政国家、社会主义、共产主义置于批判对立面，这很有可能改变劳工党主政时期优先发展"南南合作"的外交安排。与此同时，博索纳罗还体现出比较强的亲美立场，很多主张与美国总统特朗普相类似。

但是，从中巴经贸关系来看，保持与中国良好的经贸合作应该是未来博索纳罗政府不得不面对的局面。尤其是在过去三年巴西经济持续低迷的局面下，对华经贸关系的确给巴西经济复苏发挥了明显的"输血"作用，甚至用"雪中送炭"来形容一点都不为过。从贸易层面来看，在量价齐升的带动下，中巴双边贸易止住了前三年连续下滑的预势，在 2017 年回升至 748 亿美元，较 2016 年增长 28%。特别值得关注的是，巴西对华出口在 2017 年达到了 475 亿美元（见表 3），不仅

---

① 数据来源于巴西最高选举法院、参议院和众议院的相关统计。
② 参阅《巴西经济价值报》网站关于总统候选人竞选纲领的介绍，https：//www. valor. com. br/eleicoes－2018/propostas/candidato/5.

较 2016 年增长 35%，甚至超过了 2013 年创下的历史峰值 460 亿美元。受此影响，2017 年巴西从对华贸易中实现了 202 亿美元顺差，占其全年外贸总顺差（约 670 亿美元）的 30%。目前，中国是巴西的第一贸易伙伴，第一出口目的地国和第一大进口来源国，中国占巴西总出口的比重高达 21.8%，占巴西总进口的比重为 18.1%，远高于美国所占的比重（分别为 12.4% 和 16.5%）。很显然，对巴西外贸来说，中国的重要性是任何其他国家都不可替代的，尤其是中国市场对巴西出口至关重要。另据巴西官方公布的数据，2013 年，中国首次取代欧盟成为巴西最大的农产品出口市场，占到巴西农产品出口的比重的 22.9%。其中，大豆占巴西对华农产品总出口的比重一直维持在 75% 左右，巴西对华大豆出口量超过巴西对其他市场大豆出口量的总和。另外，中国也是巴西大豆油、花生油、棉花和木浆等农产品的主要海外市场。农产品贸易逐渐成为推动中巴双边贸易的重要引擎。由此可以看出，中国不仅成为巴西外贸创汇的主要来源，而且也是巴西实现贸易平衡的重要市场，这一点对于当前正面临诸如经济衰退、财政亏空、债务高企、金融动荡多重困境的巴西尤为重要。从投资层面来看，中国进入巴西的加速度更是让其他国家望尘莫及。根据巴中企业家委员会（CEBC）的统计，2007～2016 年，中国对巴西的意向投资额约为 800 亿美元，其中已落实的投资约为 460 美元。另据巴西官方的相关统计，2017 年中国在巴西的投资达到了 209 亿美元，创下了历史新高。从投资领域来看，也正在发生从以往能源矿产部门为主向制造业、高科技行业、服务业等领域扩展。在当前巴西政府实施紧缩财政政策的大背景下，中国国家电网和三峡集团等大型企业的进入为强化巴西基础设施建设做出了重要贡献。联合国贸易和发展会议公布的《全球投资趋势监测报告》指出，2017 年外国公司在巴西进行的十大并购案中，中国企业就占到了其中的九起，该报告还认为，巴西经济复苏的一个重要原因就在于中国投资的拉动。客观分析，中国对巴西的投资逻辑主要有以下几个方面：第一，符合中国企业"走出去"和海外布局的总趋势，作为新兴经济体的代表，巴西逐渐成为中国海外投资的显著增量项，原因在于该国在资源禀赋和消费潜力方面都具有一定优势；第二，巴西是中国对拉战略的核心着力点，中拉经贸的快速发展与中巴经贸密切度存在着很强的正相关关系，甚至可以说，中巴经贸是中拉经贸中权重最高的加权项；第三，巴西经济困境给中国投资提供了低成本的进入方式，巴币的贬值使巴西企业资本大幅缩水，与此同时，反腐"洗车行动"大大削弱了一批巴西大企业的经营和投资能力，这是中国投资快速抢占相关战略产业的重要原因；第四，特梅尔政府推行的大规模私有化计划为中国投资提供了便利化的政策环境，当前，巴西私有化规模远超上一波（20 世纪 90 年代），在全球流动性趋紧的局面下，中国成为巴西引资的优先对象。

表3 　　　　　　　　　　中国在巴西外贸中的地位体现 　　　　　　　　单位：亿美元

年份	出口		进口		顺逆差	
	总出口额	对华出口额	总进口额	从华进口额	外贸顺逆差	对华顺逆差
2016	1 852	351	1 376	234	477	118
2017	2 177	475	1 507	273	670	202

资料来源：巴西工业、外贸和服务部统计，http://www.mdic.gov.br/.

　　针对中巴关系，至少从博索纳罗的竞选纲领和主要表态中，对中国和中巴关系的正面评价不多。并且，在竞选期间出访中国台湾、将中国投资误读为"购买整个巴西"，应该说具有较大的负面冲击，需要对中国在巴西的并购设立"特别条款"，保持巴西在并购公司中拥有特别的"黄金股"，避免受中国企业完全主导的局面。这种政策调整将会中国投资巴西形成很大的抑制，因为目前中国投资巴西的势头强劲，而企业并购为主是中资进入巴西的重要途径。尽管在竞选后期，支持博索纳罗的农、矿业利益集团针对其对华政策提出了忠告，迫使其缓和了对华立场，强调中巴经贸关系的重要性，但是，需要关注的是，在支持博索纳罗的利益集团中同样存在着对华立场较强硬的工业利益集团。因此，在未来的四年执政期间，博索纳罗在自己的意识形态偏好、对华态度迥异的农矿、工业集团中找到怎样的平衡点，这将决定其对华政策的主基调。另外，中巴关系已经成为当今大国关系的重要一环，早已不是单纯的贸易和投资关系，博索纳罗政府如何解读中巴全面战略合作关系也将是未来非常重要的关注点。对于中国投资者来说，也还是需要做好投资巴西成本上升、投资政策环境收紧等风险预期。

巴西经济形势、展望及对投资的影响

张 勇[*]

摘　要： 随着右翼候选人博尔索纳罗赢得 2018 年大选，巴西政局基本稳定下来，但是新政府在经济方面将面临降低财政赤字、公共债务和失业率的严峻挑战。近两年巴西经济形势具有"双失速""双赤字""双风险"和"双两难"的特征。短期增长不容乐观，而长期经济增长要依赖于结构性改革以提高劳动生产率。鉴于政党碎片化、政党博弈和既得利益集团抵制，新政府施政难度不小。未来，经济政策还具有不确定性，因此对于投资而言，中国要注意防范一些风险。

关键词： 巴西　经济形势　大选　投资

2018 年 10 月 28 日巴西高等选举法院对 92.08% 选票的统计结果显示，在巴西大选第二轮投票中，社会自由党候选人博索纳罗以 55.63% 的选票击败劳工党候选人阿达，当选巴西新一任总统。至此，始自 2015 年前总统罗塞夫弹劾案引发的政局不确定性终于尘埃落定。回顾这两年巴西所遭遇的双重危机，不难发现政治和经济因素之间的负反馈作用形成了恶性循环。前期是由经济形势恶化为先导从而加速了政局的动荡，后期则由政局的不稳定增加了经济增长的不确定性。即使 2016 年 8 月 31 日特梅尔接替罗塞夫正式就任总统、稳定了政局，他也没有力挽狂澜拯救巴西低迷经济于泥沼，甚至他还创下了自 1989 年以来民意支持率的新低，仅为 2%。如今倡导清除腐败、打击犯罪和强化警察执法的博尔索纳罗上台执政，同样面临重振巴西经济的挑战。本文将分析巴西经济形势和中长期影响因素以及博尔索纳罗政府可能的政策选择及对外国投资的影响，以期为中国企

---

* 张勇，中国社科院拉丁美洲研究所经济研究室副主任，副研究员，博士，中国社科院拉美所巴西研究中心秘书长。主要研究方向为拉美宏观经济、巴西经济、拉美发展模式、中拉经贸关系等。

业投资巴西提出政策建议。

一、近两年巴西经济形势及主要特征

2015 年巴西经济曾衰退 3.8%，创 25 年来巴西经济表现最糟糕的一年。2016 年巴西经济再次衰退 3.6%。连续两年出现衰退的情况还要追溯至 1930 年和 1931 年。巴西主要经济指标如表 1 所示。总结近两年的经济形势，明显具有四大特征。

表1 巴西主要经济指标概览

主要经济指标	2015 年	2016 年	2017 年	2018 年 *	2019 年 *
GDP 变化率（%）	-3.8	-3.6	1.0	1.2	2.4
私人消费变化率（%）	-3.9	-4.2	0.9	1.6	1.8
政府消费变化率（%）	-1.1	-0.6	-0.6	-0.2	-0.5
固定资产投资变化率（%）	-13.9	-10.2	-1.9	2.0	4.5
出口变化率（%）	6.3	1.9	5.7	0.1	5.3
进口变化率（%）	-14.1	-10.3	5.5	2.9	3.2
失业率（平均，%）	8.3	11.3	12.7	12.3	11.0
通胀率（年底，%）	10.7	6.3	2.9	4.5	4.9
基准利率（年底，%）	14.25	13.75	7.0	6.5	10.0
汇率（年底，雷亚尔/美元）	3.8	3.35	3.3	3.8	3.7
经常账户占 GDP 比例（%）	-3.3	-1.3	-0.5	-0.2	-1.2
财政余额占 GDP 比例（%）	-10.2	-9.0	-7.8	-7.9	-5.8

注：* 为预测值。

资料来源：2015 年和 2016 年数据来自西班牙对外银行（BBVA）2017 年第二季度发布的《巴西经济展望》。2017～2019 年数据来自 BBVA2018 年 10 月发布的第四季度《巴西经济展望》。

第一，拉动经济增长的传统动力"双失速"。近两年私人消费和固定资产投资同时下降，导致推动经济增长的传统动力失速。2015 年和 2016 年私人消费分别下降 3.9% 和 4.2%，固定资产投资分别下降 13.9% 和 10.2%。2017 年私人消费微弱复苏，固定资产投资下降幅度收窄，共同推动了经济反弹。第二，财政账户和经常账户同时出现"双赤字"。2016 年巴西财政赤字和经常账户赤字占 GDP

比重分别为 9.0% 和 1.3%，2017 年赤字有所收窄，分别为 7.8% 和 0.5%。双赤字状况不仅给政府反周期财政政策和国际收支平衡造成压力，而且会动摇投资者对巴西经济前景的信心。第三，政府债务和货币波动潜藏"双风险"。2015 年和 2016 年巴西公共债务占 GDP 比重分别为 66.2% 和 69.9%，已经超越 60% 的国际警戒线。同时，美国加息步伐加快，造成巴西货币雷亚尔贬值压力增加。根据 CEIC 数据库计算，2018 年 1~6 月，雷亚尔兑美元月均汇率贬值 14.8%。① 第四，国内外宏观政策陷入"双两难"境地。其一，旨在降低公共债务的紧缩性财政政策长期内利于增长可持续性，但短期内可能进一步伤害经济增长。其二，与发达国家宏观政策的不协调将干扰复苏步伐。为刺激经济复苏，巴西央行自 2016 年 10 月开启降息周期，而美国已于 2015 年底开启加息周期，这种不协调一方面会部分抵消巴西宏观政策的效果，另一方面会促使短期资本回流美国，从而加剧巴西融资短缺状况，或引发货币新一轮贬值风险。

然而，2017~2018 年巴西经济还是出现了一些积极的变化，特别是 2017 年第一季度经济环比增长 1%，结束了连续 8 个季度的经济衰退。支持巴西经济恢复的有利因素如下。第一，消费者信心和商业信心指数已经触底反弹。第二，通胀率显著下降留给巴西央行继续实施宽松货币政策更多的空间。第三，财政余额和经常账户余额虽有赤字但正在缓慢改善。第四，贸易条件超跌反弹，虽然远低于最高值，但是仍保持在历史相对高位，对国内增长和货币升值形成一定支撑。第五，包括社会保障制度、劳工制度等在内的改革计划正在推进，容易形成长期利好预期。尽管如此，目前断定 2015~2016 年经济危机的影响已经结束还为时尚早，短期经济形势仍不容乐观。

二、影响经济增长的短期、中长期因素

（一）短期影响因素

从外部国际环境看，主要包括大宗商品价格仍处于下跌周期，削弱了巴西传统优势产品的出口；世界经济增长曲折复苏，包括中国在内的新兴市场经济增速放缓，削弱了巴西的出口需求；美国加息步伐加快以及"缩表"计划，可能导致短期资本频繁跨境流动，从而造成巴西货币波动扩大以及货币政策的两难；美国

---

① 根据 CEIC 数据库计算。

的保护主义政策将通过贸易和投资渠道影响巴西经济复苏；等等。

特别是，贸易紧张局势加剧，削弱了基于规则的多边贸易体系，进而威胁到全球经济增长的前景。根据国际货币基金组织2018年10月发布的最新《世界经济展望》，2018年和2019年世界经济增长均为3.7%，比7月的预测均下调0.2个百分点。其中新兴市场和发展中经济体2018年和2019年增长均为4.7%，比7月预测值分别下调0.2和0.4个百分点，巴西2018年和2019年预计分别增长1.4%和2.4%，比7月预测值分别下调0.4和0.1个百分点。①

自2018年4月以来，美国贸易保护主义升级加码，包括对价值2 000亿美元的中国进口加征关税，贸易伙伴已经或准备采取反制和其他保护措施。贸易紧张局势的加剧以及由此带来的不确定性增加，可能挫伤商业和金融市场信心和情绪，引发金融市场动荡。与此同时，贸易壁垒的增加会破坏全球供给链，阻碍新技术的传播，最终导致全球生产率和福利下降。在这种国际环境下，巴西经济很难独善其身。

从国内情况看，鉴于处于2018年大选周期经济改革被搁置或拖延，增加了经济潜在风险。首先，通胀风险。因5月巴西柴油价格飙升引发的长达10天的卡车司机大罢工严重影响到全国的生产和生活，从而推高通货膨胀。同时，强美元、国际融资条件收紧所造成的雷亚尔贬值也会加重通胀预期。据EIU预计，除非发生恶劣天气引发的周期性食品短缺，2019～2020年的货币紧缩周期会使通胀保持在央行的目标范围内。其次，货币波动风险。2018年雷亚尔的贬值主要归因于强美元走势、卡车司机罢工拖累经济、大选前政局的不确定性等因素。大选后货币币值将随着巴西的贸易条件和全球融资条件而波动。EIU预计雷亚尔兑美元年均汇率从2018年3.69∶1贬值为2019年的3.82∶1。②最后，债务风险。养老金改革推迟拖累了财政整顿步伐。若无法对财政做出调整，债务可持续性和通胀水平将面临风险。EIU预计2019年巴西总公共债务占GDP比例由2018年的78.8%增至2019年的84.2%。对于外债而言，EIU数据显示，2019年巴西外债余额占GDP比例（29.3%）高于国际储备占GDP水平（20.8%）。

整体而言，短期内巴西经济复苏缓慢。尽管货币波动风险、财政压力等依然存在，但是鉴于巴西拥有较大经济体量、较完备工业体系、充足的外汇储备、外债以长期债为主、绝大部分公共债务以本币计价，以及正在推行结构改革等，其发生系统性风险的可能性较低。

---

① IMF, *World Economic Outlook*：*Challenges to Steady Growth*，Oct. 2018：14.
② EIU. *Country Report October 2018*：*Brazil*，Oct. 2018：8.

（二）中长期影响因素

巴西中长期的经济增长主要依赖于结构改革成效。

从结构视角，促进巴西经济可持续增长必须解决四个问题。第一，内需中消费投资结构不合理，投资率偏低。消费固然重要，但是以消费拉动增长，就必须增加居民收入，进而要求提高劳动生产率。如果劳动生产率和居民收入不提高，当已有储蓄被穷尽时，靠大规模举债满足消费刺激的做法将会埋下危机的隐患。所以，提高投资率和效率对巴西而言是必要的。第二，外需中过度依赖初级产品专业化生产和出口，易造成周期性波动。而且，初级产品专业化不利于技术进步，进而会加深去工业化的程度，因此，如何促进出口多元化、提高非传统产品出口竞争力，进一步发挥外需对经济的拉动作用便提上议程。第三，忽视农业、透支工业造成产业升级无序，进而导致制造业逐渐衰落。拉美小国尚可存在依靠单一经济结构发展的可能性，但是对于拉美大国巴西而言，完整的工业体系、具有国际竞争力的制造业是可持续发展的必要条件之一。第四，发展模式转变未能与人口结构变化相适应，就业创造能力降低。巴西应该完善劳动力市场、提高人力资本投资，逐步提高正规就业比重。

经验表明，当世界处于大宗商品价格飙涨期时，周期性因素掩盖了结构性失衡，但是，一旦宏观环境发生变化，诸如投资率低下、去工业化、非正规就业等结构性问题就会加速巴西经济恶化的程度。因此，推进结构改革是当务之急，其目标就是提高劳动生产率。OECD 报告认为，巴西劳动生产率增长自 2010 年以后就进入停滞状态，甚至发生在需求下降之前。[①] 要提高劳动生产率，一方面可以更紧密地融入全球经济以使更多的公司面临外国竞争以及提高获取更低成本的中间产品和资本品的机会，另一方面可以减少国内准入壁垒以及实施降低成本的政策。

三、新政府的经济政策选项及面临的挑战

2018 年巴西总统大选最终以右翼候选人博尔索纳罗获胜而告终。从两轮投票结果看，博尔索纳罗分别赢得对手 17 个和 10 个百分点，这已经表明当前巴西政党格局、民意基础和社会结构已经发生较大变化。就经济领域而言，他并不擅

---

① OECD. OECD Economic Surveys：Brazil（Overview），Feb. 2018：7.

长，因此他选择在芝加哥大学受过教育的银行家保罗·格德斯作为经济政策顾问。可能采取的措施包括降低财政赤字和公共债务、推动私有化及养老金改革等。

尽管博尔索纳罗的经济政策尚未完全定型和细化，但是可以预料新政府在施政过程中将面临严峻的挑战，这是基于对选情和政治格局变化的判断。

首先，经济政策出台受利益集团制约。支持博尔索纳罗本次胜选的核心利益集团主要包括四个：农业、工业集团；福音派教会领袖；军队和安全部门；金融市场。农业工业集团希望新政府不要减少补贴，其中工业利益集团更不希望看到激进的私有化措施。军队和安全部门希望在技术、基础设施和警务方面能获得重大投资，然而这与博尔索纳罗保持财政支出上限措施以整顿财政的想法相违背。金融市场则希望看到新政府能够积极推动结构性改革和私有化，而博尔索纳罗在国会的影响力并不乐观。因此，不同利益集团的诉求不同，就会导致他们在国会中形成对政策制定的最大掣肘。

其次，国会的高度碎片化对新政府执政也是一大挑战。新政府必须建立一个多党联盟以推动重要措施和改革顺利通过。如社保改革这种议案，需要在众议院获得308票、在参议院获得49票才能依法通过。大选过后在众议院513个席位中，劳工党所占席位由69个降至56个，社会民主党由54个降至29个，民主运动党由66个降至34个，而博尔索纳罗所在的社会自由党则由8个增至52个。尽管如此，博尔索纳罗要建立和维持足够多数席位的联合绝非易事。

最后，重要的改革方案在国会表决前可能面临数次调整。国会中政党碎片化、政治的两极化以及在市场压力下，博尔索纳罗经济政策的制定空间被限制。例如，国会很难通过一项雄心勃勃的养老金制度改革，最有可能的情况是实施不太激进的养老金改革以及其他增收和减少公共支出的措施。又如在简化税制改革方面，单一税率的所得税方案可能是历史性转折，但是这与宪法规定的征税的递进性相矛盾，必须进行修宪以落实，因此批准这一改革也不容易。简言之，养老金和税制等重大改革方案很可能是博尔索纳罗与国会谈判与妥协的结果。

四、对接巴西发展需求及防范投资风险

（一）对接巴西发展的三大需求

中巴关系的历史发展表明，不论谁上台执政，双方之间互利共赢的合作方向在中长期内都不会轻易改变。在这个前提下，中国需要保持战略定力，深入对接巴西发展的需求，最终实现共同发展。

第一，投资之需。巴西最终消费占 GDP 的比重约 80% 左右。然而，历史经验表明，一个国家仅仅依靠消费驱动，无法在长期内维持经济可持续增长。因为当储蓄被耗尽，靠举债消费并不可持续。但是另一驱动力——投资却缺乏动力。巴西投资率较低，从长期来看基本维持在 20% 的水平，2016 年跌至 17%。因此，巴西需要提高储蓄率和投资率，更加注重产业政策和吸引外资的作用。

第二，重新工业化之需。从产业结构变化趋势看，1960 年巴西农业占 GDP 比重为 21%，此后便步入下降通道，直至 1995 ~ 2015 年基本维持在 5% ~ 6% 的水平。1995 ~ 2015 年是产业结构调整缓慢的时期。然而，值得关注的是，债务危机之后，巴西工业占比明显下降，尤其是由 1994 ~ 1995 年发生断崖式下跌，以制造业为主的第二产业比重下降不是拉开"后工业化时代"的序幕而是陷入"去工业化"的困境中，同期服务业比重虽然飙升，但是非正规就业的急剧膨胀实际上是使第三产业的内部结构异常分化。

因此，去工业化是巴西产业结构变化的一个典型特征。有鉴于此，以初级产品出口为主的巴西想摆脱"资源诅咒"的宿命、规避大宗商品价格波动的风险，除延长产业链、提高附加值的"产业升级"外，可能更多地需要考虑如何使本国制造业融入亚洲的产业链，以扩大其制造业部门与亚洲国家间的产业内贸易。中国可以参与巴西再工业化的过程，进行产业有效对接，从而促进巴西产业升级。

第三，弥补基础设施缺口之需。基础设施瓶颈一直被视为阻碍巴西经济增长的关键因素，不仅影响生产率和市场效率，而且制约国内一体化和出口表现。巴西的基础设施投资占 GDP 比例从 20 世纪 80 年代早期的平均 5.2% 大幅下降至近 20 年来的 2.25%，到 2013 年微反弹至 2.5%。[1] 巴西基础设施投资下降主要归因于在基础设施上的公共投资下降。此外，鉴于预算刚性和初级支出的强制性，始于 1999 年的财政调整措施也限制了用于公共投资的财政可支配空间。与此同时，私人部门投资也没有填补公共部门留下的空间。20 世纪 90 年代，私有化和特许经营权向私人投资开放了如电信、能源和交通等关键的基础设施部门，但是，私人投资不足以弥补公共投资的下降。因此，巴西加强基础设施建设十分必要和紧迫。

据巴西财政部预计，2016 ~ 2019 年巴西基础设施投资将达 2 690 亿美元，其中排在前五位的分别是油气领域投资 906 亿美元，占比 34%；电力能源投资 655

---

① Mercedes Garcia - Escribano, Carlos Goes, and Izabela Karpowicz. "Filling the Gap: Infrastructure Investment in Brazil", *IMF Working Paper*, July 2015: 11.

亿美元，占比 24%；通信投资 436 亿美元，占比 16%；高速公路投资 266 亿美元，占比 10%；公共卫生投资 109 亿美元，占比 4%（见图 1）。

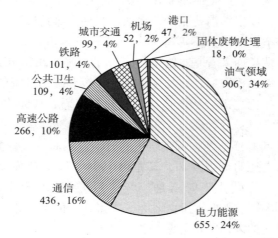

图 1　2016～2019 年基础设施投资计划（亿美元，占比）

资料来源：巴西财政部。

（二）投资可能面临的风险

随着 2018 年大选结束，巴西政局基本稳定，为促进未来的经济增长创造了前提条件。就目前而言，巴西经济发生系统性危机的可能性较小。一是巴西经济体量较大，经过多年的经济发展，在政治稳定的前提下是具备自我修复能力的。二是有了 20 世纪 80 年代拉美债务危机和 1997 年亚洲金融危机的前车之鉴，巴西建立了宏观审慎政策框架，实行了更有弹性的汇率制度，合理调整了外债结构，而且外汇储备较为充足，这些都使巴西增强了抵御冲击的能力。三是巴西国内对结构性改革已经达成共识。尽管如此，对中国而言，投资巴西仍然面临一些风险。

第一，政策不确定性带来的风险。如前所述，右翼博尔索纳罗政府经济政策的不确定性是最大的风险。主要体现在三个方面。一是博尔索纳罗以民族主义和保守派的立场出名，而他选择的经济顾问团队以自由主义政策为导向，两者之间的政策目标如何协调是首要问题，如在私有化程度方面。二是鉴于国会中政党碎片化程度加剧、政治两极化明显以及既得利益集团的掣肘，博尔索纳罗施政难度增加，许多需要修宪才能通过的重大改革在国会将面临严峻挑战。三是博尔索纳罗曾对中国发表过不友好的言论，尽管大选后期他弱化了立场，但是中国仍要防范对中国投资的政策限制。例如，他已经对中国购买巴西农地和大举进入能源部门表示了担忧和关切。中国企业应该对可能的政策变化做好提前准备。

第二，营商环境变化带来的风险。根据世界经济论坛最新公布的 2018 年全球竞争力排名，在 140 个经济体中巴西从 2017 年的第 69 位降至第 72 位，主要表现为公共部门规章繁复、劳动力市场僵化、贸易开放度低、教育质量不佳等。①而根据世行发布的《营商环境报告（2019 年版）》（2018 年 10 月 31 日发布）②，巴西在 190 个经济体中排名第 109 位，虽然比上一年上升了 16 位，但是仍然低于墨西哥、智利、哥伦比亚和哥斯达黎加，处于世界中下水平。在金砖国家中，巴西的排名也是最后。

此外，《营商环境报告（2019 年版）》还显示，巴西营商环境的分项排名所处地位和变化各有不同（见表 2）。在营商环境分解的十项排名中，"开办企业"和"跨境贸易"是排名上升最快的。而"办理施工许可证""登记财产""保护少数投资者"和"执行合同"的排名是下降的。虽然"纳税"的排名没有变化，但是其在世界排名第 184 位，突显了税制对营商环境的负面作用。

表 2 巴西营商环境总体及分项排名

指标	2019 年排名 （190 个经济体）	2018 年排名 （190 个经济体）	排名变化
总体环境排名	109	125	上升 16 名
1. 开办企业	140	176	上升 36 名
2. 办理施工许可证	175	170	下降 5 名
3. 获得电力	40	45	上升 5 名
4. 登记财产	137	131	下降 6 名
5. 获得信贷	99	105	上升 6 名
6. 保护少数投资者	48	43	下降 5 名
7. 纳税	184	184	无变化
8. 跨境贸易	106	139	上升 33 名
9. 执行合同	48	47	下降 1 名
10. 办理破产	77	80	上升 3 名

资料来源：http://www.doingbusiness.org/en/rankings.

---

① 详情参见 Klaus Schwab（Editor）. *The Global Competitiveness Report* 2018，World Economic Forum，Oct. 2018.

② 详情参见 World Bank. *Doing Business* 2019：*Training for Reform*，Oct. 2018.

第三，货币币值波动风险。从长周期看，2002 年 1 月~2018 年 10 月货币雷亚尔大致经历"先升后贬"的趋势。在这 16 年的时间中有三次加速贬值的时期，依次为 2002 年大选引发投资者对政治前景担忧，进而导致金融市场动荡；2008~2009 年国际金融危机爆发；2015~2016 年巴西陷入政治经济双重危机。第三次货币波动性明显加大（见图 2），其背后的原因包括政治周期、经济形势和国际环境因素。

图 2　2002 年 1 月~2018 年 10 月雷亚尔兑美元汇率变动趋势（月均）

资料来源：CEIC 数据库。

汇率因素是巨大资本支出的重要考量。通常而言，货币波动的影响具有不确定性，取决于三方面因素。一是投资的类型。若本币贬值，以本币为主的"绿地投资"将减少投资成本。二是投资者来源，若美元升值，通常以美元计价的并购对欧洲投资者而言成本高昂，而对美国投资者而言更便宜。三是投资项目在东道国的定位。本币贬值将降低市场寻求型投资（以并购为主）的回报率而提高出口导向型投资（以绿地投资为主）的回报率。因此，中国企业要根据投资目标选择合适的投资类型和投资货币。

第四，劳工问题和环保要求带来的风险。巴西工会势力历来强大，习惯于介入各种劳工事务，对劳工的工资、福利诉求会无条件地加以支持和声援，往往使一般性的劳资纠纷变得复杂。而且，巴西劳工法或有关劳工制度的各种规定过于复杂、烦琐，中资企业在短期内很难完全熟悉和熟练运用他们的规章制度。此外，巴西民众的环保意识相当强，非政府组织又非常活跃，社会影响力很大。即便一个投资项目得到政府或国家立法机构的批准，如果非政府环保组织不能接受，那么，这类项目在执行过程的风险就不可低估。有的开发项目可能正好处于印第安人聚居地区，而印第安人因其独特的文化传统，既有可能在生态环境方面持反对态度，也有可能对外来投资开发者持不欢迎的态度，这些都意味着难以预料的风险。在 2018 年竞选期间，博尔索纳罗在环境问题上反对巴西创造更多的环境保护区，即可能为农业和矿业放松环境控制。而且，目前新政府有意合并农业部和环境部。这些变化对投资会产生哪些影响还有待继续观察。

参考文献

［1］ BBVA. Brazil Economic Outlook，BBVA Research，Oct. 2018.

［2］ IMF. World Economic Outlook：Challenges to Steady Growth，Oct. 2018.

［3］ EIU. Country Report October 2018：Brazil，Oct. 2018.

［4］ 张勇：《巴西经济增长及其转型的结构视角》，载于《当代世界》2015 年第 10 期。

［5］ OECD. OECD Economic Surveys：Brazil（Overview），Feb. 2018.

［6］ World Bank. Doing Business 2019：Training for Reform，Oct. 2018

［7］ Klaus Schwab（Editor）. The Global Competitiveness Report 2018，World Economic Forum，Oct. 2018.

巴西对外贸易现状、特征与发展

宋雅楠　周　靖[*]

摘　要： 巴西是拉美最大经济体，是世界上最大的 25 个出口国和进口国之一。拥有巨大的经济潜力。中巴贸易合作潜力巨大。本文分析了巴西的贸易现状和特征，巴西其主要贸易伙伴是中国、美国、南方共同市场和欧盟国家。主要出口农产品和食品、矿物、石油、航空运输工具，进口碳氢化合物、车辆、化学品和药品以及电子电气产品。巴西的贸易平衡结构良好，但近年来由于原材料价格下跌，能源进口增加以及巴西产品竞争力下降而下降。巴西的贸易政策较为积极，通过主动的农业政策和反倾销调查等手段维护本国竞争优势。

关键词： 巴西　中巴贸易关系　现状　特征　发展

一、巴西对外贸易现状

对外贸易在巴西经济中一直处于很重要地位。回顾一下巴西对外贸易的发展进程，"二战"前，巴西是世界上最重要的出口农产品等初级产品的国家之一。"二战"后，巴西工业化进程的逐渐加快，先进的技术和设备的引进迫在眉睫，积极发展对外贸易成为巴西经济发展的重要手段。在 20 世纪 60 年代以前，由于经济发展内向化，巴西对外贸易停滞不前。60 年代中期后，巴西经济由内向外转型，并提出了"出口及出路"的战略口号，从而重新开辟了对外贸易的发展之路。近些年，巴西政府为实现贸易多样化，积极采取措施鼓励出口，出口贸易总额得以平稳增长，但碍于进口贸易额总是小于出口贸易额，巴西贸易总额呈现出"一边倒"的情况。巴西主要进口商品有机械设备、电子设备、药品、石油、汽

---

　　* 宋雅楠，澳门科技大学商学院副教授，博士生导师。研究方向为国际贸易与投资、中葡经贸关系等。
　　周靖，澳门科技大学商学院研究生。

车及零配件、小麦等，主要出口商品为汽车及零部件、飞机、钢材、大豆、药品、矿产品（主要是铁矿砂）等。

（一）巴西进出口贸易

1. 货物贸易现状

从2014年中期开始，巴西陷入了严重的经济衰退。根据巴西国家地理与统计局（IBGE）的数据显示，2015年巴西GDP同比减少3.8%，是该统计局1996年开始调查以来的最大降幅。然而，2016年的经济仍然没有起色。2016年巴西货物进出口额为3 227.9亿美元，比上年同期（下同）下降11.0%。其中，出口1 852.4亿美元，下降3.1%；进口1 375.5亿美元，下降19.8%。货物贸易顺差476.8亿美元，增长142.2%。2017年巴西货物进出口额为3 684.9亿美元，比上年同期（下同）增长14.2%。其中，出口2 177.4亿美元，增长17.6%；进口1 507.5亿美元，增长9.6%。贸易顺差669.9亿美元，增长40.5%。

从图1可以看出，巴西的货物贸易出口额从2011～2016年逐年减少，直到2017年才有所增长，同比2016年增长17.5%。与出口额不同的是，进口额在2011～2013年两年间波动幅度较小，从2013～2016年逐年减少，直到2017年才重新增长，对比2016年增长9.6%。货物贸易收支平衡呈现顺差状态。

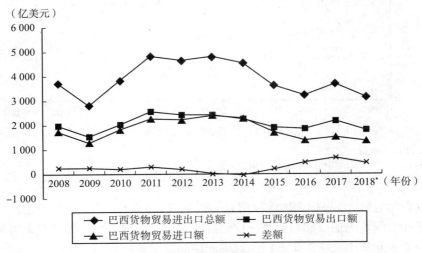

图1 巴西货物贸易进出口额

注：2018年数据至9月。
资料来源：中华人民共和国商务部：《国别报告》。

根据中华人民共和国商务部国别报告统计数据显示，2018 年 1～9 月巴西出口额为 1 796.6 亿美元，同比增长 9.2%；进口额为 1 353.5 亿美元，同比增长 21.6%。贸易顺差 443.1 亿美元，同比下降 16.8%。

2. 矿产品现状

矿产品是巴西重要的出口产品之一，在近十年来，矿产品出口额一直名列巴西出口商品前三。如图 2 所示，2009～2014 年，巴西矿产品出口额总体呈现上升趋势，然而，受到巴西经济衰退的影响，2014～2015 年，巴西矿产品出口额急剧下降，由 472.17 亿美元下跌至 269.52 亿美元。2015～2016 年，呈现出平缓增长趋势。到了 2017 年，巴西经济开始复苏，巴西矿产品出口也有了迅速增长，2017 全年矿产品出口额为 418.03 亿美元，同比增长 48.97%。2018 年 1～9 月，巴西矿产品出口额为 202.42 亿美元。不论巴西经济是衰退还是复苏，矿产品在巴西的出口商品中都占有重要地位。

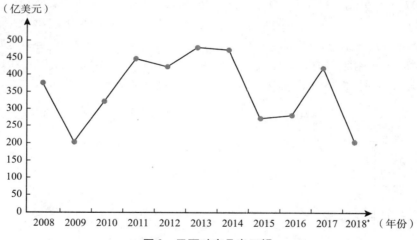

图 2　巴西矿产品出口额

注：2018 年数据至 2018 年 9 月。
资料来源：中华人民共和国商务部：《国别报告》。

以石油为例，① 根据美国能源信息管理会统计，2017 年，巴西石油产量超过拉美石油大国委内瑞拉和墨西哥，位列拉美首位，全球第九。巴西是世界第八大能源消费国和第十大能源生产国，对于能源的需求快速增长。以出口为例，得益

---

① 来源于网页：http：//sd.sina.com.cn/news/2018－11－05/detail－ihmutuea7020766.shtml.

于盐下巨型油田的发现，近年来，巴西石油储量增长较快，石油出口蓬勃发展，对世界石油产业的影响十分巨大。因为巴西石油产量巨大，而巴西炼油业相对贫瘠，在某种因素上推动了巴西石油出口的发展。巴西石油出口前两号的国家分别是中国和美国，在 2017 年第一季度中占比分别为 56% 和 26%。

3. 农产品出口现状

巴西是农牧业大国，农牧业是巴西经济重要的支柱产业。巴西作为世界重要的农产品出口国家之一，在国际农产品贸易中扮演着重要的角色。

21 世纪以来，巴西农产品出口规模持续增长，出口额由 2001 年的 154.65 亿美元增长到 2016 年的 986.74 亿美元，年均增幅高达 13.79%。

2017 年巴西国内生产总值增长 1%，其中农业增幅达 13%，农产品的出口额占到了总出口额的近一半，农业 GDP 占到了总 GDP 的 1/4。① 据巴西农业部统计，2018 年 1~8 月，巴西农产品出口额已达 685 亿美元，其中，大豆是巴西最主要的出口农产品，出口产值达到了 257.2 亿美元。此外，巴西还是糖、咖啡、橙汁、烟草、牛肉和鸡肉的最大出口国，也是全球最大的玉米供应商之一。巴西已成为全球第三大农产品出口地，仅次于欧盟和美国。

巴西农产品出口市场主要集中于欧美日，这几个发达国家和地区从巴西进口的农产品占巴西农产品出口额的 70%，由此可见，巴西对欧美农产品贸易出口的依赖程度较高。是因为发达国家人均收入水平较高，加上南、北半球专业化分工体系下，北半球国家需要从南半球国家进口农产品，巴西恰好是南半球国家的典型代表。

正是基于外部市场的需求，使得巴西从一个粮食进口国变成了世界粮食供应国。再者，以互联网经济为代表的全球经济发展呈现新面貌，开创了全球经济发展新纪元，国家在不断提高人均收入的同时，使得产品交易从线下交易开始向线上和线下交易同步发展，降低了交易成本，使得消费者更方便更快捷地获取到相关农产品信息，贸易商品种类不断增加，具有地理标签的农产品更容易被全球消费者熟知，前文也说到了巴西恰好是南半球国家的典型代表，所以当全球消费者的农产品进口需求被刺激时，巴西成为世界粮食供应国就理所当然了。

4. 十大进出口商品

从出口产品种类来看，矿产品、植物产品和食品饮料烟草是 2017 年巴西主

---

① 来源于网页，http://www.xinhuanet.com/world/2018 – 10/11/c_1123543006.htm.

要出口商品。从图 3 中可以看出，油籽、子仁、工业或药用植物、饲料占其货物出口额的 12%，同比增长 33%，增速较快。其次是矿砂、矿渣及矿灰，占货物出口额的 10.3%，同比增长 41.6，增速较快。最值得关注的就是排名第二与第三的两大类矿产品，两大类占比合计 18.9%，其中，矿物燃料、矿物油及其产品、沥青等的同比增长达到了 61.7%，可以说矿产品在巴西的出口总额的比重越来越高。唯一下滑的是食品工业的残渣及废料和配制的饲料这一大类，出口同比下降 2.6%。

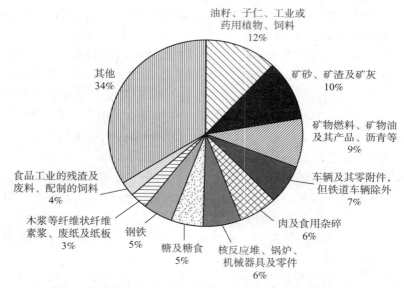

图 3　2017 年巴西十大出口商品（按国际海关 HS 分类法）

资料来源：中华人民共和国商务部：《国别报告》。

从货物贸易进口种类来看，矿物燃料、矿物油及其产品；沥青等这一大类进口迅速，成为了巴西主要的进口产品。从图 4 可以看出，矿物燃料、矿物油及其产品；沥青等占巴西进口比重最多，占巴西进口商品的 14.3%，同比增长 42.3%。其次是电机、电气、音像设备及其零附件，占比 13.8%，同比增长 22.3%。值得关注的是，肥料同比增长 22.1%，仅次于矿物燃料、矿物油及其产品；沥青等和电机、电气、音像设备及其零附件两大类。核反应堆、锅炉、机械器具及零件虽然占比排名第三，但是同比有很明显的下降，与 2016 年相比下滑 17.6%，这也是前十中唯一同比减少的商品。

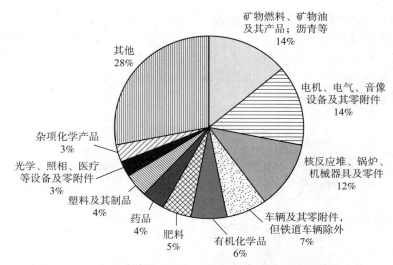

图4 2017年巴西前十大进口商品（按国际海关 HS 分类法）

资料来源：中华人民共和国商务部：《国别报告》。

5. 主要贸易伙伴

在图5中可以看到，2017年巴西主要伙伴贸易总额中，前3依次是中国、欧盟、美国，合计占比52%。

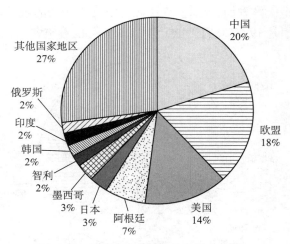

图5 2017年巴西主要伙伴贸易占比情况

资料来源：巴西国家地理与统计局。

主要进口贸易伙伴方面，据巴西国家地理与统计局的统计显示，2017年巴西贸易进口总金额是 141 437 百万欧元。从图 6 可以看出,自欧盟国家进口额在主要贸易伙伴进口额中位列第一,为 30 097 百万欧元,占比 21%。排第二的是中国,进口总额为 25 637 百万欧元,占比 18%。排第三的是美国,为 23 555 百万欧元,占比 16.7。欧盟、中国、美国总占比 56%。由此可见,巴西与中国、欧美国家地区的合作比较密切。

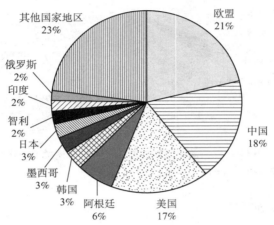

图6　2017 年巴西对主要贸易伙伴进口额占比情况

资料来源:巴西国家地理与统计局。

　　主要出口贸易伙伴方面,据巴西国家地理与统计局的统计显示,2017 年巴西贸易出口总金额是 192 770 百万欧元。从图 7 可以看出,出口额位列前 3 位的

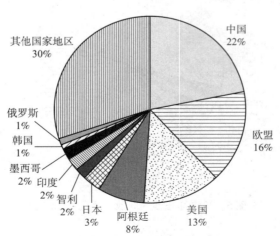

图7　2017 年巴西对主要贸易伙伴出口额占比情况

资料来源:巴西国家地理与统计局。

分别是中国和欧盟、美国，出口中国金额为 42 042 百万欧元，占比 22%；出口欧盟金额为 30 917 百万欧元，占比 16%。出口美国金额为 23 996 百万欧元，占比 123%。出口中国、美国和欧盟总占比 51%。

二、巴西对外贸易特征

（一）对外贸易波动幅度大

巴西贸易经过最近几年的持续快速发展，在全球对外贸易上起的作用越来越明显。巴西对外贸易发展不仅得益于卢拉政府稳定的经济发展政策，经济的对外开放，也得益于世界对原料性商品，如铁矿石、木材、石油、大豆、再生能源（如乙醇汽油）等商品需求的增加及其价格的大幅提高。同时，巴西工业如飞机制造、乙醇生产、汽车生产、软件开发等也在不断发展，在国际市场上均为巴西赢得了一席之地，巴西在世界贸易中日趋活跃，发展迅速。

图 1 显示，2012 年 1 月～2018 年 9 月，巴西对外贸易进出口总额呈现出从缓慢增长到下降再到回升这一趋势。2013～2016 年，巴西对外贸易总额从缓慢下降到快速下降，原因是前面提到过的政治动荡、国内需求减少、政府公共支出过高、国际大宗商品价格下跌等，在这样的经济政治环境下，巴西遭受着国内通货膨胀率迅速增高、失业率高居不下、货币贬值严重的困境。在这三年中，巴西对外贸易总额除了下降还是下降，丝毫没有半点起色。在经历了 3 年衰退后，巴西经济于 2017 年重回增长轨道。2018 年上半年巴西对外贸易延续去年缓慢增长态势。静观近十年，巴西的贸易特征并没有呈现出积极的增长性，受到全球贸易形势趋紧、国内大选等因素带来的影响，巴西贸易波动幅度较大。

（二）贸易结构等问题限制了进口

如图 1 显示，2008 年～2018 年 9 月近 11 年里，巴西面临着很严峻的经济形势，除了 2014 年的进口额大于出口额，其他年份均是出口额大于进口额，巴西对外贸易长期处于顺差状态。2017 年，巴西对外贸易顺差 669.9 亿美元，创下了 1989 年以来的最高纪录。与 2016 年相比，巴西对外贸易出口额同比增长 17.5%，进口额同比增长 9.6%，可以发现，出口额增长速度比进口额的增长速度要快。

造成巴西对外贸易长期顺差的主要原因还是国内经济疲软、进出口额不稳定。其中，进出口额受到多种因素影响：主要有官僚主义、高税收、基础设施的低效率和高成本、生产效率低和缺乏投资等。根本性的贸易结构问题限制了巴西的进口发展，再加上物流成本高等因素，巴西贸易进口额一直没有得到快速增长。

而巴西贸易出口方面，农产品和矿产品创造了过半的出口额，出口一直处于一种很积极的状态。对比之下，巴西贸易进口就要逊色得多。所以导致了常年以来巴西贸易一直处于顺差状态。

如表1所示，巴西主要顺差国家和地区分别是中国、阿根廷、荷兰、伊朗、阿联酋、埃及、中国香港、新加坡、美国。中国是巴西贸易顺差重要来源国，2017年，顺差额达到了201.67亿美元，同比增长71.4%。同比增长最多的是排第二的阿根廷，从2016年的43.33亿美元增长到2017年的81.84亿美元，同比增长88.9%。在这些顺差主要来源国家和地区里，除了荷兰和新加坡同比有所减少外，其余同比均增加。

表1　　　　　　　　　　**2017 年巴西主要顺差来源国和地区**

国家和地区	顺差额（亿美元）	上年同期（亿美元）	同比（%）
总值	669.9	476.83	40.5
中国	201.67	117.7	71.4
阿根廷	81.84	43.33	88.9
荷兰	73.53	85.36	−13.9
伊朗	25.19	21.54	16.9
阿联酋	23.21	18.69	24.2
埃及	22.63	16.78	34.9
国别不详	22.4	17.32	29.3
中国香港	21.04	17.95	17.2
新加坡	20.89	24.01	−13.0
美国	20.26	−6.46	—

资料来源：中华人民共和国商务部：《国别报告》。

（三）进出口贸易结构相对单一

巴西的出口商品十分单一，十分依赖大豆、铁矿石等初级产品，仅是初级产品的出口额就占到了出口总额的 50% 以上。如果初级产品的价格跌涨将直接影响巴西的对外贸易情况。就像 2013～2016 年巴西贸易贸易总额持续下降一样。所以，当初级产品阶段性的繁荣期过去，巴西的出口就吃了大亏。

还有，在进口方面，由于当前巴西工业化程度还不够高，尤其是机械制造业极度落后。所以，巴西的进口商品中，机械、仪器等工业产品占了很大的一部分。20 世纪 90 年代，巴西工业部门产值还能占到 GDP 的 30% 以上，但到 2010年后只能勉强维持在 15% 的水平，生产成本高、生产效率低等原因让巴西从工业强国逐步沦为原材料出口国。

（四）贸易领域开放程度低

根据国际商会（ICC）的调查显示，在 20 国集团（G20）中，巴西是外贸领域最为封闭的国家，2015 年的开放程度评分为 2.3 分，排在阿根廷和印度之后，而世界的平均水平为 3.7 分。在世界经济论坛 2014 年的一项报告中，巴西的贸易政策对全球商品流通的贡献度仅排在 138 个国家中的 86 位。

巴西作为新兴国家，在国际舞台上的地位越来越重要，不仅在经济方面还是在政治方面的话语权都在增加。但是，巴西签订的自由贸易协定却较少，把巴西挡在了庞大的消费市场之外，减少了巴西企业在国际竞争中取胜的机会。

巴西 FGV 基金会的一项调查数据显示，如果巴西和欧盟签署贸易协定，巴西的出口额会增加 12.33%，进口额会增加 16.93%，GDP 将因此增加 2.8%。如果加入"跨大西洋贸易和投资伙伴关系协定"（TTIP），巴西的出口额会增加 19.62%，进口额会增加 25.48%，GDP 将因此增加 4.26%。加入更多的贸易组织、签署更多的贸易协定对巴西来说可以达到事半功倍的效果。

（五）"贸易战"带来的负面影响

2018 年 3 月，美国宣布对进口钢材和铝分别加征 25% 和 10% 的高额关税，巴西是受影响较大的国家之一。巴西是美国钢材的第二大进口国，加拿大和墨西哥分别是美国第一、第四大钢材进口国。由于加拿大和墨西哥暂时被美国豁免关税，巴西就成了最大的受害者。

2018 年 3 月下旬，美国表示暂时豁免包括欧洲、澳大利亚、韩国、阿根廷和巴西在内的盟友的钢铁和铝关税。但是，进入 5 月，美国取消与巴西的关税谈判，采用钢铁进口配额机制。虽然，这种影响不至于严重拖累巴西整个经济产出或出口表现，因为钢材在巴西总出口额中仅占 2%，尚未进入前十大出口产品。但从间接影响看，倘若中美"贸易战"全面爆发，巴西遭受的因全球陷入"贸易战"而导致的融资环境恶化的影响可能更大。

四、巴西与葡语国家贸易能力比较

1996 年 7 月，巴西与葡萄牙倡议成立葡语国家共同体（Comunidade dos Países de Língua Portuguesa，CPLP，即葡共体），成员国包括葡萄牙、巴西、安哥拉、莫桑比克、佛得角、几内亚比绍、圣多美和普林西比、东帝汶。尤其发展与葡萄牙的关系是巴西的外交重点之一。近十年来，巴葡两国高层互访频繁，签署了一系列关于经济、文化等合作协定。

葡萄牙位于欧洲西南部，东部处于伊比利亚半岛，西部和南部是大西洋的海岸。葡萄牙的矿产资源十分丰富，其钨储量为西欧第一，而铜的产量更是在欧盟名列前茅。葡萄牙加大对基础设施的投入，交通运输网络、港口设施等都得到了很大的改善。

1986 年葡萄牙加入欧共体，并在 1999 年成为欧元成员国。受欧洲经济债务危机的影响，葡萄牙的经济受到重创，对外贸易总额明显下降。得益于欧盟的经济援助，葡萄牙的经济有所复苏，但对外贸易仍处于逆差状态。葡萄牙的地理位置优越，矿产资源丰富，基础设施健全，有着高素质的人力资源，是进入欧盟很好的切入点，也是前往非洲葡语国家的一个战略平台。相比于贸易快速增长的巴西，葡萄牙的对外贸易一直处于平稳发展的状态。

从图 8 可以看出葡萄牙的货物贸易出口总额远远小于巴西的出口总额，2017 年巴西的出口总额是葡萄牙的 3.5 倍。2013～2017 年，葡萄牙的货物贸易出口额呈平稳趋势，2013 年为 628.14 亿美元，2017 年为 622.07 亿美元。由于政治动荡、国内需求减少、政府公共支出过高、国际大宗商品价格下跌等多种原因，巴西货物贸易出口额在 2013～2016 年呈下降趋势，但 2017 年有所回落。

如图 9 所示葡萄牙的货物贸易仍然是低于巴西的。2013～2017 年，葡萄牙的货物贸易进口总额从 757.49 亿美元到 778.79 亿美元，整体呈上升趋势。2017 年葡萄牙的进口总额为 778.79 亿美元，是巴西的 51.66%。巴西的货物贸易进口总额从 13 年的 2 396.21 亿美元到 17 年的 1 507.49 亿美元，整体呈下降趋势。

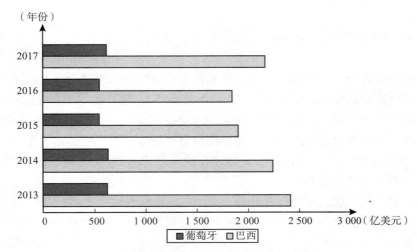

图 8　葡萄牙与巴西货物贸易出口总额

资料来源：中华人民共和国商务部：《国别报告》。

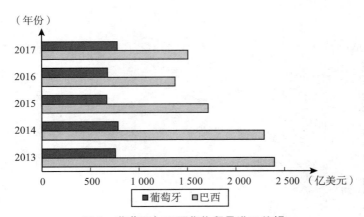

图 9　葡萄牙与巴西货物贸易进口总额

资料来源：中华人民共和国商务部：《国别报告》。

五、中国与巴西贸易现状与特征

目前巴西是中国在拉美的第一大投资目的地，也是在拉美地区最大的贸易伙伴。早在 2009 年中国就成为巴西第一大贸易伙伴，并连续 9 年成为巴西第一大贸易伙伴。

（一）受巴西经济影响，双边贸易波动较大

中巴建交以来，双边贸易关系取得长足发展。2008～2013年，中巴贸易总体程度上受全球金融危机影响较小，贸易增速总体呈现平稳增长的趋势。但是，2013～2016年这三年，中巴双边贸易总额呈下滑趋势。受到政治动荡、国内需求减少、政府公共支出过高、国际大宗商品价格下跌等多种原因影响，巴西进入了严重的经济衰退时期。值得庆幸的是，在经历了几年的经济衰退后，2017年，中巴双边贸易经济开始复苏。

据巴西发展工业、外贸和服务部（MDIC）公布的数据显示，2017年，中国成为巴西最大的产品出口国和最大的进口商品来源国。全年巴西对中国出口总额474.88亿美元，对中国进口总额273.21亿美元（见图10）。两者相比较，2017年，巴西对中国贸易实现顺差201.67亿美元。巴西是中国第九大贸易伙伴和在拉美地区的最大贸易伙伴；中国是巴西第一大贸易伙伴、进口来源国和出口对象国。

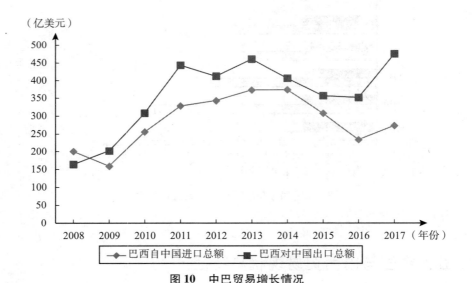

图10　中巴贸易增长情况

资料来源：中华人民共和国商务部：《国别报告》。

（二）巴西对中国贸易顺差持续扩大

由于中巴双方经济发展互补性不断增强，近九年来，巴西对中国出口总额一

直要大于巴西自中国进口商品总额。中国是巴西的第一出口对象国以及第一进口来源国，由于巴西货币贬值、出口竞争力增强、中国对巴西产品的进一步增强等原因，巴中贸易顺差持续扩大。如图11所示，2009~2017年，巴西对中国贸易顺差值总体呈现上升趋势。

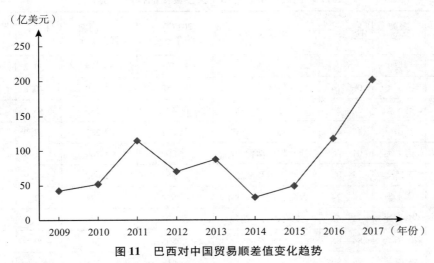

（亿美元）

图11　巴西对中国贸易顺差值变化趋势

资料来源：中华人民共和国商务部：《国别报告》。

2009~2014年，巴西对中国贸易顺差值在一个小范围内波动。2014年，受国内经济萧条的影响，巴西自中国进口贸易额有所增加，出口贸易额却有所减少，巴西对中国贸易顺差为32.8亿美元，而到了2015年，却增加到了48.9亿美元，同比增长49.08%，之后增长得更迅速，2016年和2017年分别为117.7亿美元和201.7亿美元。中国对巴西贸易顺差值逐年增加，这一情况可能会影响到中巴货物贸易的合作和进一步发展。

（三）主要进出口商品构成

据中华人民共和国商务部统计，2017年巴西对中国出口的十大类商品主要有植物产品，矿产品，纤维素浆、纸张，活动物、动物产品，贱金属及制品，食品、饮料、烟草，皮革制品、箱包，机电产品，运输设备，化工产品等。如表2所示，2017年巴西对中国出口的主要商品构成中占比最多的前两类分别是植物产品、矿产品，两大类共占比达81.7%，分别比2016年上涨了40.8%、56.3%，同比增长非常迅速。值得关注的排名第十的化工产品大类，虽然只占比0.8%，但是同比增长114.2%，化工产品的出口正在崛起。同比减少的有贱金属及制品，食品、饮料、烟草，皮革制品、箱包，机电产品，其中，下滑最严重的是食品、饮料大类，同比下降4.9%。

表2　　　　　　　　　　2017年巴西对中国出口十大主要商品构成（类）

排名	海关分类	HS编码	商品类别	2017年（百万美元）	上年同期（百万美元）	同比（%）	占比（%）
	类	章	总值	47 488	35 314	35.2	100.0
1	第2类	06－14	植物产品	20 350	14 450	40.8	42.9
2	第5类	25－27	矿产品	18 427	11 786	56.3	38.8
3	第10类	47－49	纤维素浆；纸张	2 671	2 282	17.0	5.6
4	第1类	01－05	活动物；动物产品	1 802	1 769	1.9	3.8
5	第15类	72－83	贱金属及制品	951	1 000	－4.9	2.0
6	第4类	16－24	食品、饮料、烟草	524	1 223	－57.1	1.1
7	第8类	41－43	皮革制品；箱包	524	573	－8.5	1.1
8	第16类	84－85	机电产品	505	716	－29.5	1.1
9	第17类	86－89	运输设备	418	365	14.4	0.9
10	第6类	28－38	化工产品	358	167	114.2	0.8

资料来源：中华人民共和国商务部：《国别报告》。

其中，2017年巴西对中国农产品贸易出现回升，出口额达到230亿美元，较2016年的177亿美元出现大幅增加。受到巴西货币贬值的影响，中国进口巴西大豆的数量再度增长。大豆为巴西对中国出口的最主要的农产品，占巴西出口大豆总量的79%，金额为203亿美元。巴西对中国牛肉出口表现突出，出口额首次超过鸡肉（7.61亿美元）达到9.29亿美元。食糖和玉米出口降幅明显，食糖出口量从250万吨降至32.8万吨，玉米出口量减少90%。目前中国是全球最大的大豆进口国，而巴西是全球最大的大豆出口国。近八成的巴西大豆都是销往中国。由于中国对大豆的需求很高，中巴之间的大豆贸易将稳步发展。

除了大豆、食糖、玉米等传统农产品外，得益于在2015年5月中国总理李克强访问巴西期间，宣布中国解除对巴西牛肉的进口禁令。中国于2016年开始进口巴西牛肉，现已经跃居中国进口巴西商品的前10名。2017年5月，中国共进口巴西牛肉2.03万吨，首次成为巴西最大的牛肉进口国。2017全年，巴西对中国牛肉出口表现突出，出口额首次超过鸡肉（7.61亿美元）达到9.29亿美元。

巴西对中国进口主要集中在技术含量较高的工业制成品上。从表 3 可以看出，2017 年巴西自中国进口的大类商品主要有机电产品，化工产品，纺织品及原料，贱金属及制品，塑料、橡胶，家具、玩具、杂项制品，运输设备，光学、钟表、医疗设备，陶瓷、玻璃，皮革制品、箱包等。其中，机电产品占比最多，为进口总额的 47.8%，同比增长 16.9%。排名第十的皮革制品、箱包这一类商品与上一年相比增幅最大，同比增长 30.3%。同比唯一减少的商品是运输设备，同比下滑 31.5%。

表 3　　　　　　　　2017 年巴西自中国进口十大主要商品构成（类）

排名	海关分类	HS 编码	商品类别	2017 年（百万美元）	上年同期（百万美元）	同比（%）	占比（%）
	类	章	总值	27 321	23 364	16.9	100.0
1	第 16 类	84 – 85	机电产品	13 070	10 967	19.2	47.8
2	第 6 类	28 – 38	化工产品	3 876	3 301	17.4	14.2
3	第 11 类	50 – 63	纺织品及原料	2 641	2 121	24.5	9.7
4	第 15 类	72 – 83	贱金属及制品	1 829	1 417	29.1	6.7
5	第 7 类	39 – 40	塑料、橡胶	1 305	1 068	22.2	4.8
6	第 20 类	94 – 96	家具、玩具、杂项制品	971	770	26.1	3.6
7	第 17 类	86 – 89	运输设备	912	1 331	−31.5	3.3
8	第 18 类	90 – 92	光学、钟表、医疗设备	792	656	20.8	2.9
9	第 13 类	68 – 70	陶瓷；玻璃	371	321	15.3	1.4
10	第 8 类	41 – 43	皮革制品；箱包	320	246	30.3	1.2

资料来源：中华人民共和国商务部：《国别报告》。

中国已经是巴西最主要的贸易伙伴之一，中国在巴西对外贸易总额的比重要高于欧盟和美国。中国对巴西出口额占总出口额的比重有所增加，但份额还不及 2%。中巴两国总人口约占世界总人口的 23%。2017 年，巴西对外贸易总额为 3 684.9 亿美元，比上年同期增长 14.2%，其中，中巴贸易总额为 748.1 亿美元，两国贸易额占巴西对外贸易总额的 20% 左右。

（四）服务贸易仍有较大发展空间

中巴服务贸易现状并没有货物贸易那么可观，仍处于起步阶段，有着很大的发展空间。2016 年，巴西对中国的服务贸易出口额是 2.59 亿美元，巴西自中国进口的服务贸易额为 4.6 亿美元。2017 年，巴西对中国的服务贸易出口额为 2.38 亿美元，同比下降 8.82%，巴西自中国进口的服务贸易额为 7.45 亿美元，同比增加 61.96%。服务贸易是巴西经济中最有活力的行业之一，是 GDP 所占比重最大的行业。巴西在建筑服务、研发服务、影视服务等领域具有较强竞争力。中国在旅游业、与货物相关的服务、建筑服务、金融服务，以及通信、计算机和信息服务等领域具有较强的竞争力。两国服务贸易的重点对象都包含了建筑服务业。2017 年 8 月 1 日，中国商务部副部长王受文与巴西工业外贸和服务部副部长马塞洛·马亚在上海签署了《中华人民共和国商务部与巴西工业外贸和服务部关于服务贸易合作的谅解备忘录（两年行动计划)》。该协议的签订推动了中巴服务贸易的多元化，令双边合作不仅局限于货物贸易。

（五）反倾销调查仍是巴方主要贸易保护工具

随着巴西贸易的复苏和中巴双边经贸往来的加强，两国的贸易摩擦也开始加剧。2016 年 7 月，巴西工业外贸服务部外贸委员会（以下简称外贸委）连续发布 3 份通告，决定对原产自中国的高碳钢丝产品、钢绞线、热轧钢板启动反倾销调查。2016 年 11 月，巴西外贸委会对原产自中国的合金钢条作出反倾销终裁；对中国高碳钢丝和扁钢征临时反倾销税；对中国热轧钢板启动反补贴立案调查；对进口自中国的柠檬酸和柠檬酸盐发起反倾销复审调查；对中国 PET 树脂反倾销调查作出终裁。2017 年 2 月，巴西外贸要对原产自中国的农机轮胎、汽车玻璃和合成纤维布的反倾销调查作出终裁，决定对这三种涉案产品征收为期 5 年的反倾销税。2017 年 8 月，巴西外贸委发布通告，对原产自中国的柠檬酸及柠檬酸盐作出反倾销日落复审初裁，裁定认为如取消原审措施将会对巴西国内产业造成损害，最终选取哥伦比亚作为替代国计算涉案产品的正常价值。2017 年 7 月，巴西外贸委发布公告，对原产自中国的高碳钢丝、热水瓶和钢绞线产品作出终裁，分别给予为期 5 年的反倾销税。2017 年 8 月，巴西外贸委发布公告，结束对原产自中国的无缝碳钢管（直径不超过 5 英寸，主要用于油气运输）的反倾销日落复审调查，决定继续征收 743 美元/吨的反倾销税，有效期 5 年。2017 年 9 月，巴西外贸委发布公告，对原产自中国的热轧钢板反补贴调查作出初裁，认定其对巴西国内产业造成了损害，但暂不采取临时措施。

据统计，自 1989 年 12 月巴西对中国产品发起第一次反倾销调查以来，在 2008 年 6 月~2018 年 8 月，共对中国产品发起了 31 起反倾销调查，涉及机电、五金化工、轻工、纺织、食品等十几种商品。另外，2018 年 1~8 月，巴西对中国发起了9起反倾销调查案件，涉及汽车轮胎、不锈钢圆形焊管、电扇等商品。其贸易救济措施主要包括：反倾销措施；保障措施和特别保障措施。而根据中国贸易救济信息网的统计，在2008年1~9月，巴西对中国采取的反倾销案件数量达到31起，占发展中国家对中国反倾销案件数量的6.8%。以上统计显示，巴西不仅是葡语国家中、而且是发展中国家中对中国产品采取反倾销措施最频繁的国家之一。

这一连串的贸易摩擦给两国经贸关系带来了消极影响。从企业角度来看，贸易摩擦直接导致中国产品的成本上升、企业盈利能力下降、产品竞争力减弱、市场份额缩减；从国家角度看，中国产品在国外市场的生存空间受到挤压，不利于中巴双方对外贸易转型升级；从产业角度来看，贸易摩擦不利于相关产业的国际化发展。

六、推动中巴贸易发展的建议

（一）扩大贸易规模，充分发掘对外贸易的合作潜力

巴西是一个拥有实力基础的拉美发展中大国，要想提高对外贸易水平，应当在扩大贸易规模上多下功夫，从而使得顺差状况得以改善，使进出口贸易趋向合理。在出口产品种类上，中巴双方的互补性是大于竞争性的。这一点在客观上为中国发挥自身产品优势，有计划、有选择地加大对巴西贸易出口提供了可能。因此，对比而言，中巴两国能寻找更多的合作。

近年来，中巴两国积极促进中巴经济贸易关系顺利发展。总的来说，中巴两国贸易取得了长足进步。从贸易潜力来看，中巴两国之间的贸易还存在较大发展空间。在两国贸易互补性相对较强的情况下，中国可以进一步扩大与巴西的贸易规模。具体而言，在进口方面，中国除了铁矿砂、大豆和原油外，还可以扩大牛肉、鸡肉、橙汁、咖啡和压缩机等巴西优势产品的进口。在出口方面，考虑到巴西对中国反倾销的严峻形势，以及巴西市场的实际情况，中国应结合自己比较优势和巴西的需求情况，增加对互补性产品的输出，如矿物燃料、化学品及有关产品、机械及运输设备和杂项制品等。

此外，巴西也应该在出口商品中转换一下思路。由于自然条件优越，巴西的原材料并不愁卖，买家会自动找上门。不过，只要对原材料简单加工，收入的增长很可能会翻倍。比如，巴西从出口橙子、咖啡豆等原材料可以转变为出口橙汁、咖啡粉等附加值更高的产品。

（二）重视能源合作

巴西能源矿产资源非常丰富，而中国虽然是一个资源丰富的国家，但人均占有量不足，因此巴西与中国开展贸易及投资合作，出口包括石油和天然气在内的能源矿产资源，对巴西经济发展具有重大意义，也能因此建立良好的合作关系。此外，在生物能源的开发和应用方面，中巴之间也存在广阔的合作空间。巴西是全球的酒精生产和出口大国，而这种生物燃料是汽车燃料很好的替代品，其应用将使汽油的紧缺状况得到有效缓解。

中国企业可以在与巴方的合作上，发挥中国企业在资金、装备制造方面的优势，与巴方实现优势互补，共同推进技术方面合作。在石油销售领域，由于巴西在成品油进口上有一定的需求，中国能源企业在未来巴西成品油销售市场上有一定的发展空间。可再生能源是未来能源发展趋势，中巴在可再生能源合作上有很多潜力。巴西水电资源丰富，在巴西能源结构占据重要地位。中国东方电气集团与巴西可持续能源发展公司合作的巴西杰瑞水电等前期合作项目使中国企业在巴西水电领域取得较好口碑，使得未来中国企业在巴西水电领域更大的发展空间。巴西生物质能源发展较早，在很多方面具有一定的优势，中国生物质能源总量丰富，未来中国生物质能源潜力很大，双方在生物质能源领域有很多可能的合作机会。

相对于传统能源，中国与巴西在可再生能源领域有更广泛的发展空间。中国风电、光伏产业装机容量都居世界首位，有着非常好的产业链和产业基础，而巴西有着较为丰富的太阳能和风能，双方可以重视利用各自的资源优势，促进双方合作。并且，巴西在生物质能源产业有着丰富的资源与开发经验，中国也可以考虑增加与巴西在生物质能源方面的合作，比如，可以在第二代和第三代燃料技术寻求突破，实现优势互补，互利共赢。

（三）优化商品结构，减少双边贸易摩擦

从中巴进出口商品的集中度来看，巴西出口品种相对较为集中，某些种类的产品，如铁矿石、大豆等原材料，对中国市场的开拓富有成效，占巴西对中国贸易的76.5%。中国出口巴西的产品相对多样化，品种较为丰富，其中工业制成品占97.7%。鉴于2017年中国对巴西贸易顺差已经达到201.7亿美元的现实，中国需要大力优化商品结构，不断实现出口结构的升级，加大出口力度。目前，中国劳动密集型产业对国际市场的依赖性较强，轻工业、家电等产品大量进入国际市场，双边贸易摩擦时有发生，同时也对中国产业结构的调整

具有一定影响。巴西近年来对中国的反倾销大多为工业制成品，中国可以根据巴西市场的需求情况，结合自身的比较优势，有选择地增加互补性产品的输出，并增加产品的技术含量。

（四）增加人文交流，减少贸易摩擦和误解

2018 年 6 月 26 日，时任巴西总统的特梅尔签署法令，将每年 8 月 15 日定为"中国移民日"，肯定中国移民为巴西发展做出贡献的同时，期望借助人文交流进一步加强中巴合作，推动两国贸易发展，减少贸易摩擦和误解。

增加人文交流的途径有很多很多。首先拿语言来说，中文是全球使用人数最多的语言，葡语是继英语和西班牙语之后全球使用最广泛的语言之一，中国有不少高校有巴西留学生并且开设了葡语课程。孔子学院也在巴西有着较好的发展。中国可以借此机会，加强与巴西高校的交流与合作，培养优秀的中葡双语人才，为今后能成为中巴沟通的桥梁打下坚实的基础。除了语言的培养，还应该增加专业领域和文化的交流。例如，中巴高校还可以开设相应的专业和文化课程，供本地生以及留学生选修，使彼此了解互相的经济发展、技术水平，同时感受彼此的文化加深了解，尊重双方的文化，并且将中巴文化在教育界乃至全国范围传播，若事后再发生贸易摩擦与误解，也会多一分理解，使负面影响最小化。

参考文献

［1］宋雅楠、程璐：《贸易保护与中国和巴西的贸易摩擦》，载于《葡语国家蓝皮书：中国与葡语国家关系发展报告·巴西》，社会科学文献出版社 2016 年版。

［2］宋雅楠、庞晓娴：《葡萄牙贸易现状、特张和趋势》，载于《葡萄牙投资环境报告》，经济科学出版社 2018 年版。

［3］王婉琪：《巴西外贸现状及中巴贸易发展》，载于《现代经济信息》2017 年第 1 期，第 136～137 页。

［4］韩亭辉、刘泽莹：《中国与巴西农产品贸易的竞争性与互补性分析》，载于《世界农业》2018 年第 1 期，第 100～108 页。

［5］梁琦、吴新生：《"一带一路"沿线国家双边贸易影响因素研究》，载于《经济学家》2016 年第 12 期，第 69～77 页。

［6］周曙东、钱悦：《美国、巴西大豆生产成本收益比较及对中国的启示》，载于《世界农业》2018 年第 2 期，第 113～118 页。

［7］阿列尼：《巴西和中国双边贸易的竞争性与互补性研究》，南京大学硕士论文，2018 年。

巴西直接投资现状、特征与趋势

宋雅楠[*]

摘　要：20 世纪 90 年代以来，国际直接投资迅猛发展，已经大大超过国际商品贸易的增长速度，并且还有加速增长之势，已经成为推动全球经济增长的主要力量。发展中东道国吸引的国际直接投资总量总体呈上升趋势。巴西是吸引 FDI（外来直接投资）最多的发展中国家之一，无论面积、人口还是经济总量都是当之无愧的拉美第一大国。以 GDP（国内生产总值）及内需市场计，巴西更是全球仅次于中国的第二大新兴市场、第七大经济体。巴西拥有丰富的自然资源、完整的工业基础和较大的发展潜力，这都对国际直接投资形成了较大的吸引力，中国对巴西的直接投资活动越来越频繁。因此，本文通过分析巴西直接投资的现状及特征，对中国向巴西直接投资提出相关建议。

关键词：对外直接投资　巴西　中国　葡语国家

一、巴西外国直接投资的背景

（一）国际环境

1. 全球及拉美经济环境

经济环境近两年，全球经济依然处于深度调整阶段，经济增长速度有所放

---

* 宋雅楠，澳门科技大学商学院副教授，博士生导师。研究方向为国际贸易与投资、中葡经贸关系等。感谢赵毅夫同学对本文数据的整理。

缓。整体来看，发达国家经济有缓慢复苏趋势。美国经济持续回暖，伴随着宽松的货币政策、零售业的增长和住房销售的上升，失业率逐步下降。美联储于2016年底加息25个基点，进一步推动资本回流美国；在欧元区域的经济复苏整体呈现缓慢趋势。由于缺乏促进经济复苏动力，欧元区的失业率持续上升。而主要新兴经济体国家经济增速有升有降，参差不齐，受投资与消费的持续收缩影响，经济发展疲软。

在当前复杂多变的世界形势下，全球治理遭遇新困境，并进入深度变革期。目前世界秩序的不确定性和贸易保护主义倾向抬头，不仅给经济全球化蒙上阴影，也对包括拉美国家在内的新兴和发展中经济体的增长与对外合作带来新的困难、压力和不确定性。拉美国家在国际经贸活动中相对活跃，因其经济体量、发展水平、特殊的经济结构、国际贸易和投资活动的参与度以及资源储量，在未来世界经济增长和全球发展中将具有重要地位。2017年，受地区经济复苏的推动，拉美的外来直接投资增长了8%，达到1 510亿美元，是六年来的首次上涨。但流入量仍大大低于2011年大宗商品繁荣时期的峰值。巴西作为拉美最大、最重要的经济体，其贸易、投资的发展的重要程度不言而喻，巴西长期以来一直是全球经济治理较为活跃的参与者，但其话语权和影响力相对有限。在当前外部环境不利、内部改革滞后双重压力下，巴西积极寻求发展战略调整，力求实现经济增长模式转型，推动产业结构和投资结构升级，推进区域一体化，扩大对外开放。

2. 中国与巴西

巴西与中国同为金砖国家、重要新兴经济体，一直以来，在重大国际和地区问题、新兴经济体发展上扮演着重要角色，积极推进全球经济治理改革进程，大大提升了新兴市场国家和发展中国家的代表性和发言权。近年来，"一带一路"倡议、"中葡论坛"合作机制、中国"进博会"等都为巴西与中国开展贸易往来提供了有利条件。目前巴西是中国在拉美的第一大投资国，也是最大的贸易伙伴，是中国第十大贸易伙伴。而中国也早在2009年成为巴西第一大贸易伙伴，并连续7年成为巴西第一大贸易伙伴。

3. 其他葡语国家与巴西

葡语国家人口众多，地理位置分散，分布于欧、亚、非和南美洲，并且分属于不同的经济体。巴西作为葡萄牙在南美的前殖民地，是葡语国家中人口最多，国土面子最大和经济总量最大的国家。巴西与葡萄牙在经济、社会、文化、法律、科技等领域均有合作和较紧密的联系。巴西的出口基本流向葡萄牙、莫桑比克、安哥拉和佛得角四个国家，而巴西的进口则集中于葡萄牙、莫桑比克、安哥拉三国。在中国与葡语国家的经贸合作中，巴西占据了中国与所有葡萄牙语系国家贸易总量的70%～80%。

（二）巴西国内环境

巴西作为重要的发展中国家和新兴经济体，也是拉丁美洲最大的经济体。巴西国家地理与统计局（IBGE）公布的最新数据显示，受全球经济环境影响，经过两年严重衰退，巴西2017年国内生产总值（GDP）重现增长，增速为1%。该国经济恢复至2011年上半年的水平。数据显示，巴西2017年第四季度国内生产总值（GDP）比上个季度增长0.1%，为连续四个季度环比增长。与2016年同期相比，上涨2.1%。2017年巴西国内生产总值（GDP）为6.6万亿雷亚尔（按当前汇率约合2.03万亿美元），人均国内生产总值为31 587雷亚尔（约合9 749美元），比2016年上涨0.2%。数据显示，2017年巴西投资率，即占GDP的投资额的百分比为15.6%，低于上一年的16.1%，创历史最低。

二、巴西对外直接投资现状

1. 外来直接投资额

联合国贸易与发展大会（UNCTAD）发布的报告（下称《报告》）显示，2017年流入发展中经济体的FDI保持平稳，为6 710亿美元。发展中国家在全球外国FDI的比重从2016年的36%，上升到2017年的47%。具体来看，流入非洲的FDI持续下滑，流入亚洲的FDI保持稳定。拉丁美洲和加勒比地区的FDI增长了8%，达到1 510亿美元。这主要受该地区经济复苏的推动。这是六年来的首次上涨，但流入量仍大大低于2011年大宗商品繁荣时期的峰值。

巴西的外来直接投资（FDI），在2009～2011年间蓬勃发展，但此后的几年内波动较大。在连续的外国直接投资流入波动之后，近几年开始保持平稳。数据显示，2015～2017年间，巴西外国直接投资流入量（OFDI）维持在700亿美元以上。但与2014年的970亿美元相比，仍有较大差距（见图1）。《报告》显示，巴西是拉丁美洲第一个接受外国直接投资流入的国家，吸引了超过40%的拉美地区的总流入量。近两年，外国直接投资流入能源部门的数量增加了两倍，运输和储存部门增加了两倍，制造业增加了一倍。这些较快的增长被采掘业、金融业和房地产业的外国直接投资流入量减少所抵消。FDI存量在2016～2017年增长了10%，到2017年底达到7 780亿美元。近五年，接近400家巴西企业吸收大量外国资本，进入巴企的外资达到1 330亿雷亚尔。美国（75项）、中国（23项）、法国（22项）、英国（20项）、德国（17项）、荷兰（15项）、加拿大（13项）、瑞士（11项）、卢森堡（10项）、日本（9项）位居2014～2018年外资在巴收并购数量前十名，中国位列第二，仅次于美国。

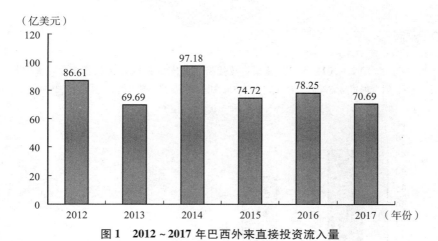

（亿美元）

图1　2012～2017年巴西外来直接投资流入量

资料来源：巴西国家地理与统计局。

2. 外来直接投资来源地

2017年，英国、挪威、法国、美国、德国、中国香港、加拿大、意大利和智利（见图2）是巴西主要外来投资来源国（地区）。据巴西中央银行公布的数据显示，投资巴西的外国企业基本都为规模较大的跨国公司，形式为兼并和国际收购。也有在当地设立合资企业的形式，如雷诺、标致、家乐福、麦当劳、通用汽车等。

3. 投资行业

2016年，巴西外来直接投资投入服务业超过40%，自然资源与制造业等传统行业占比为54%（见图3）。随着经济发展和经济结构日益优化，制造业和能源

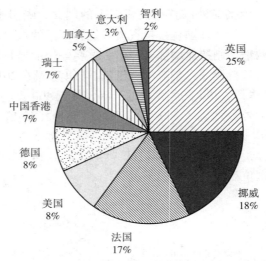

图 2　2017 年巴西外来直接投资来源国（地区）占比情况

资料来源：联合国贸易与发展大会（UNCTAD）、巴西国家地理与统计局。

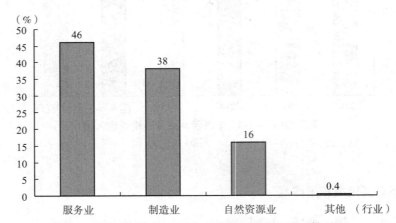

图 3　按类型划分的 2016 年巴西外国直接投资分布情况

资料来源：巴西国家地理与统计局。

业所占比重有所下降，农业和畜牧业、贸易、运输仓储业、金融业、房地产业、水收集处理业、信息技术业等行业有所提高，越来越多的外来直接投资方将目光转向房地产、环保、金融、高新技术产业（见图 4），预计结构还将进一步趋于优化。

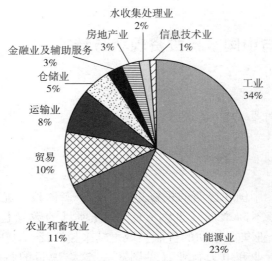

图 4　2017 年巴西外国直接投资行业占比情况

资料来源：联合国贸易与发展大会（UNCTAD）、巴西国家地理与统计局。

4. 对外直接投资目的地

2010～2017 年，从巴西流出的对外直接投资流量（OFDI）规模不大，2010 年最高，达 267.6 亿美元，2012 年最低，仅为 52.1 亿美元。2017 年为 62.7 亿美元（见图 5），相较于同年超过 700 亿美元的外来直接投资流入量（IFDI）而言，规模非常小。而巴西向中国直接投资 4.3 亿美元，仅相当于当年对外直接投资额的 7% 左右。

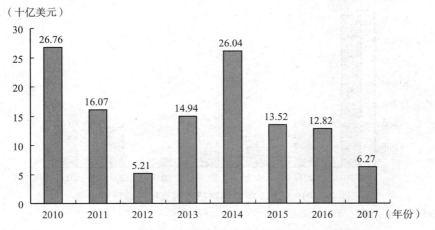

图 5　2010～2017 年巴西对外直接投资（流出）规模

资料来源：巴西国家地理与统计局。

三、巴西与中国直接投资现状与特征

（一）中国对巴西的直接投资

1. 概况

2010 年以来，中国在巴西的投资进入了一个新阶段，尤其是在 2014 年以后，投资项目金额不断增加（见图 6）。投资项目的数量也保持在较高水平（见图 7）。中国企业集中活动的行业领域也越来越广泛。2003～2016 年，投资最多行业为能源行业和电力行业（见图 8），这类项目的特点是投资规模大、项目成熟度高。2015 年已经对巴西进行了大规模投资的国家电网和中国三峡等大型企业，其投资在 2016 年又进一步发展。2016 年，这些公司开始集中精力从已经在运营的其他成熟公司收购资产，国家电网完成了对 CPFL Energia 公司和 CPFL Renováveis 公司股权的收购，大大扩展了其在巴西市场的占有率，在所涉及的输配电行业以及可再生能源行业中占有重要地位。同时，中国三峡集团以 12 亿美元的交易收购了杜克能源在巴西的资产。

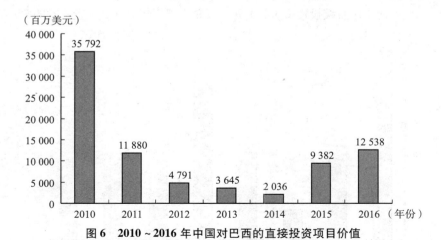

图 6　2010～2016 年中国对巴西的直接投资项目价值

资料来源：中国—巴西企业家委员会（CBBC）。

（个数）

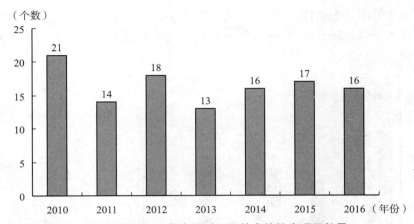

图7　2010～2016年中国对巴西的直接投资项目数量

资料来源：中国—巴西企业家委员会（CBBC）。

（十亿美元）

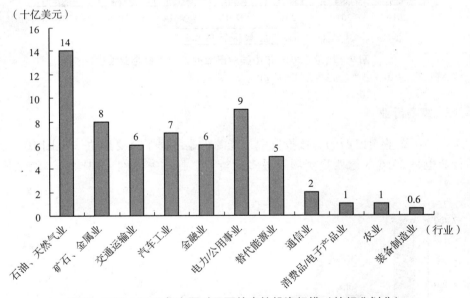

图8　2003～2016年中国对巴西的直接投资规模（按行业划分）

资料来源：巴西国家地理与统计局。

此外，中国企业开始进入巴西的农业企业，这是这一新阶段的另一个主要特征。2016年，上海鹏欣集团投资约2亿美元收购巴西贸易公司和谷物加工商Fiagril公司57%股份。

2010～2016年，投资巴西的大部分中国公司为国有企业，这些企业在能源和电力行业中处于领先地位。但在 2014~2016 年，私营企业在巴西的直接投资保持在较高水平（见图9），与国有企业不同的是，私营企业投资主要是在制造业和服务业。

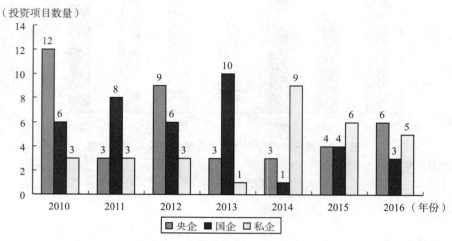

图9　2010~2016 年中国对巴西的直接投资企业性质

资料来源：中国—巴西企业家委员会（CBBC）。

2. 投资行业

在中国企业对巴西的直接投资中，能源行业占据了重要地位（见图10）。能源行业也是2016年巴西投资项目最多的行业。在国家电网、中国三峡、比亚迪

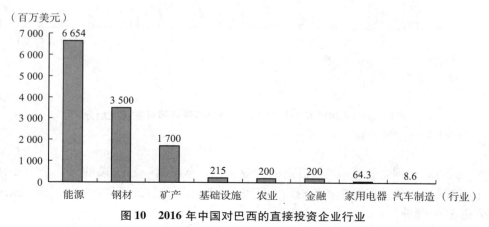

图10　2016 年中国对巴西的直接投资企业行业

资料来源：中国—巴西企业家委员会（CBBC）。

等中国公司的参与下，该行业项目数量大幅增加。这一领域投资持续增长，反映出巴西能源行业在投资吸引力方面拥有着世界上独一无二的特点和机遇。2016年，中国对巴西投资还涉及家电行业、金融业、农业、通信业等诸多领域。

中国和巴西在原材料、产品、资金、技术和市场等方面各具优势，中国主要投资巴西的农产品、石油、矿石及其他资源类行业，这都是中国经济快速发展不可或缺的物资，同时中国的需求保持和带动了国际市场原材料和初级产品的价格，改善了这类产品的贸易条件。中国则利用低廉劳动力和高新技术优势，向巴西大量出口劳动密集型产品及机电、高科技产品等。与全部外来直接投资侧重于服务和制造业不同，中巴单一的贸易投资结构一方面反映出两国经贸的高度互补性，同时折射出中巴贸易总量扩容动能不足的隐患，并由此导致包括巴西在内的一些拉美国家担心其在对华贸易中只停留在"初级产品供应者"的"不利"位置，重蹈拉美历史的覆辙，从而引发了"新殖民主义"论调的抬头以及为保护本国相关产业而设置贸易壁垒现象的频发。

3. 投资方式

2016年，中国在巴西的投资中，并购这一方式占主导地位，占所有投资方式的一半以上。中国企业对收购本地资产的偏好原因在于中国企业看重本地成熟企业的稳定性和收购本身的易操作性。中国企业通过并购进入巴西的领域包括金融、基础设施、农业、能源和矿业领域（见表1）。

表1　　　　　　　　　2016 中国企业投资巴西项目概况

中国公司	巴西公司	所处行业	资金规模	进入模式
中国建设银行	巴西 BIC 银行	金融	2 亿美元	
湖南大康牧场	Fiagril 公司	农业企业	2 亿美元	
复星集团	Rio Bravo 公司	金融	未披露	
中国交建	Concremat 公司	基础设施	1 亿美元	并购/收购
国家电网	CPFL Energia 公司	能源	40.8 亿美元	
国家电网	CPFL 可再生能源公司	能源	9.1 亿美元	
中国钼业	Anglo American 英美资源集团	矿业	17 亿美元	
中国三峡	杜克能源公司	能源	12 亿美元	
TCL	SEMP TCL 公司	家用电器	6 000 万美元	
美的	Springer 公司	家用电器	430 万美元	合资公司
中国交建	Wtorre 公司	基础设施	1.15 亿美元	

续表

中国公司	巴西公司	所处行业	资金规模	进入模式
众泰	—	汽车	860 万美元	
中国联通	—	电信	未披露	
比亚迪	—	能源	2 300 万美元	绿地投资
中巴新能环钢铁公司	—	钢	35 亿美元	
中国投资公司	巴西国家石油公司	能源	4.41 亿美元	—

资料来源：中国—巴西企业家委员会（CBBC）。

其次是绿地投资，占总数的 27%，绿地投资除了集中在钢铁行业项目之外，还涉及电子、可再生能源和汽车行业。中国公司通过合资的方式进行投资也占据了较大比重，相当于总体的 20%。特别是家用电器领域，中国家电企业通过这种借助当地成熟合作伙伴的方式顺利扩大其在巴西国内市场的份额，这一优势十分明显。

（二）巴西对中国的直接投资现状

1. 概况

2017 年，中国内地的外来直接投资主要来自中国香港、维京群岛、美国、新加坡、澳大利亚、德国、英国、印度尼西亚、俄罗斯、泰国、法国、越南、韩国、新西兰、巴西等国。与中国和其他国家（地区）向巴西投资的数量相比，巴西向中国的直接投资较少，2017 年这一数字仅为 4.3 亿美元（见图 11）。

2. 投资行业

巴西对中国直接投资行业分布与巴西对外直接投资产业分布较为相似，都是以第三产业直接投资为主，其次是第二产业。第三产业直接投资中，巴西对外直接投资主要以金融业为主，而巴西对中国的直接投资主要以分销和零售业为主。数据显示，巴西对中国的直接投资 70% 以上业务集中在咨询、贸易公司、分销和销售业以及采购业（采购零件或部件）（见图 12）。17 家在中国投资制造业的巴西企业中，超过半数的企业都从事采购产品和组件项目，提高了巴西对亚洲国家的出口量。除此之外，12 家在中国从事自然资源加工的巴西企业中，80% 以上是在中国市场寻求买家并且出售其成品，产品跨度从铁矿石到大豆和肉类等。

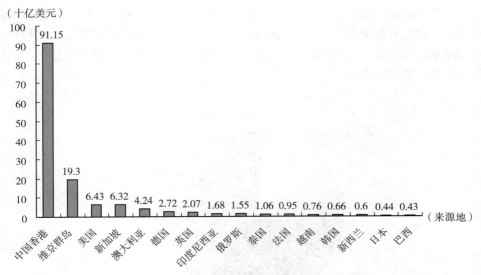

图 11　2017 年向中国内地直接投资的国家（地区）

资料来源：巴西国家地理与统计局。

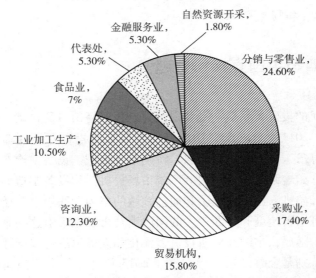

图 12　巴西企业对中国的直接投资行业分布

资料来源：中国—巴西企业家委员会（CBBC）。

3. 投资方式

巴西对中国的直接投资方式相对来讲较为单一、简便，也较为轻量化。主要方式为在华设立巴西企业的代表处、服务处和生产车间（见图13），这种方式在资金投入和准入政策方面不涉及太多要求和阻碍，手续办理相对便捷。这种方式管理简单，人力财力耗费都比较少，近八成的巴西企业投资中国都选择了设立代表处和服务处的方式。

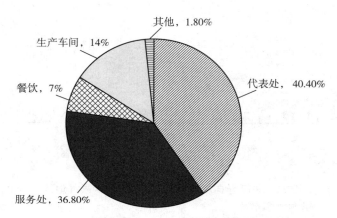

图13　巴西企业对中国的直接投资方式

资料来源：中国—巴西企业家委员会（CBBC）。

四、巴西与中国直接投资趋势

中国和巴西的投资关系最初受到中国对巴西贸易出口的拉动，但直接投资总体变化并不大。2011～2013年，中国在巴西的直接投资开始逐渐变化。在此期间，中国公司寻求工业领域的新机遇，特别是在机械、设备、汽车和电子设备领域，中国企业开始着眼于巴西国内的广阔市场。机器和设备制造商三一集团和汽车制造商奇瑞开始进入巴西，电子和通信领域的华为和联想也开始在巴西积极扩张，强劲的经济增长速度和不断扩大的国内消费市场是吸引这些企业进入巴西市场的重要因素。随后，中国在巴西投资多元化和人民币的逐步国际化的进程中开始涉及服务业特别是金融领域。特别是在2015年全年，中国公司的采购活动达到历史最高水平，超过600亿美元。例如，中粮集团收购Nidera公司和Noble公司以及中国化工集团收购倍耐力（Pirelli）等一大批收购案例涌现，国家电网和中国三峡等公司中标建设水电站和输电线路，并收购了巴西和外国公司在巴西能源领域的资产。投资农业企业，主要是通过收购贸易公司，也是这一阶段的一个关键特征。

2017～2018 年，巴西经济复苏艰难、政坛动荡、社会治陷于恶化，博索纳罗主张的"强硬手段"得到选民的共鸣。中巴经贸投资往来也蒙上了一层阴影。然而，中巴关系建立在紧密的贸易往来基础上，巴西没有失去中国这个"最大客户"的资本。巴西政府的统计显示，中国是巴西最大的出口目的国和进口来源国。2017 年，中巴双边贸易额将近 750 亿美元。其中巴西对华出口额近 475 亿美元，进口额为 273 亿美元，巴西对华贸易有大量顺差。投资方面，自 2003 年以来，中国在巴西投资达到了 1 240 亿美元，中国投资成了巴西经济增长的重要推动力，中巴两国的良好稳定的经贸往来不应受政治和其他因素干预。

五、中巴直接投资合作建议

（一）熟悉投资规则，增强风险意识

中国应进一步增强对巴西市场投资规则的适应力。中资企业要增强风险意识，稳健投资，并尽快适应巴西市场投资规则。在投资前需对巴西的政治环境、法律法规、税务体系、劳工政策等进行深入研究，对市场需求、环保要求、物流便利程度、官僚体系运行效率等进行全面评估，做好尽职调查和风险应对措施，做好包括人力资源、技术资源、资金资源的事前积累和研究。要特别注重风险的识别和缓释机制，加强与巴西的经济发展战略的契合，分析巴西的监管，政策趋势和变化，预判和防范可能出现的政治、经济等方面不确定因素的影响。要尽快熟悉巴西市场的游戏规则，并采取更灵活的方式参与其中。例如，巴西经常采取的特许经营权方式，把建设与经营进行捆绑，通过后期参与经营以收回资金的方式，中资企业就需要适应这种方式。如三峡集团、国家电网、中铁建等企业都是通过这种方式在巴西开展投资。

（二）货币互换协议，规避汇率风险

纵观巴西经济发展历史，货币币值不稳以及经常发生严峻的货币和经济危机，一直是巴西经济的常态，这将给中国的投资和并购带来潜在风险，但同时也蕴藏着机遇。拉美国家的美元化程度较高，本国货币币值不稳限制了双方货币在双边经贸合作中的使用，交易双方往往倾向于使用美元进行投资和结算。因此，如果合同以雷亚尔签署，在实际操作中就面临贬值的风险。雷亚尔近年来一直是全球汇率市场上波动性较大的货币，如何规避汇率风险，也是中企投资巴西必须予以充分关注的一点。中巴之间虽然早在 2013 年即已签署了总额为 300 亿美元的货币互换协议，但直到现在仍未完全执行。因此，可以建立稳定的货币互换机制，降低汇率风险，同时也推进人民币国际化进程。

（三）深化产能合作，充分发挥中小企业优势

经过 21 世纪初期以来的跨越式发展，中巴经贸合作进入由贸易为主导的简单合作向产能合作为核心的多元合作。双方具有加强产能合作的必要性与可行性，有条件在传统的经贸合作模式基础上，拓展更为综合的合作方式，形成在优势领域的产能衔接。产能合作是中巴未来经贸合作新的增长点，中巴双方应当对国际产能合作给予高度重视，这不仅是对中巴合作愿景的积极落实，同时也有利于发挥各自优势，对接发展战略，进而实现双方互利共赢，助推世界经济复苏进程。在中国对外产能合作中，中小企业表现出较高的对外经营意愿和参与度，吉利、万向、华立等一批著名民营企业通过境外投资已成为国际化经营的佼佼者。在中巴产能合作中，中小企业特有的灵活性使其在对巴投资中发挥了积极作用，但是其发展也面临着一定的挑战，需要多方协调促进其平稳健康成长。

中国装备制造业和基础设施建设水平雄厚，通过开展国际产能合作化解过剩产能，既可谋求更多的利润，促进国内经济增长，又可使企业深入参与国际竞争，有利于促进企业不断提升技术、质量和服务水平，增强整体素质和核心竞争力，进而推动制造业转型升级和经济结构调整，对巴西而言，这也可以满足发展工业和进行产业升级优化和加强基础设施建设的需求。另一方面，巴西国家开发银行（BNDES）2017 年宣布，为了帮助巴西中小企业开拓中国市场，将提供 200 亿雷亚尔的融资额度。巴西政府也积极将中小企业纳入巴西同中国的贸易和投资中，政府将通过一系列举措优化商业环境来为中小企业投资创造机会。

（四）应充分利用相关平台

首届中国国际进口博览会于 2018 年 11 月 5 ～ 10 日在中国上海举行。进博会的举办不仅体现了中国政府坚定支持贸易自由化的决心，更为与会各国经贸合作的开展开辟了新渠道。上海进博会的举办进一步加深了中国企业和消费者对巴西产品的了解，为巴西扩大出口和对外直接投资，进军中国市场打下坚实基础。进博会期间有来自 130 多个国家和地区的 2 800 多家企业参展，超过 15 万专业采购商到达现场，其中不乏本次展会主宾国——巴西。70 家巴西企业参会，涵盖食

品、服务、配件、消费品以及医疗和保健设备等多个领域，其中不乏一些在巴西知名的大企业。巴西应进一步通过"进博会"等平台打开中国市场，更能通过展会了解中国，了解中国消费者的真正诉求，为进一步加强与中国的投资合作创造更多可能。

"中葡论坛"是"一带一路"框架下中国和葡语国家合作的重要平台。中巴应充分利用澳门在中国内地与葡语国家经贸、文化等各领域交流中的独特作用，深化互利合作，围绕中葡论坛框架下产能合作、投资合作、进口巴西食品和农畜产品等开展深入合作交流。

参考文献

[1] 宋雅楠：《葡语国家蓝皮书：中国与葡语国家关系发展报告·巴西（2014）》，社会科学文献出版社 2016 年版。

[2] 宋雅楠、沈文捷：《非对称的中国与巴西直接投资关系》，载于《葡语国家蓝皮书：中国与葡语国家关系发展报告·巴西》，社会科学文献出版社 2016 年版，第 76～93 页。

[3] 阿列尼（Aline Cristina Oliveira）：《巴西和中国双边贸易的竞争性与互补性研究》，南京大学 2018 年版。

[4] 威廉·韦：《欧盟对中国的直接投资》，上海三联书店 2012 年版。

[5] 鲍洋：《21 世纪以来"金砖国家"引进 FDI 发展现状比较研究》，载于《经济与管理》2013 年第 1 期，第 50～55 页。

[6] 方琳、张庆海、温书：《国际贸易与国际直接投资关系的实证研究——以巴西为例》，载于《现代商业》2008 年第 30 期，第 126～127 页。

[7] 世界投资报告 2018. 联合国贸易与发展大会，2018.

巴西产业与市场环境

市场新蓝海：巴西金融科技业的发展与机遇

宋雅楠　卢　梭[*]

摘　要： 过去的几年间，巴西遭受了政治和经济的双重震荡，经济快速下滑。如今，巴西在金融科技领域重燃发展的希望。2016 年金融科技成为拉美地区科技投资中最受欢迎的领域，在其他各行业都显露疲软时其投资比率上升至 31%。本文梳理了巴西近几年金融科技的发展，介绍了巴西金融科技发展的现状与特征，以及中国企业在巴西金融科技行业的发展情况，发现巴西金融科技发展潜力巨大并且发展速度迅猛，吸引了来自全球各地的企业和投资者。并且对中国企业如何在巴西金融科技发展中抓住机遇及跨越挑战给出了分析与建议。

关键词： 金融科技　互联网金融　巴西　政策法规　中国投资

金融科技一词由英文单词 Fintech 翻译而来，Fintech 则是由金融 "Finance" 与科技 "Technology" 两个词合成而来。如今，互联网金融是金融科技中最重要的一部分。二者的主要区别在于，互联网金融可以看做是金融业务科技化特定阶段的特定概念，同时也是当今金融业务的主流趋势，国内金融科技公司都统称互联网金融公司。其利用互联网技术和信息通信技术实现新型金融业务模式、提升金融效率。而金融科技（Fintech）则融入更多元的科技因素，如智能机器人、VR、生物验证技术等。目前国内外金融科技公司都是以发展互联网金融为重点方向，巴西亦是如此。因此，本文将重点介绍巴西金融科技的发展现状，以及为中国企业在巴西投资和发展互联网金融提供分析和建议。

---

* 宋雅楠，澳门科技大学商学院副教授，博士生导师。研究方向为国际贸易与投资、中葡经贸关系等。卢梭，澳门科技大学商学院研究生。

一、巴西金融科技的发展现状

（一）巴西互联网发展现状

众所周知，巴西是南美洲最大的国家，是世界第七大经济体，曾是全球发展最快的国家之一，它拥有庞大的人口数量，是重要的发展中国家。巴西网民的数量也极为可观，UNCTAD 公布的报告显示，2016 年巴西的互联网用户总数已经达到 1.2 亿人，仅次于中国、印度和美国。近几年巴西的互联网产业发展取得了巨大的进步，2015 年巴西 IDI（国际电信联盟发布的信息与通信技术发展指数）为全球排名为第 61 位，相比 2010 年提高了 12 位，根据《全球信息技术报告 2016》公布的数据来看，巴西的网络就绪指数（Networked Readiness Index）由 2015 年第 84 位提升到 2016 年的第 72 位。

在移动设备和电脑的使用率方面，巴西居于南美洲第一位，每日使用时间分别达到 3 小时 56 分钟和 4 小时 59 分钟。社交巨头 Facebook 的全世界第三大市场就在巴西，2016 年底巴西的 Facebook 的注册人数达到 1.03 亿。《福布斯》杂志将巴西列为"社交媒体的未来"。据 payvision.com 2016 数据显示，巴西移动手机普及率为 136%，互联网覆盖超过 1 亿人，网购群体达到 0.51 亿人规模，电子商务交易额约为 128 亿美元，电子商务普及率约为 39.8%，电子商务年复增长率为 17.6%。但是巴西互联网发展也存在着弊端，尽管巴西上网人数非常多，但与其庞大的人口基数相比，比例则显得较为不均。根据国际电信联盟（ITU）公布的数据，59% 的巴西民众有条件上网，家庭收入决定了巴西人民的上网情况。城镇人口和富裕阶层容易接触到互联网，而农村居民中只有 26% 的人可以上网。

（二）巴西金融科技发展现状

2017 年巴西的五大国有银行持有贷款总额的 84%，是典型的"寡头垄断市场结构"。在零售银行分支机构数量上，五大行占据了 90% 的份额，而这一数据在美国约为 20%，在印度稍高于 30%。高度垄断的市场结构造成了传统金融机构服务意识落后、用户体验差等不足，如今这些银行向顾客征收高额费用及利息，却也给当地的金融服务和金融科技创新等都提供了广阔的机会。

1. 巴西金融科技公司发展现状

截至 2017 年 9 月，巴西共有 300 多家金融科技公司分布在各个行业（见图 1），其中，支付行业占 32%、财务管理行业占 18%、信贷行业占 13%、投资行业占 8%、众筹行业占 8%、互联网保险行业占 6%、债务清算行业占 5%，其他类型占比 10%。

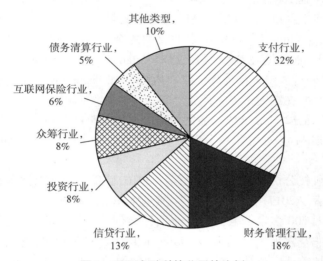

图 1　巴西金融科技公司的比例

资料来源：Fintech Global 2017.

超过 60% 的创业公司集中在支付、财务管理和信贷领域。全球金融科技研究组织 Finnovista 在 2016 年年底发布了巴西金融科技行业的排名前十的企业，这 10 家企业无疑是该领域内的领头羊。排名前三的企业包括：

（1）GuiaBolso：搭建了一个面向大众的普及财经知识、追踪财政支出的平台，这款 APP 在巴西应用商店中常年处于热门榜顶部，目前已经拥有超过 100 万名用户。在 2015 年 8 月 GuiaBolso 完成了 700 百万美元的 B 轮融资，投资方包括 eBay 创始人奥米德雅尔（Omidyar）的 Omidyar Newwork，以及 Uber 高管埃德巴克（EdBaker），mint. com 的早期投资人马克·高因斯（Mark Goines），Endeavor 的联合创始人彼得·凯内尔（Peter Kellner）。

（2）Nubank：创建于 2013 年，提供数字信用卡也称虚拟信用卡的服务，只要基于手机 APP，用户便可进行支付、冻结信用卡、限额或增加额度申请等操作，且不收取管理费、工本费，至今用户量已突破 500 万。Nubank 在 2016 年连续 2 次融资成功，融资总额达到 1.78 亿美元。Nubank 背后的投资企业均赫赫有名，包括早期的硅谷巨头 Sequoia Capital，硅谷创投教父彼得·蒂尔旗下 Founders Fund，俄罗斯企业 DST Global 以及跟投的 QED Investors，Redpoint，Ribbit Capital，Tiger 等。

（3）BankFacil：后更名为 Creditas，是一家在线借贷平台，主要通过大数据智能方式为客户提供贷款发放等业务。截至 2017 年 5 月，Creditas 已完成了 4 轮共 2 790 万美元融资。

其余排名 4 到 10 的企业分别是 Conta Azul（小微企业管理库存、销售、财务、发票等的线上系统）、Bidu（是巴西首家提供保险智能搜索、购买、比价服务的线上平台）、Vindi（帮助需要定期收款的企业简化收付费流程）、Nibo（为中小企业和会计师提供在线财务服务）、Lugu（为在线支付提供基础设施）、Konduto（通过分析消费者行为降低欺诈风险）和 Pagar.me（让商家接受网上所有的支付类型，使在线支付更方便）。

2018 年 11 月 12 日，全球知名创投研究机构 CB Insights 发布了 2018 年位列前 250 名的金融科技公司名单，巴西金融科技公司 Creditas、Nubank 和 Conta Azul 荣登榜单。

巴西金融科技公司所占的投资比例从 2010 年开始一直保持着较高的增长率（见图 2），高盛在 2017 年 5 月发布的《金融科技的巴西时刻》的研究报告预测，未来十年内巴西 200 多家金融科技企业预计会创造大约 240 亿美元的营收规模，高盛的预判并非空穴来风，据 Brazil Fintech Radar 2017 提供的数据显示 2016 年金融科技成为拉美地区科技投资中最受欢迎的领域，在其他各行业都显露疲软时其投资比率逆势上升至 31%，首次超过电子科技行业成为最吸引投资者的行业，并且预测到在未来 2～5 年将会一直保持首位。

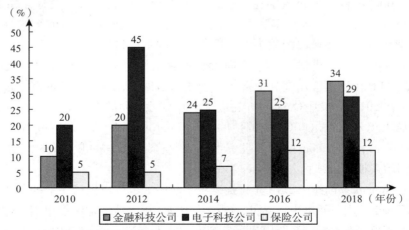

图 2　拉丁美洲地区金融科技公司、电子科技公司和保险公司投资比率对比

资料来源：Brazil Fintech Radar 2017.

2. 用户数量

在巴西使用数字支付的用户也是逐年增长，Nubank 的客户大多数已经开通数字化银行和网络金融服务。2017 年，Creditas 发放的数字贷款数额已经达到银行和所发放贷款的 1/4 ~ 1/5，预示着巴西金融科技企业开始逐步打破传统金融格局，同时这也说明巴西民众开始积极参与到互联网金融这一新兴产业。根据巴西金融科技的数据报告预测，在巴西使用数字支付的用户 2022 年将达到 1.3 亿人左右（见图 3）。

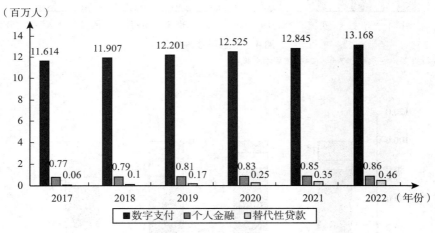

图 3　巴西数字用户预测

资料来源：巴西地理暨统计局。

3. 巴西金融科技采纳率

2017 年，安永发布了全球金融科技采纳率的情况（见图 4），其中巴西以 40% 的比例居世界前列。而这一比例在 2015 年仅为 15%，说明了金融科技在巴西发展迅速，40% 高于世界平均值的水平。巴西民众对于金融科技这一新兴产业是一种积极接纳的态度，金融科技开始逐渐普及。

4. 巴西金融科技发展的比较分析

纵观整个拉丁美洲，巴西在 2014 年金融科技公司的交易量仅次于墨西哥（见图 5），在 2015 年巴西超越墨西哥成为拉丁美洲金融科技公司交易量第一的国家，并且在接下来的三年都是拉丁美洲第一位。这也说明了巴西互联网金融的

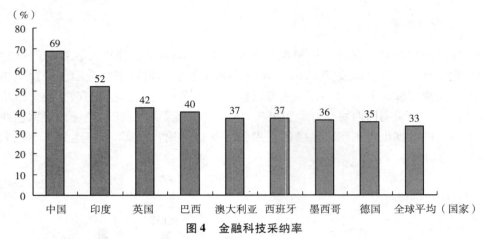

图4 金融科技采纳率

资料来源：安永 . 2017 年金融科技采纳率指数。

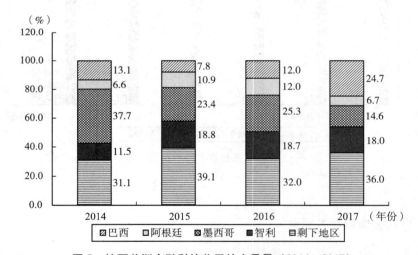

图5 拉丁美洲金融科技公司的交易量（2014～2017）

资料来源：Fintech Global 2014－2017.

发展规模如今在拉丁美洲处于领导者的地位。巴西互联网金融之所以发展如此之快离不开巴西顶尖的金融科技公司的贡献，更离不开新兴金融科技公司的贡献。根据全球金融科技研究组织 Finnovista 的数据，在 2016 年巴西有 230 家新兴金融科技企业（见图6），同样居于拉丁美洲之首。图7 提供了 2017 年巴西、墨西哥和哥伦比亚这三个互联网金融产业相对发达的拉丁美洲国家在各个金融行业的新兴金融科技公司数量的详细对比，可以看出在大多数金融行业，巴西的新兴金融科技公司数量都高于墨西哥和哥伦比亚。这些都说明了巴西互联网金融的发展规模和发展速度在拉丁美洲处于领导者的地位。

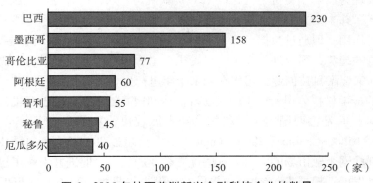

图 6　2016 年拉丁美洲新兴金融科技企业的数量

资料来源：Finnovista.

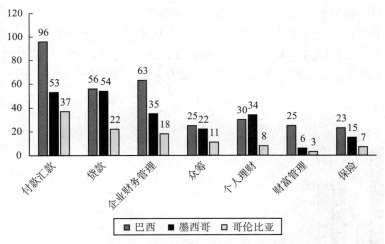

图 7　金融行业的新兴金融科技公司数量对比

资料来源：Fintech Radar.

在巴西，银行业务高度集中在少数几家大银行手中，且这些银行提供的服务体验普遍较差，加之借贷成本高昂，种种因素使得巴西成为互联网金融生态系统发展的沃土，尤其支付、财务管理、投资信贷等领域机会明显。相比国外发达国家互联网金融的发展水平，巴西存在着明显的不足之处。例如，美国金融业在互联网出现后就开始出现以互联网为代表的多种信息技术手段对传统金融服务的推进作用，金融业务向互联网方向延伸拓展，将传统金融服务互联网化，即提供金融互联网服务。而巴西国内互联网金融发展则较为迟缓，在 2000 年左右才开始出现"互联网＋"的理念，互联网与金融的结合则还不到 15 年的时间。巴西国内互联网金融主要表现为以电子支付为主，以 P2P 贷款机构、众筹模式等金融服务为辅的电子金融模式，并未全方面渗透深化以互联网为代表的多种信息技术手段对传统金融服务的推进作用。但通过数据分析能看出来近几年巴西国内互联网金融发展较快，有突飞猛进的趋势，国内外不少风险投资机构也看好巴西的发展潜力，高盛预测巴西的近 200 家金融科技创业公司将在未来十年里产生 240 亿美元的利润。

美国的金融科技公司所产生的交易价值达到极高的水平，而巴西虽然数量上还远不及美国，但是巴西国内金融科技公司发展较快。NuBank、GuiaBolso、ContAzul、Vindi、Nibo、Creditas、Bidu、Lugu 等一大批超过 300 家的金融科技公司展现出了巴西互联网金融市场的活力。这些优秀企业的涌入，促进并引领了巴西互联网金融的蓬勃发展。根据 Techfoliance 提供的一份报告显示，2016 年，巴西的金融科技公司的交易价值达到 1.61 亿美元，与 2015 年相比，增长了惊人的 85%，使得 2016 年巴西金融科技公司的交易价值位居世界第 10 位，相关分析称惊人增长的很大一部分原因是因为 2016 年巴西金融科技产业得到了大量的投资，而美国金融科技公司 2016 年的交易价值虽然相比 2015 年有所下降，但仍然处于世界顶尖水平，也间接说明了巴西国内并未全方面渗透深化以互联网为代表的多种信息技术手段对金融服务的推进，互联网金融在巴西还未成为主流金融服务方式（见图 8）。

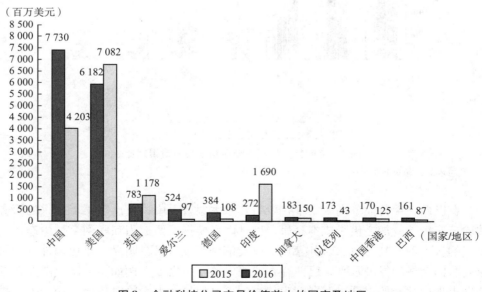

图 8　金融科技公司交易价值前十的国家及地区

资料来源：Techfoliance LATAM.

从全球金融科技活跃程度来看，美国金融科技公司所占的投资比例和交易价值比很多国家和地区领先于大部分国家，这离不开美国稳定的发展体系和庞大的发展规模，无论是个人业务还是企业业务都已经普及了以互联网为主要媒介的各种金融体系并且已经渗透到日常生活之中。如果从数字化金融工具使用率来看，在下列金融领域使用数字化金融工具的比例巴西并不落后于像中国和美国这样的互联网金融发展成熟的国家（见图9），在某些金融领域甚至居于前列，尤其是支付和财务管理行业。

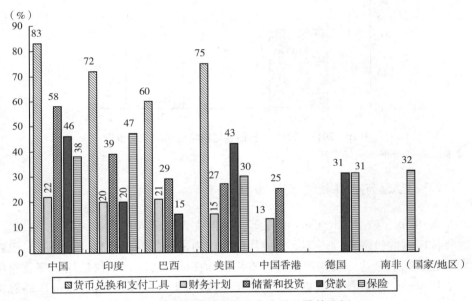

图9　金融领域使用数字化金融工具的比例

资料来源：巴西国家地理与统计局。

二、巴西金融科技的特征

结合前文对巴西金融科技发展现状的综述和分析，不难看出巴西互联网金融具有以下几点特征：

（一）巴西金融科技发展势头迅猛

2015年巴西超越墨西哥成为拉丁美洲金融科技公司交易量第一的国家，并且在接下来的三年都是拉丁美洲第一位。2017年巴西金融科技采纳率以40%的比例居于世界前列，而这一比例在2015年仅为15%。2016年，巴西金融科技公司的交易价值达到 1.61 亿美元（见图 10），与 2015 年相比，增长了惊人的 85%，这些数据增长都表明巴西互联网金融发展势头迅猛，有突飞猛进的趋势。

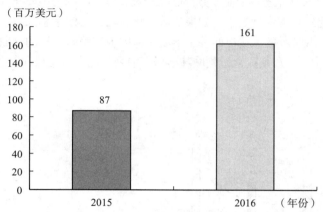

图10 2015～2016 年巴西金融科技公司的交易价值

资料来源：Techfoliance LATAM.

（二）巴西金融科技发展潜力巨大

在 NuBank、Creditas、GuiaBolso 等一大批优秀金融科技企业的带动下，巴西金融科技所占的投资比例逐年上升成为巴西国内最热门的投资行业。并且，巴西民众对互联网金融这一新兴产业保持着积极和接纳的态度，不仅使用数字支付的用户增长迅速。还有预测数据显示，在巴西数字支付（digital payment）的总交易价值（total transaction value）在 2022 年将达到 7.1318 亿美元（见图 11）。这些都足以说明巴西金融科技巨大的发展潜力。

图11 数字支付的总交易价值

资料来源：巴西地理暨统计局。

（三）巴西金融科技业务集中在支付和财务管理方面

在巴西 300 多家金融科技公司中，支付行业的公司占 32%，但是大多数非支付行业的公司也会涉足支付这一板块。例如，Vindi 的主要业务是针对经常性的交易和账单，主要目标是帮助需要定期收款的企业简化收付费流程，但是它有自己的交易平台以及与其他支付方式对接的系统。再如，Magnetis 成立于 2012 年，主要业务是提供智能理财服务，它有独立研发的支付平台提供给客户管理资产。

这一现象说明巴西互联网金融处于起步发展阶段几乎所有互联网金融的业务都离不开支付这一业务，只有做好支付这一板块才有利于其他的互联网金融业务的展开，并且支付业务能帮助企业在巴西互联网金融市场占得先机，从技术层面来讲，数字支付技术在全球已经普及，技术上需要攻克的难度也相对来说比较低一点。

财务管理业务之所以会成为巴西金融科技的热门行业，主要原因是因为在巴西大多数人都缺乏投资理财的概念，加上银行的理财成本高而且手续烦琐服务效率低下，这也导致了巴西人多数都是"月光族"，如果有企业能提供快速便捷且成本低的投资理财服务，在巴西势必会发展迅速，因此多数金融科技公司将目光瞄准了财务管理行业。

在 2017 年巴西新兴金融科技企业中，支付行业的企业数量有 96 家，企业财务管理 63 家，个人财务管理 30 家，财富管理有 25 家，支付和财务管理行业的新兴金融科技企业占据了 55% 的数量（见图 12）。

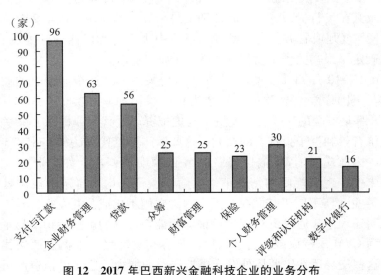

图 12 2017 年巴西新兴金融科技企业的业务分布

资料来源：Finnovista.

三、巴西金融科技监管体系与政策

巴西由于 20 世纪 80 年代和 90 年代的大规模银行崩溃，当地对于银行的监管已经发展成为世界上最严格的监管要求之一，其中一些监管要求甚至超过了巴塞尔监管框架中规定的要求。虽然这些规定为银行机构提供了很大的稳定性，但它们也为在该国建立金融科技的企业造成了严重的阻碍。

从事金融科技业务的机构，如数字银行、信贷业务提供商、支付机构或证券经纪公司将受到巴西国家货币政策理事会（CMN）和巴西中央银行（BCB）的监管；而从事互联网保险生态系统业务的机构，如保险/再保险公司、保险经纪公司、或商业养老保险公司等则面临国家商业保险委员会（CNSP）和商业保险监管局（SUSEP）的监管。

在以下金融科技领域，巴西法律法规有特定的监管并且在不断地更新和完善，这些监管对于巴西互联网金融行业的创业和发展有着至关重要的影响。

（一）分布式账本技术和数字货币

与大多数国家一样，巴西加密货币的监管仍处于起步阶段，监管机构密切关注巴西和国外市场的发展情况。巴西中央银行一直在开展不同的 DLT（分布式账本技术）研究及其在发行货币、身份验证和交易结算中的应用。截至 2018 年初，DLT 没有发布任何规则或官方指导。然而，巴西中央银行和巴西证券委员会（CVM）已经正式确定了最初的硬币发行（ICO）和加密货币。

在 2017 年 10 月 11 日，CVM 发布了一份关于其在这个问题上的立场的正式说明，这与美国证券交易委员会迄今为止所采用的立场类似。CVM 的观点是，ICO 是公开募集资金的对象，这些资金与虚拟资产（代币或硬币）相关。根据其发行的经济背景和授予投资者的权利，这些资产可以代表法律 6385/76 第 2 条规定的证券，因此应受 CVM 的监督。CVM 的说明还指出，如果资产具有证券特征，则在未遵守现有规则的情况下，要约和发行人均受特定法规和处罚。CVM 还承认，某些 ICO 不属于其职权范围，因为它们不构成公开发行证券。

该说明还表示，通过 ICO 提供的证券不能在境外的虚拟货币交易平台上合法交易，因为 CVM 未授权该平台进入巴西证券交易环境。根据巴西法律，这一立场限制了这些交易所在巴西境外发行虚拟资产的能力，这些虚拟资产可能包含在"证券"的定义中。该说明还对 ICOs 的潜在投资者提出了有关此类投资固有风险的警告。

2018 年 1 月，CVM 发布了一项指令，禁止大多数投资基金直接接触加密货币，并要求市场代理商避免间接风险，直到新规颁布。加密资产投资的监管框架可能在 2018 年末发布。

据 Ambcrypto 报道，近日，在对巴西最大的比特币交易所之一 Mercado Bitcoin 对 Itau 银行突然关闭账户提起的诉讼作出判决时，该国高等法院表示，银行有权在没有任何理由的情况下关闭与加密货币相关的账户，Itau 银行的行为符合巴西银行业监管规定。

（二）贷款平台的监管

巴西中央银行在 2017 年底提出了一项专门针对贷款和 P2P 金融科技的规定草案，为该行业建立了明确的监管框架。新规定将于 2018 年上半年生效，为两种新型金融机构制定指导方针：直接信贷公司（SCD）和 P2P 贷款公司（SEP）。

1. 申设要求

（1）这两类公司必须是股份制公司（Sociedade Anônima，简称 S. A.），而非有限责任公司（Limitada，简称 Ltda.）。相对于有限责任公司，股份制公司需要不一定需要上市，但是要接受巴西证监会的监管。

（2）SCD 和 SEP 的注册资本金和所有者权益不能低于一百万雷亚尔。

（3）投资基金可以参股 SCD 和 SEP。虽然基金可以成为股东，但此次的规定中说，央行可以要求有基金股东的 SCD 和 SEP 提高其注册资本金和净资产。

（4）SCD 和 SEP 的运营需要提前通过巴西央行的批准。

2. 央行审批

根据规定，央行的审批需要满足以下要求：

（1）公司根据相关法律规定已经成立（必须得是股份制公司）；

（2）必须按照 4595 号法律规定的方式注册并到位资本金并向央行支付强制准备金；

（3）根据法律规定选举或任命管理人员；

（4）巴西央行可以要求企业提供明确包含控股集团（无论是直接控股还是间接控股）信息的股东协议。

3. 除了满足上述要求，企业还需要向央行递交申请，并附上以下文件和信息

（1）项目背景介绍书（Justificativa Fundamentada）；

（2）所有 SCD 和 SEP 的所有股东信息，包括对 SCD 和 SEP 业务产生直接或间接影响的成员信息；

（3）SCD 和 SEP 的控股集团以及其他重要股东的信息，并注明其所占的股份比例；

（4）如果股东是基金，则需要提供基金的类型、基金交易的方式、基金持有人的数量、最主要的六个基金持有人的信息、总资产额及其分配情况、主要从事的行业、盈利率情况；

（5）证明控股方以及所有重要股东的投资资金来源；

（6）控股集团提供的，关于其经济财务能力与 SCD 和 SEP 的性质和目标相符的证明；

（7）控股集团成员签署的文件，声明对于巴西央行可以根据相关法律规定（Resolução 4. 122/2012 附件Ⅱ的第二条和第三条）对其声誉产生影响这一事项，不存在任何限制。

（8）由所有的控股成员以及重要股东签署的授权书；

（9）授权巴西联邦税务局向巴西央行提供最近三个财政年度的信息，仅限于央行审批用途；

（10）授权巴西央行获得公开或非公开的注册信息，包括任何性质的行政和司法层面的信息。

（三）数字支付和汇款的监管

中央银行发布的第 4282/13 号和第 4283/13 号决议制定了适用于不同付款方式的准则，为以下的付款安排和支付机构提出了明确的程序和指导方针：

（1）支付机构的类型；

（2）电子货币发行人；

（3）预付款账户；

（4）支付工具的发行人；

（5）支付工具；

（6）收单机构；

（7）支付机构与金融机构的合作协议。

一般来说，支付机构的许可要求提交几份文件和凭证，并详细描述支付机构的全体成员、公司架构和业务计划。第 12865/2013 号法律明确禁止支付机构开展金融机构提供的活动，例如授予信贷和管理银行支票账户。但是，金融机构可以提供支付机构提供的服务。

（四）替代融资（包括众筹）的监管

巴西众筹市场上有许多成熟的众筹平台。巴西证券监督管理委员会（CVM）第 588/17 号规定了每个平台必须遵守的规范和条例，例如，每个平台除了必须具备开展活动的 IT 系统和程序之外，该平台成立的条件还包括该平台的最低企业资本为 100 000 雷亚尔以及其他基本要求。该平台在众筹活动中承担一系列职责，例如，确保发行人符合法律规定的标准，并且由此提供的信息是真实可靠的。该平台还必须托管一个网页，其中包含有关此次发行的信息，并且还有一个讨论板，供投资者就其投资的持续表现进行讨论。

（五）数字交易的付款安排监管

在巴西，并非所有的付款安排都受到中央银行的监督：
（1）私人合法的付款安排不受监管；
（2）仅用于支付水、电和交通等公共服务的安排不受中央银行的监管。此外，中央银行只监督那些数量大于：
（1）交易总额在过去 12 个月内累积 5 亿雷亚尔的交易；
（2）前 12 个月内累计 2 500 万雷亚尔的交易；
（3）在过去 12 个月内至少 30 天内存入支付账户的资金为 50 万雷亚尔。

（六）数据保护和网络安全法案

第 12965/2014 号法案（互联网法案）规定了巴西管理互联网的法律框架，此法案适用于金融科技公司，每当客户的个人信息或数据被收集、使用、转移到巴西境内或存储在巴西境内时，互联网法案将会生效。如果违反数据保护条款，服务提供商将受到不同的处罚：罚款高达巴西公司收入的 10%；数据收集，使用和存储活动暂停；禁止开展任何活动；第 105/2001 号法案补充了银行、经纪公司、信用卡公司和参与金融服务的其他机构也有特定的隐私和数据保护规则，该规定保证金融交易的机密性，处理此类信息的公司应实施有保障的管理制度，以确保尊重数据机密性。

预计中央银行将在 2018 年制定新的金融数据保护框架，根据该机构的活动制定数据处理和存储云计算、公司治理、风险管理和其他问题的标准。另外，与这些活动有关的备份数据应保存在巴西。

（七）金融科技创新的知识产权保护

根据"巴西工业产权法"（第 9279/96 号法），专利可以保护发明。软件不受专利约束，但受版权法保护，并可以在巴西工业产权局（INPI）注册。

在巴西投资和创立互联网金融公司，必须时刻关注巴西对于金融科技产业的立法和法律法规，因为这在巴西是一个刚起步不久的产业，并没有完备的法律来管理和要求，巴西的监管部门会不断发布新的规章制度来完善监管，不断发布涉及各个金融科技领域的新规则和指导，想要进入巴西互联网金融行业的公司应密切关注巴西的政策和监管风向。

四、中国企业在巴西金融科技行业的发展

当前，巴西金融行业与数年前的中国有着不少共通之处，一方面是传统金融业故步自封，没有创新的动力，另一方面是消费者体验糟糕，包括前端体验、利率、客户服务等。这些都留给以互联网技术为核心的金融科技公司无数的切入口和无限的发展空间。从前面的内容我们可以看出巴西的互联网金融发展潜力巨大且发展势头迅猛。2016 年，巴西的金融科技公司的交易价值达到 1.61 亿美元。与 2015 年相比增长了惊人的 85%。并且，巴西国内民众对于互联网金融这个新概念是积极接纳的态度，未来用户预测人数庞大。只要企业能取得创新成就提升金融服务效率，提升个人金融服务的体验感，在巴西就会发展迅速。中国的一些企业也注意到了这一点，开始了在巴西互联网金融行业的投资与发展。

腾讯向巴西金融科技公司 Nubank 注资约 2 亿美元，获得了其 5% 的股份，据路透社称，其中 9 000 万美元作为资本投资，另外准备花费 9 000 万美元从现股东手中收购部分股份。交易完成后，Nubank 估值将达到 40 亿美元，腾讯在巴西的首次投资使 Nubank 成为拉丁美洲最有价值的创业公司之一。前文提到，提供数字信用卡也称虚拟信用卡的服务，至今用户量已突破 500 万，腾讯花重金投资这家巴西金融科技企业想必也是看中了它的发展潜力，据了解 Nubank 非常受年轻人的欢迎，虚拟信用卡会让他们觉得能够自主控制自己的账户和消费，并且在 2018 年 1 月，Nubank 还获得了巴西央行的批准，得以向消费者提供贷款。而下一阶段，Nubank 准备发展借记卡、ATM 取款业务，从 Nubank 的业务布局不难看出，它的目标是打造全面的数字化银行平台，能想象到腾讯的这笔投资将会加速推进 Nubank 的发展计划，如果 Nubank 能够稳定发展，腾讯能收获到的应该不只

是财务的回报。

阿里巴巴拥有超过 200 万巴西用户，旗下 Aliexpress 成为巴西最大的购物平台之一，拥有巴西海外网购的 20% 市场份额。巴西"ecommercebrasil"网站 4 月 19 日报道，调查表明，阿里巴巴旗下的 Aliexpress 已经成为巴西人在进行网络购物时最喜爱的三大购物网站之一。2010 年，Aliexpress 向全球 200 个国家的市场推出了国际购物服务，向消费者销售超过 40 个类别的商品。虽然阿里巴巴没有定期报告 AliExpress. com 的交易量，但该公司在 2017 年 9 月的报告显示，截至 2014 年 6 月 30 日，外国消费者在 Aliexpress 上的消费额已经超过了 45 亿美元。巴西网购消费者表示："Aliexpress 的优势在于：能够向消费者提供的商品类别非常丰富，而且价格便宜，它直接将消费者与生产厂家联系起来，少去了中间商的环节。"此外，拉丁美洲的消费者通常习惯于提前购买自己需要的商品，时间长短对他们来说也不是什么问题，因此 Aliepress 满足了几乎所有南美网购用户的需求。

2018 年 10 月 23 日，蚂蚁金服对巴西金融科技公司 StoneCo 首次公开发行投资 1 亿美元，StoneCo 成立于 2012 年，是一家金融科技解决方案提供商，使商家和合作伙伴能够在线上线下无缝使用电子交易。2017 年，StoneCo 成为第一家获得巴西中央银行授权的商家收单机构和支付机构。2018 年，StoneCo 突飞猛进的发展速度吸引了蚂蚁金服的目光。在 2018 年上半年，StoneCo 的净利润 2 350 万美元，总营业收入为 1.7 亿美元，几乎是去年同期的两倍。事实证明蚂蚁金服没有看错这家新兴金融科技企业，StoneCo 赴美上市首日暴涨 30.62%，截至首日收盘，StoneCo 的市值达到 87 亿美元。

五、中国企业进入巴西互联网金融市场的挑战

巴西互联网金融发展潜力如此之大，吸引了来自全球各地的企业和投资者，然而任何境外企业进入巴西市场都面临着一些阻碍和挑战。例如，巴西高昂的税务成本、繁杂的税收体系、高额的劳工成本、低下的办公效率和落后的基础设施以及其他一系列挑战。

（一）巴西的金融市场问题不容忽视

巴西的金融及相关问题颇多，金融环境恶化，影响到巴西经济发展、跨境金融业务以及支付环节。巴西的金融体系开放程度偏低，币值不稳。巴西对外汇管

制十分严格，巴西中央银行规定除外交机构等特殊单位外，其他企业或个人不允许开立外汇账户，外国企业仅允许开通雷亚尔账户，但雷亚尔货币无法直接出境，不能自由兑换及在境外流通，外汇资金也不能直接进入巴西境内。为拉动经济发展，巴西政府大量发行货币与信贷，巨额的财政赤字依赖于货币发行的支撑，导致巴西恶性通货膨胀源于货币严重超量发行。在经济萧条、通货膨胀、财政前景恶化等多种因素打击下，巴西的雷亚尔与美元的比率持续下跌，在过去一年半的时间里雷亚尔兑换美元的比率下跌了 70%，雷亚尔是 2015 年彭博追踪的 16 种主要国家货币中表现最糟糕的。

（二）"巴西成本"现象普遍

"巴西成本"指的是巴西高昂的税务成本、繁杂的税收体系、高额的劳工成本、低下的办公效率和落后的基础设施。巴西实行严格的劳工保护规则，如企业若解雇员工需支付大约此前一年的薪水，只有获得特殊执照的企业访客获准允许员工在周日工作等。巴西的税收体系繁杂，政府征收 60 多项税种，各税种的税率和用途均不相同；巴西是拉丁美洲税收负担最重的国家之一，会征收联邦税、州税、市税三级税收，各种捐税年收入超过巴西 GDP 的 30%。低下的办公效率与基础设施降低了企业效率，以世界银行 2014 年营商环境指数中的开办企业为例，巴西政府的办公效率排名仅为第 123 位，效率极低。"巴西成本"是在巴西从事跨境互联网金融活动的企业无法忽视的问题，同时又加剧了企业的运营成本，无形中降低了企业利润。

（三）法律监管问题

互联网金融在巴西属于新兴产业，目前的法律监管还处于完善中，但已经出台了一些针对互联网金融产业的监管。例如，数字交易央行有权利监管，无论是个人还是企业，只要数字交易金额超过规定的限度巴西央行就会开始监督。P2P 贷款公司和直接信贷公司必须是股份制公司而非有限责任公司并且要受到巴西证监会的监督，要注意的是成立股份制公司需要的时间更久，成本更高，而且需要有董事会、监事会、审计委员会等治理架构。P2P 贷款公司和直接信贷公司的注册资本金和所有者权益不能低于 100 万雷亚尔，这意味着，申设这两类公司的起始注册金要超过 100 万雷亚尔，而且一旦出现亏损并使得所有者权益低于 100 万雷亚尔，股东就需要对企业进行注资。巴西对于数据和网络安全监管严格，巴西的互联网监管法案同样适用于巴西所有的互联网金融行业。众筹平台成立的条件包括该平台的最低企业资本为 100 000 雷亚尔并且在相关网页上公开此次发行的所有信息等等。总的来说巴西政府对于巴西国内的金融科技公司监管严格，在巴西创立金融科技公司难度大，并且后续的监管程序烦琐，在监管上现阶段可能存在不合理的条例或者漏洞，对于企业的发展可能存在一些阻碍。

（四）在巴西创立金融科技企业程序复杂烦琐

在巴西创立一家金融科技公司相当困难，首先必须得通过巴西中央银行的审核与评估，在创业前需要向央行提交一份商业计划书、团队所有成员的详细信息、所有股东的认股权证，接下来就要等待中央银行的审核，待文件审核通过以后，中央银行会约见待成立公司的实际控制人并做最后的评估，以上流程可能耗时 3 个月到 1 年不等，然而这些仅仅只是在巴西创立金融科技公司的最基本要求。不同领域的金融科技公司有不同的申设要求和监管要求，比如直接信贷公司（SCD）和 P2P 贷款公司（SEP）必须是股份制有限公司，并且 SCD 和 SEP 公司正式运营前还需要向央行递交规定的申请，申请内容包括央行规定的项目背景书、股东信息、股东的投资资金来源、股东签署的授权书等等，条目复杂且烦琐，负责支付业务的金融科技公司通过央行的审核和评估后，还需提交几份文件和凭证，详细描述支付机构的全体成员、公司架构和业务计划，众筹平台不仅要通过央行审核，正式运营前还需要向巴西证券监督管理委员会（CVM）提交申请。由此可见，在巴西创立一家金融科技企业程序非常复杂烦琐，需要耗费大量的时间和财力。并且巴西政府低下的办公效率，不稳定的政治因素以及相对落后的基础设施更增加了创业的难度。

六、中国企业进入巴西互联网金融行业的策略性建议

巴西有着高度集中的传统金融市场，巴西五大国有银行垄断了 84% 的贷款及 90% 的支行。而这一数据在美国约为 20%，印度稍高于 30%。这样的市场垄断不可避免地导致：高额的服务费用、不合理、不丰富的产品设计、低下的服务效率、无法令人满意的服务体验。高度垄断下的传统金融行业留给以互联网技术为核心的金融科技企业无数的切入口和无限的发展空间。正如前文所述，巴西互联网金融发展潜力巨大，只要企业能取得创新成就提升金融服务效率，提升个人金融服务的体验感在巴西就会发展迅速，这也是互联网金融如今在巴西发展火热的主要原因。但在巴西互联网金融的发展却只是在起步阶段，巴西本土的金融科

技企业会面临各种各样的问题和挑战，这也正好给了中国企业机遇。中国企业应该以怎样的方式进入巴西互联网金融行业，对此本文给出了以下的几点建议。

（一）投资巴西具有发展潜力的新兴金融科技公司

巴西近几年涌现出一大批发展迅猛的新兴金融科技公司，这些公司突飞猛进的发展背后离不开资金上的支持。大多数新兴金融科技公司初期都会遇到资金不足的问题，无论是创新技术的研发，还是公司营业规模的扩大，这些都需要资金上的支持。巴西互联网金融发展潜力巨大且发展速度极快，一旦公司的资金问题得到解决，用户数量将会飞速上升，公司业务所占的市场份额必定也会随之增加，投资者获得高额的投资回报只是时间的问题。例如 Pagar. me 2013 年创立，旨在让商家接受所有的网络支付方式，让网购更方便，但在创业后第一年由于资金有限，他们的技术并不能让商家接受所有的网络支付方式，在 2014 年该公司获得了 3 000 万美元的融资用于改善和研发支付技术，2015 年 Pagar. me 的销售额达到 5 亿雷亚尔（约 1. 5 亿美元），并且该公司的支付技术让电商企业可以接受如 Visa、美国运通卡、万事达卡、大来卡（Diners）、HyperCard 等几乎所有主流信用卡以及 Paypal、Nubank 数字银行、PagSeguro 钱包、MercadoPago 支付等第三方支付平台。需要注意的一点就是投资者在选择将要投资的企业时，要对该企业做一个全面的了解和评估，看看该企业有没有取得创新成就提升金融服务效率，提升消费者金融服务的体验感，这是衡量巴西新兴金融科技公司发展潜力的最重要的一点。

（二）与巴西金融科技公司签订合作协议

巴西互联网金融的发展还在起步阶段，巴西的金融科技企业在发展的过程中会面临各种各样的问题和挑战，而中国的互联网金融已经发展成熟，中国优秀的互联网金融企业能为巴西金融科技公司提供技术支持和发展经验，同时也能借此机会将中国的互联网金融技术或品牌输出到巴西，因此中国优秀的互联网金融企业可以选择与巴西金融科技公司签订合作协议，提供技术层面或基础设施上的支持，又或者是发展经验上的指导，如此一来中国企业既能获得利润又能在巴西和拉美地区进行品牌推广。例如，2015 年阿里巴巴旗下的 Aliexpress 国际购物网站与巴西支付公司 Mercadopago 达成合作协议，巴西的买家将可以使用 Mercadopago 支付方式在 Aliexpress 上购物，Mercadopago 业务遍布 8 个拉丁美洲国家，因此这 8 个拉美国家的用户都可以用 Mercadopago 在 Aliexpress 上进行购物，这一举措成功地帮助了阿里巴巴在拉丁美洲的发展。

（三）在巴西创业须三思而后行

在巴西创立一家金融科技公司的程序相当复杂烦琐，需要通过政府部门的层层审核，耗费大量的时间和财力，并且巴西政府低下的办公效率、不稳定的政治因素、不稳定的金融市场以及相对落后的基础设施更增加了创业的难度。互联网金融在巴西属于新兴产业，目前的法律监管还处于完善中，在监管上现阶段可能存在不合理的条例或者漏洞，对于企业的创立和发展可能存在一些阻碍。况且中国企业从中国千里迢迢到巴西会耗费大量的资金，因此，中国企业现阶段独立在巴西创业并不是明智的选择。对于计划在巴西创业的中国企业来说，现阶段应关注巴西政府对于互联网金融行业法律监管条例的颁布与更新，时刻关注巴西国内的整体发展水平，尤其对巴西的政治环境、经济环境、税务体系、劳工政策等进行深入研究，以及对巴西的物流便利程度、官僚体系运行效率等进行全面评估。

综上所述，中国企业在巴西投资具有发展潜力的金融科技公司风险小并且投资收益高，巴西互联网金融发展潜力极大，像 Nubank、Pagar.me 这样优秀的新兴金融科技公司并不缺乏，中国企业不仅能为这些新兴企业带来资金上的帮助，更重要的是，中国优秀的互联网金融企业还可以为这些公司提供技术和发展经验上的帮助，毕竟巴西互联网金融发展还处于起步阶段必定会遇到困难和挑战。如果直接选择在巴西创业则会面临创业前期各种资料审核和认证的问题，巴西法律对于金融科技的监管条例也一直处于不断更新的状态，即使创业成功后也会面临各种各样监管上的问题。总之互联网金融在巴西发展的前景一片大好，中国企业在巴西的投资收益非常可观，中国优秀的互联网金融企业提供的技术和经验更是能带动巴西金融科技企业的发展同时也为中国互联网企业在巴西的发展提供了契机，另外，巴西政府对于金融科技一直在密切关注，政策上的变化也可能影响巴西互联网金融行业的发展。

参考文献

［1］李明玉：《巴西跨境电子商务与中国机遇》，载于《生产力研究》2016 年第 6 期。

［2］傅章彦：《中资企业赴巴西投资的风险及应对策略》，载于《对外经贸实务》2017 年第 12 期。

［3］李仁方：《中国与巴西贸易结构新解：中国的视角》，载于《拉丁美洲研究》2014 年6 月第 36 卷第 3 期。

［4］文卓君：《中国与巴西经贸关系现状分析及对策研究》，载于《河南社会科学》2015

年 8 月第 23 卷第 8 期。

　　[5] 李紫莹、孙业：《中国与巴西金融合作发展状况及其风险与挑战》，载于《国际贸易》2015 年第 12 期。

　　[6] 金融科技发展迅速：《巴西成硅谷风投新目标》，检索日期：2018 年 10 月 13 日，http：//www. weiyangx. com/245711. html.

　　[7] The Global Fintech Landscape，Retrieved October 14，2018，https：//www. businessinsider. com/the – global – fintech – landscape – 2018 – 5？ r = UK&IR = T.

巴西电子商务市场分析

宋雅楠　　赵毅夫[*]

摘　要： 近年来，电子商务的快速发展越来越成为经济社会的重要组成部分，亚太与拉丁美洲电子商务市场异军突起，成为欧洲北美之后新的增长极而备受关注。巴西，作为拉丁美洲第一大经济体和葡语国家最大电子商务市场值得我们深入探究，从发展现状、消费者概况、支付与移动支付的发展、电商行业竞争、物流条件等多维度分析巴西电子商务发展现状。研究发现，巴西电子商务市场发展迅速、人口红利明显、移动化趋势明显，但随之而来的是社会治安问题突出、物流条件不佳等阻碍；较低的网络普及率、社交媒体的突出作用、本国保护主义盛行、苛刻的海关政策等成为巴西电子商务发展的特性。基于以上分析，本章提出一系列措施建议，以期对中国企业在投资和进入巴西电子商务市场时起到参考作用。

关键词： 巴西　拉丁美洲　电子商务　现状与趋势

一、概述

近年来，巴西互联网相关行业发展迅速、潜力巨大，是拉丁美洲最重要的电子商务市场，也是全球增长最快的市场之一。巴西国家地理与统计局（IBGE）公布数据显示，2016 年，巴西占拉美电子商务市场的 40% 以上。2017 年，在线零售额达到近 187 亿美元。与包括中国在内的其他国家相比，巴西电子商务整体规模仍然较小，2017 年，巴西的零售总额中网上购物仅占 3% 左右。据预计，2018 ~ 2022 年，电子销售的复合年增长率将近 11%，到 2022 年将超过 310 亿美元。

从拉丁美洲地区（以下简称拉美）来看，该区域电子商务市场正吸引着国际

---

　* 宋雅楠，澳门科技大学商学院副教授，博士生导师。研究方向为国际贸易与投资、中葡经贸关系等。
赵毅夫，澳门科技大学商学院研究生。

行业巨头的眼球。近年来，拉美地区线上销售额以年均两位数的速度增长，2017年达590亿美元。其中，巴西是最主要市场，占全地区线上销售额的四成。人口红利带来的消费群体增长、互联网普及度日益提高，社交媒体使用广泛等是拉美电子商务市场被看好的主要原因。拉美地区相关基础设施的改善正在加速互联网普及。信息通信技术近年来取得的较大发展为数字经济发展提供了良好条件。

联合国拉丁美洲和加勒比经济委员会（简称拉加经委会）的一份报告指出，近年来，拉美地区网民数量以年均两位数的速度增长，增速领先世界。其中，76%的网民使用电子商务，高于73%的世界平均水平。由于看好当地电子商务的发展前景，阿里巴巴、亚马逊、沃尔玛等巨头也在拉美开设了网络销售平台，积极推广线上销售。

受贸易制度和消费习惯等多重因素的影响，巴西消费者偏好本土电子商务网站，但随着亚马逊、ebay、阿里巴巴、百度等行业巨头的加入也激发了巴西电子商务市场的活力。2017年，使用电子商务的消费者超过5 500万人，其中女性占多数。截至目前，巴西电子商务主流的结算工具为信用卡，移动支付逐渐成为主流。

随着巴西电子商务的日益崛起。其产生的收入预计将从2017年的50亿美元增长到2021年的100亿美元。2017年，巴西移动电子商务也迎来了发展的高潮，移动电子商务渗透率超过25%，八成的巴西受访者表示他们对移动电子商务体验感到满意。

面对高速的发展势头，巴西电子商务的发展主要面临三大挑战：一是银行化程度不高，二是物流链条不够完善，三是投资成本较高。完善的多样化支付手段、高效低价的物流平台及完善的售前、售后服务平台是巴西电子商务企业亟须创新的方向。同时，互联网硬件条件不足、行政效率低下、有关政策制度也限制了巴西电子商务的发展。

二、巴西电子商务市场现状

（一）消费者

拉丁美洲是亚太地区之外，发展最快的电商市场，而巴西则是拉丁美洲最大的电商市场。巴西总人口超过2亿人，互联网用户1.23亿人，接近人口总数的59.5%，网民数量位居全球第四。2017年，巴西电子商务消费者数量达到5 515万，较2013年净增长近2 400万（见图1），网民的网购使用率达到44.8%。来自统计数据网站Statista的预测数据显示，到2022年，巴西电子商务消费者数量将突破1亿人。

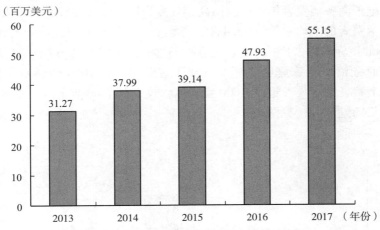

图 1　2013~2017 年巴西电子商务消费者数量

资料来源：联合国工发组织 UNIDO.

　　巴西电子商务消费者地域分布十分明显。巴西城市主要分布在东南沿海地区（或东南沿海地区）。巴西国家地理与统计局公布数据显示，大西洋沿岸人口稠密，内陆地区较为稀少。东南沿海地区是巴西人口最多的地区，该地区拥有巴西三个人口最多的州（圣保罗、米纳斯吉拉斯、里约热内卢）和两个最大的城市（里约热内卢和圣保罗）。在圣保罗和里约的交界地带形成了以圣保罗、里约为支柱的商业地带，该地区聚集了约 23% 的巴西人口，成为该国人口密度最大的地区。2017 年，巴西电子商务订单中有 64% 来自该地区（见图 2）。

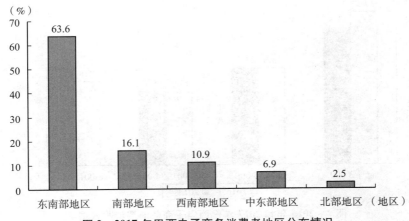

图 2　2017 年巴西电子商务消费者地区分布情况

资料来源：联合国工发组织 UNIDO.

巴西电子商务消费者年龄层次偏高,且多为较低收入和较高收入人群。巴西电子商务消费者的平均年龄为43.4岁,年龄介于35至49岁之间的人数为35%,24岁以下的年轻人仅占8%,近七成超过35岁(见图3)。2017年,巴西33.4%的在电子商务消费者家庭收入不足3 000雷亚尔,较2016年略有下降,另有24.5%的消费者家庭收入超过8 000雷亚尔,较2016年略有上涨,二者占据全部消费者数量的近六成(见图4)。

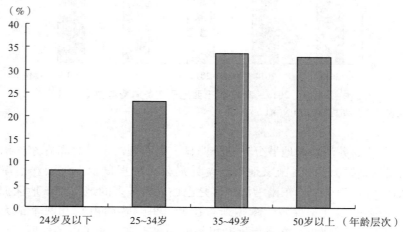

图3 2016年巴西电子商务消费者年龄分布情况

资料来源:联合国工发组织 UNIDO.

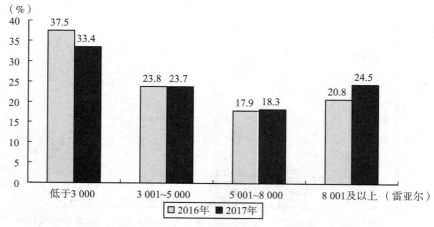

图4 2016年和2017年巴西电子商务消费者收入情况

资料来源:联合国工发组织 UNIDO.

（二）支付与移动支付

巴西电子商务结算工具有很多，信用卡支付占比重最大（见图5），其次是电子钱包。全球四大信用卡：维萨（Visa）、万事达（MasterCard）、美国运通（American Express）和大来（Diners Club）在巴西都能使用，巴西本地的信用卡"Hipercard""Elo"和"Aura"也很流行。"Boleto Bancário"也是比较受巴西人欢迎的一个支付方式，支付流程是银行会给消费者发送一张发票账单，然后顾客可以在便利店、超市、邮局、网上银行或者银行机构进行支付，但这种方式较为烦琐且成本较高，结算时仍然需要使用信用卡、现金、网上银行等工具，部分不信任网络支付环境的安全性、无信用卡、偏好使用现金的消费者会选择该方式，另外，该种方式通常是公司以及政府部门的唯一支持的支付方式。

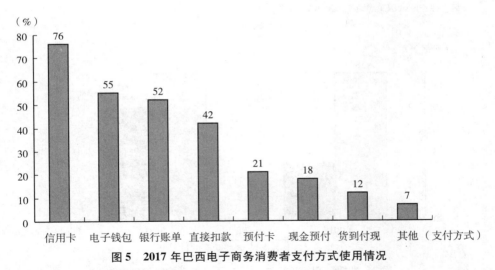

图5　2017年巴西电子商务消费者支付方式使用情况

资料来源：联合国工发组织 UNIDO.

随着巴西移动互联网的普及和社交媒体的兴起，移动支付发展十分迅速。随着智能手机的普及，巴西消费者使用电子商务的频率也有所上升。2011～2017年，使用移动支付终端的比例由0.1%上升至32%（见图6）。随着移动设备安全性的不断提升（指纹识别、人脸识别等技术的普及）也使得移动电商和移动支付变得非常安全、便利，消费者在线上交易的过程中会感到电子支付的便利同时也能保障支付安全。预测数据显示（见图7），到2021年，巴西移动支付将超过100亿美元，这一数字已经接近传统支付。

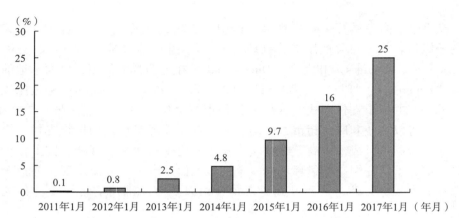

图6　2011~2017年巴西移动电子商务交易量市场份额

资料来源：联合国工发组织 UNIDO.

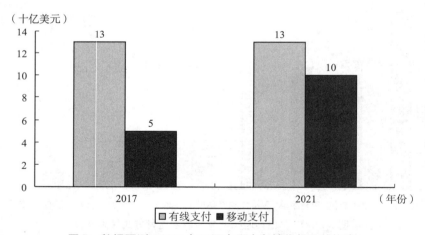

图7　数据预测：2021年巴西电子商务销售额及其构成

资料来源：联合国工发组织 UNIDO.

（三）物流条件

近年来，细分垂直电商在巴西逐渐兴起，但经过几年的发展，这些公司经营情况普遍令人担忧，企业盈利能力差，资金周转率低下；其中一个原因是巴西缺乏活跃的投资环境和氛围，企业融资非常困难。另外一个重要原因是巴西基础设施薄弱、物流条件较差，这也给巴西电子商务的发展带来了巨大的挑战。

巴西电子商务的发展创造了大量包裹配送业务，对巴西物流市场产生了非常大的影响。尽管近年来巴西物流业"主动脉"（铁路、公路）发展迅速，但负责最后一公里的"毛细血管"（区域内运输、配送）发展滞后，区域性物流公司数量少、专业化程度不高，运费高、效率低下的问题依然存在，来自物流分析公司 Agility Transport Intelligence 的物流指数显示，巴西的物流指数仅为 6.03，在包括印度、马来西亚等国家在内的新兴市场中仅仅排名第九位；国际咨询机构 Armstrong & Associates 的统计数据显示，2016 年巴西物流市场成本就已经超过 2 000 亿美元，居拉美国家之首。来自曼哈特公司（Manhattan Associates）的调查数据表明，2017 年，在放弃电商购物的巴西消费者中，有超过 74% 是因为配送费过高，有超过 63% 是因为物流周期过长（见图 8）。

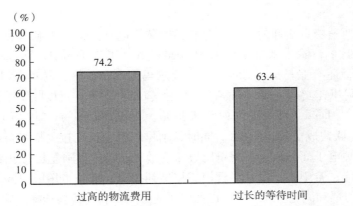

图 8　调查数据：2017 年巴西消费者放弃电商购物的原因

资料来源：统计数据网站 Statista、曼哈特公司（Manhattan Associates）.

除了运输时间和运输费用，巴西消费者也很看重"优惠"，他们热衷于寻找优惠商品。配送费会影响大部分消费者的购买决定，所以巴西大部分的电子商务网站提供免费送货服务。

另一份来自曼哈特公司（Manhattan Associates）的调查数据表明，2017 年有超过四成巴西电子商务消费者在消费日用品时所能接受的时间为 2~3 天，仅有 4% 的消费者在购买日用品时能接受 15~30 天的物流周期（见图 9）。

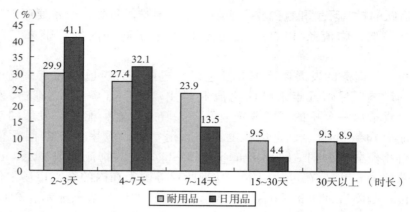

图 9　调查数据：2017 年巴西电子商务消费者所能
接受的最长交货时间（耐用品和日用品）

资料来源：统计数据网站 Statista、曼哈特公司（Manhattan Associates）.

（四）行业竞争

最受巴西消费者欢迎的网购商品包括时装、电子产品、电脑和相关配件。巴西热门的电商平台除了来自本土的 Mercadolivre，B2W Digital，Magazinluiza 等知名网站之外，还有亚马逊（Amazon）、沃尔玛（Walmart）、易贝（eBay）、谷歌（Google）、阿里速卖通（Aliexpress）、百度（Baidu）等。百度收购了巴西最大团购网站 Peixe Urbano，目前在巴西积极扩张。百度还成立了"巴西 O2O 产业联盟"，吸纳的联盟成员超过 80 家。同时，阿里巴巴也正在拉美扩张自己的商业版图，目前拉美电子商务市场占阿里巴巴全部收入的 6%，阿里巴巴正在拉美多国寻找合作伙伴，希望逐步将其经营模式移植到拉美，进一步拓展业务。

从消费习惯和浏览习惯来看，巴西电子商务消费者往往会选择品牌丰富、品类齐全的购物平台。2017 年 Statista 消费者调查结果显示，巴西约 57% 的受访者表示他们在过去 12 个月内从 amazon.com 等在线多品牌平台购买过产品（见图 10）。

从模式上来看，巴西电子商务行业线上线下融合性较高，本土电商平台占据市场主流。巴西目前的热门电商平台当中，相当一部分平台都选择线上线下相融合的运营模式。电商巨头易贝（ebay）、亚马逊（Amazon）、阿里巴巴（Alibaba）等也都非常关注巴西市场，但是由于文化差异、本地服务、政策原因等多方面的因素，使得巴西消费者大都倾向于在本土电商网站上进行采购。Mercado livre，B2W Digital，Magazine luiza，Cnova 等本土企业在国际巨头特别是来自中国阿里巴巴的竞争时，仍然表现出较强的发展势头（见图 11）。

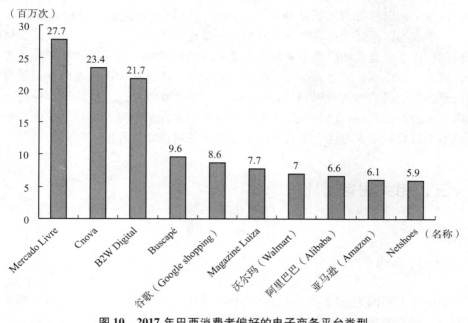

图 10   2017 年巴西消费者偏好的电子商务平台类型

资料来源：Statista.

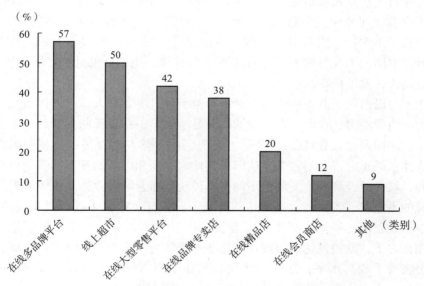

图 11   截至 2017 年 1 月巴西热门电子商务平台访客数量

资料来源：Statista.

近年来，巴西海淘人数快速增加，阿里巴巴旗下的速卖通平台抓住这一契机，一举成为巴西最受欢迎的海淘网站，主要竞争优势有三点：一是产品价格相对低廉，该平台售卖的产品多来自加工业发达的东亚和东南亚地区且产品销售量大，易于控制成本；二是大部分产品提供免费物流，巴西物流成本高，消费者往往很难接受较高的物流费用，"包邮"对其十分有吸引力；三是该平台拥有大量巴西本土没有的产品，巴西制造业水平不高且技术含量低下，导致工业产品价格居高不下且品质令人堪忧，来自大洋彼岸的商品可以很大程度填补市场空白。

三、相关国家对比

（一）巴西与中国对比

中国与巴西同为金砖国家、世界重要经济体、发展中国家，都具有广阔的电子商务市场，发展潜力巨大。电子商务研究中心发布报告[①]显示，2017 年中国电子商务交易规模为 28.66 万亿元，同比增长 24.77%。截至 2017 年 6 月，中国电商服务业直接从业人员超过 310 万人，由电商间接带动的就业人数已超过 2 300 万。2017 年上半年中国网购用户达到了 5.16 亿人，较 2016 上半年的 4.8 亿人，同比增长了 7.5%，中国网民规模和互联网普及率也在不断逐年增长。从发展趋势来看，中国电子商务的发展即将进入消费升级、电商社交化、"国货"崛起、跨境电商快速发展的新时期。

中国与巴西电子商务的迅速发展都得益于各自庞大的人口与网民数量，具有着巨大的消费潜力，在电子商务领域已经显示出了一种显着的人口红利。预计未来几年，中国网民人数将超过 10 亿，是美国的 4 倍左右；另一个相同因素是传统商业体系的不完善。与欧美发达国家相比，中国和巴西的互联网基础设施仍不够完善，城乡及经济区位发展仍不均衡，传统流通业等商业体系也不够发达。这些相对的不完善、不均衡、不发达，为电子商务行业提供了赶超式发展的契机，也为中国、巴西这样的发展中国家经济实现对发达国家的赶超提供了绝好的机会。相比之下，欧美发达国家现代零售业非常发达，企业在进入互联网时代之前就已经实现了较高水平，互联网要在此基础上创造新的价值，其空间反而相对较小。

---

① 《2017 年度中国电子商务市场数据监测报告》。

相比于中国而言，巴西电子商务的发展还相对滞后和不完善，其原因主要有两点：

一是严重依赖农产品、矿产品等大宗初级商品出口，而制造业萎靡不振。在 GDP 最高的 2011 年，巴西三次产业的比重分别为农业 5.11%，工业 27.19%，服务业 67.7%，工业在经济中的占比不足三成。反观中国，1800 年时中国在全球制造业中占比高达 33%，1900 年这一数字降至 6%。一个多世纪后的 2011 年，中国在全球制造业中的比重又恢复到了 19.8%，美国则在一个多世纪的时间里第一次失去了制造业全球第一的桂冠。中国各地大量存在的产业集群，相当数量的外贸出口加工企业，甚至一些行业产能过剩，都为电子商务的发展提供了良好的发展环境。很多传统制造企业直接进行互联网经营，打造自身品牌，拓展渠道体系，或为在线零售商供货、代加工。

二是基础设施不够完善，物流条件相对较差。咨询机构 GO Associados 的研究数据显示，巴西近年来经济发展疲软，政府财政紧缩，大幅度削减了基础设施投资，这使得该国本来就不完善的基础设施发展更加缓慢，对包括电子商务在内的各个领域无疑是雪上加霜。数据显示，如果巴西每年无法完成对基础设施最基本的投资，那么年损失将达到 1 500 亿雷亚尔，基本上相当于 2016 年政府预估的财政赤字数额。

（二）巴西与拉丁美洲其他国家对比

以巴西、阿根廷、智利为代表的拉美电子商务发展潜力很大，发展速度较快。三国电子商务最大的共同特征为社交网络作用明显。

在电子商务交易中，快速回应顾客问询及反馈至关重要，社交通信软件能较好地实现这一需求。拉美的网民热衷于通过社交网络沟通、搜索、讨论商品的质量、价格、购买经验等，社交网络在拉美将促进跨境电子商务的发展。社交网络软件（SNS）是巴西网民花费时间最长的网络应用，且增速迅猛。阿根廷网民的上网时间最长，每月超过 30 个小时，每天有超过 1 000 万的潜在消费者访问脸书（Facebook）或推特（Twitter）等社交网络。在拉美，Facebook 或 Twitter 的使用比重远高于全球的平均水平。例如，Facebook 在拉美的平均比重约为 20%，而全球的平均比重不足 10%。随着智能移动设备价格的走低，将推动电子商务向移动化趋势发展。在拉美，移动化是电子商务的一种发展趋势。

整体上看，制约三国电子商务发展的一个重要问题就是支付环节问题较多，发展水平远落后于欧洲与北美地区。广大的拉美居民倾向于现金交易，信用卡保有量偏低且信用卡审批较为严格，贝宝（PayPal）、维萨（Visa）和万事达（MasterCard）等支付方式认可度普遍不高。金融系统落后，缺乏现代技术支撑，效率低下，即使是账目核对与退款等基本功能仍不完善。虽然随着移动网络与智能手机普及率的提升，移动支付与电子钱包等新型支付方式也应用在拉美跨境电子商务，但在各国表现差异较大，种类繁多且使用率偏低。在巴西，Boleto Bancário 成为继信用卡之后最常用的支付方式；在阿根廷，除了在线支付外，账单现金支付很受欢迎，此类支付工具包括 Pago Fácil 和 Rapipago，其中 Rapipago 支付是 1996 年由阿根廷领先的金融服务公司 GIRE 发布的支付产品，GIRE 公司同时也是阿根廷最大的在线支付提供商。Rapipago 支付可以用于缴水电费、教育费用、税收等，也是阿根廷人网购付款的主要支付方式，现有 1 200 家公司提供 Rapipago 支付支持买家网上下单付款，阿根廷全国设有 3 000 多家 Rapipago 线下网点，买家网购时选择 Rapipago 支付付款，然后需要打印 Rapipago 支付账单，到附近的线下网点现金付款。

（三） 巴西与其他葡语国家对比

葡语国家除巴西、葡萄牙和佛得角外，其他国家为联合国公布的最不发达国家。这些葡语国家无论在地理人文，还是在经济政治上都存在着很大的差异。这些国家跨地域特点是自然资源丰富，如石油、钻石、铁矿石，磷酸盐、铜、金、铝土、铀矿等等。巴西的石油工业在葡语国家中较为发达。这使得这些国家备受石油进口国的关注，葡萄牙的红酒、橄榄油、软木闻名于世。葡萄牙作为欧洲较发达国家同时也作为欧洲电子商务发展最快的国家之一，电子商务市场潜力巨大（见表1）。

表1	葡萄牙互联网发展基本情况		
	2009 年	2013 年	2017 年
葡萄牙互联网用户（万人）	510	712	844
葡萄牙网络交易用户（万人）	171	273	353
葡萄牙网络交易年人均支出（欧元）	909	967	1 089

资料来源：中国驻葡萄牙使馆经商处。

在支付方面，Payshop 是葡萄牙本地的一种支付方式，消费者可以通过访问其代理商（加油站、超市）进行在线支付。而 MBNet 是该国另外一种比较常用的支付方式，消费者不用提供自己的信用卡信息就可以完成在线付款，操作便捷。2016 年，葡萄牙在电商方面的收益超过 26 亿美元，其收益年增长率也有望达到12%，2021年交易量有望突破46亿美元。而在葡萄牙电商市场中，玩具以及手工类产品为最畅销类别，这两类商品的交易额达到了7.12亿美元。此外，葡萄牙在2016年的电商用户渗透率也达到了57.9%，2021年有望达到81.1%。尽管葡萄牙电子商务增长率较高，但其市场规模十分有限，在于其他欧洲国家的竞争中很难占据优势，另一方面由于人口和国家规模的原因，其电子商务市场发展空间十分有限。而包括东帝汶、几内亚比绍、佛得角等在内的其余葡语国家电商发展更加迟缓，网络扩展则停滞不前、固话普及率增速过低都严重制约了它们的电子商务发展。如几内亚比绍的网络渗透率仅为3%左右。

四、巴西电子商务发展面临的挑战

（一）物流体系不完善，基础设施落后

巴西电子商务蓬勃发展的同时也面临巨大的挑战与危机，制约巴西电子商务发展的最大原因就是落后的基础设施。目前，公路运输是巴西货运的主要方式，但巴西全国硬化的路面比例仅有13%，87%的非硬化道路路面狭窄、沟壑丛生，塞车拥堵时有发生，这严重影响了该国的物流效率，难以预测的交货时间、难以保障的交货质量都成为电子商务发展难以逾越的鸿沟。

另一方面，由于卡车司机的工会非常强势，在中国常见的司机疲劳驾驶、超重超载、车况保养不良等情况在巴西极少发生，但卡车司机的薪资福利较高。同时，巴西高速公路收费以及汽油、柴油价格分别根据通货膨胀系数和美元汇率进行调整，两大成本项的不断升高也造成了内陆运输的极高成本。

巴西的本地运输和同城快递还是需到巴西邮政的邮局去排队处理，费用昂贵投递时间长不说，错投丢失的情况还经常发生。在巴西的个人物流行业，巴西邮政一家独大，尽管有多家全球知名快递公司的补充，但总体来说还是价格贵、服务差、效率低、错误多。巴西同城也并没有正规的快递公司，虽然某些摩托车骑手实际进行着一些文件物品的同城收发，但都没有形成规模、形成产业。

（二）企业税务负担大

巴西的国家政策、清关、商检、税赋等规定影响着电子商务尤其是跨境电子商务的发展。巴西税赋极高，整个税收制度十分苛刻，尤其对外来企业更加突

出，增加了商品与物流成本，导致线上与线下价格相差无几。巴西也以极其复杂的税收制度而"闻名"，巴西物流体系的高成本和自身的复杂税制也是造成国产与进口产品价差的直接原因。

巴西的税有联邦税、州税、市税，涉及进口商品的有进口关税（Ⅱ）、工业税（IPI）、商品流通税（ICMS）、社会一体化费（PIS/COFINS）等，都是以进口商品的 CIF 价格（成本、保险加运费）作为税基征收的。涉及个人物品，海关规定货物价值超过 50 美元，或者同样商品超过 3 件都需要申报税收。个人和公司进口商品需在商品发票上显示收货方的商业登记号或个人税卡号码，需在发票上显示运费保险费作为税基的一部分，需要显示葡文或者英文品名以及南共体海关税则号码（NCM）。整个流程中若出现不符合要求的情况，轻则在海关查验时进入红色信道严查交易真实合法性，并面临长时间的海关仓储费用。重则该单货物根本就进入不了巴西境内就被退回，这一过程往往要耗时数月，甚至货物在投递途中也有因相关手续不全而被税务局罚没的风险。

（三）保护主义在巴西较为盛行

巴西政府出台诸多政策限制跨境电子商务和外来电子商务企业在巴西本土的发展，其目的是为了保护本国的经济与金融，限制货币的外流等。巴西过去是民粹主义，注重民族保护，即使一些产品本国缺乏，也往往不选择进口，以外汇管制、海关关税、冗杂的工商手续等方面进行限制。外来电子商务企业在巴西会受到种种歧视，这十分不利于该国电子商务的健康发展。

五、中国企业进入巴西电子商务市场的策略建议

（一）发挥优势，扬长避短

1. 完善物流环节、提高效率

从电商与快递物流行业的市场规则到付款周期，再到对快递物流行业的政策和税目上来看，相较第三方快递物流公司而言，电商企业自建物流，具备较大优势，电商企业本身掌握货源，可以利用上游商品的利润补贴快递的配送价格；电商自建的物流企业往往采取直营模式，在物流配送体系标准化上更胜一筹；电商

自建的物流企业对自家商品配送的掌握能力更强，可以避免因为第三方物流快递公司休假而产生的无人送货的情况，实现节假日无休配送，同时更加易于管理，用户体验更好。

2. 加强信息化建设，发挥自身优势

在巴西这样的电子商务和物流条件下，物流配送变得更加复杂，因为电子商务的大部分业务活动都是通过网络处理信息完成的，这就对基础设施的建设提出了更高的要求；物流信息系统的建设和发展，通过提供端的服务质量保证，减少配送时间，降低配送成本。通过信息系统，可以实现整个物流系统和配送体系的统一管理和调度，信息化是一切现代技术和管理手段的基础。依托巴西较高的互联网普及率和互联网渗透率，结合中国电商企业自身的先进经营和管理经验，建立高效的信息处理系统来弥补物流基础设施不足的短板。

3. 完善移动支付与移动电商建设

巴西有 40.8% 的手机用户通过手机上网。移动支付在该市场能有效弥补信用卡普及率较低的现状，推动电子商务和跨境电子商务的发展，我国企业在运作相关市场时需要迎合移动电商与移动支付的特点，结合巴西社交网率使用率高的特点，重点推出适合移动电子商务特点的产品或服务，注重移动购物 APP 和移动支付 APP 的开发与推广。针对年轻群体进行调查，挖掘出年轻群体的消费特征与消费需求，开发社交电商，在这方面中国企业同样有迹可循，可以将中国社交平台的成功案例进行移植，充分发挥社交媒体传播快、传播广的优势。我国电商企业在进入巴西电子商务市场时，可借助这些社交网络推广产品、获取流量。

（二）因地制宜，充分适应环境

1. 充分因地制宜，本地化运作避免"水土不服"

巴西盛行保护主义，对外来企业限制较多。中国企业在开发巴西电子商务市场时，消费者的喜好、相关政策、法律条款、税赋结果、物流限制、消费需求与偏好等都会形成一定的阻碍。中国企业应当寻求当地的合作伙伴，实现本地化运作，如法国电商公司 Cdiscount 借助巴西本土大型电商公司 Cnova 来运作巴西电商市场，因为 Cnova 公司作为巴西较大的电子商务公司，非常熟悉巴西市场，并有完善的组织管理结构、丰富的经营经验和较好的品牌口碑，Cdiscount 通过与其

合作，充分利用其本土优势，更好地开拓巴西市场。通过一系列本地化策略和强化与当地合作伙伴的关联，能减轻障碍与壁垒。中国企业可与巴西本土电商进行合作，甚至是收购、入股、整合等。

本土化的过程中，与客户的沟通交流也十分重要，在沟通交互过程中设置多种语言网页、手机应用以帮助顾客更好地理解所售的商品与服务。通过本地资源的开发，还可挖掘有效的消费需求，规避语言、文化、宗教、习惯、风俗带来的风险；或充分利用现有的全球在线交易平台，如易贝（ebay）、亚马逊（Amazon）、阿里速卖通（Aliexpress）等，他们已聚集了巴西众多的买家，更容易实现与消费者的沟通。

2. 加强与政府、运营商、金融机构合作

目前，邮政物流在巴西物流配送中比重仍然较大。我国企业应当借助中国邮政与巴西邮政进行战略合作，尤其是利用云端服务器进行数据对接，冲破传统信息壁垒，在较大程度上削弱物流中邮政包裹信息周转较慢的弊端。此外，还应强化与当地政府、运营商、金融机构的合作。如"阿里速卖通"加强与巴西邮政、海关、当地流量公司的合作，运作巴西市场。借助国家层面的力量，参与拉美国家的沟通与合作。如 2014 年中国国家主席习近平访问拉美期间，"阿里巴巴""支付宝"和巴西邮政签署了合作备忘录，百度与巴西科技与创新部签署了合作仪式，并宣布百度葡语版搜索在巴西正式上线。巴西政府已经逐渐意识到跨境电子商务的重要性，重视涉及跨境电子商务的基础设施等建设，我国企业可积极参与其中，借此东风壮大在巴西的跨境电子商务市场。

参考文献

［1］鄢香：《跨境电商背景下中国外贸企业发展对策研究》，载于《商场现代化》2018 年第 13 期，第 23～26 页。

［2］郭梦诗：《关于中国电子商务发展的思考与探索》，载于《办公自动化》2018 年第 14 期，第 28 页。

［3］亿欧读数：《2018 年全球互联网普及率将超过 50%》http：//www.iyiou.com/p/28466。

［4］陈晓婉：《巴西网购族缘何青睐中国电商》，载于《经济参考报》2017 年 10 月 19 日，第 6 版。

［5］张夏恒：《跨境电子商务发展探析以拉丁美洲为例》，载于《资源开发与市场》2015 年第 7 期，第 829～833 页。

［6］国家信息技术安全研究中心：《巴西信息安全建设研究》，载于《信息互联网安全》2009 年第 8 期，第 40～41 页。

［7］荀伟：《中国电商成巴西人海淘首选》，载于《经济参考报》2016 年 4 月 5 日，第 4 版。

［8］宋霞：《巴西的信息产业政策初探》，载于《拉丁美洲研究》2002 年第 6 期，第 48 ~ 53 页。

［9］杨利红：《在新兴市场打造时尚电商的 Dafiti 访巴西时尚电商 Dafiti 公司创始人 Malte Huffmann》，载于《中国制衣》2015 年第 11 期，第 60 ~ 63 页。

［10］李远：《巴西信息产业发展状况及相关政策》，载于《全球科技经济瞭望》1999 年第 10 期，第 17 页。

［11］荀伟：《巴西成南美最有潜力电商市场》，载于《经济参考报》2015 年 8 月 28 日，第 4 版。

［12］冷昕：《金砖五国信息产业国际竞争力比较》，博士学位论文。

［13］沈逸：《全球互联网治理与金砖国家合作》，载于《国际观察》2014 年第 4 期，第 145 ~ 157 页。

［14］Shanty Elena Van De Sande. Profitable Cross-border E-commerce Industries ［EB/OL］. http：//www. payvision. com/cross – border – ecom – merce – white – paper，2014 – 09 – 22.

［15］Brazil Puts the Internet to Rights ［Z］. www. iicom. org，2014，42（2）4 – 6.

［16］Datta，P.（2011），A preliminary study of ecommerce adoption in developing countries. Information Systems Journal，21：3 – 32.

［17］Masoumeh Mohtaramzadeh，T. Ramayah，Cheah Jun – Hwa.（2018）B2B E – Commerce Adoption in Iranian Manufacturing Companies：Analyzing the Moderating Role of Organizational Culture. International Journal of Human – Computer Interaction 34：7，pages 621 – 639.

［18］Shane W. Mathews，Masahiro Maruyama，Yuka Sakurai，Keith J. Perks，Phyra Sok.（2018）Risk perceptions in Japanese SMEs：the role of Internet marketing capabilities in firm performance. Journal of Strategic Marketing 0：0，pages 1 – 13.

巴西银行业分析

宋雅楠[*]

摘　要： 巴西拥有在拉丁美洲最为庞大的银行体系。巴西金融市场高度发达、机构众多、监管透明规范。巴西银行业具有银行体系完整、市场集中度高、融资成本高、监管力度增加等特点。特别是在巴西经济波动和政局不稳的情况下使巴西银行业盈利能力出现大幅波动。因应中国企业开拓巴西市场的融资需求，中资银行机构近年来也加大了与巴西金融机构的合作。

关键词： 银行业　监管政策　巴西　中国投资

巴西是葡语系国家之一，拥有在拉丁美洲最为庞大的银行体系。21 世纪以来，巴西一度被认为是全球最具有吸引力的市场之一，吸引了大量的外资投资，国际大型银行也普遍将巴西作为最有潜力的战略地区。在巴西银行业的发展过程中，不断的改革与创新，使得巴西银行业的发展趋于稳定，乃至在应对全球金融危机及后金融危机时代的发展中，其银行业都显示出了较强的能力。

2011 ~ 2014 年，巴西国内的经济便逐渐衰退。GDP 年均增长率为 2.1%，远低于前总统卢拉执政期间的 4.3%。自此之后，经济连年衰退，政府没有及时转变经济结构和发展模式，人民生活水平下降以及对众多官员严重腐败感到强烈不满的情况下，巴西政局开始动荡。2016 年，总统罗塞夫被弹劾下台。后由总统特梅尔接任提出一系列改革措施，但由于涉及到民众的实际利益，先后于 2017 年 5 月以及 2018 年 5 月爆发了两次大规模的罢工，引起了社会动荡，同时也减缓了巴西经济的增长速度。同时总统特梅尔与前任总统罗塞夫陷入 2014 年总统选举贿金案丑闻而被调查。最终于 10 月极右翼候选人博尔纳罗在两轮投票中均

　＊　宋雅楠，澳门科技大学商学院副教授，博士生导师。研究方向为国际贸易与投资、中葡经贸关系等。
　感谢澳门科技大学商学院研究生邢珈宁同学对本文部分资料的整理。

取得胜利，当选巴西第 44 届总统。这也标志着巴西自 20 世纪 90 年代结束军事独裁政权以来首次右倾的历史性转变。这些也都在影响着外资进入巴西市场的信心，更多的外资银行纷纷开始调整在巴西市场的发展战略。直至 2017 年，巴西经济才重回增长区间，巴西经济保持缓慢复苏的态势。

值得注意的是，即使在 2015 年经济大衰退的情况下，巴西的银行业也是少数的利润在增长的行业，尽管在 2016 年大型银行的利润暴跌，随着经济的回暖，2017 年开始巴西银行业的盈利能力也在大幅提升。

一、巴西银行业的发展历程

1980 年，巴西陷入拉丁美洲经济危机，巴西货币雷亚尔大幅度贬值。而银行业却可以避开风险，利润依旧呈上升趋势，这种现象被巴西银行业人士称为银行"橡皮艇"，即银行利用市场的动荡，利用顾客存款或银行业务周转期 3 天时限，将流动资金进入投机市场。

自 1988 年以来巴西银行业进入现代化改革的轨道，其改革的核心是建立多元化的银行体系，并且鼓励更多的外资银行参与到巴西的商业银行领域中来。尽管巴西的两大国有银行的资产规模仍然在全国银行业总资产中居于首位，但是，外资银行和私有制银行在整个银行体系中发挥的作用越来越大，呈现多元化发展格局。具体发展如下：

1994 年"雷亚尔"计划实施后，巴西的通货膨胀才得到了抑制，通货膨胀率下降，经济趋于稳定。由于经济危机对银行业带来了冲击，1995 年巴西金融业开始了大规模的并购与重组，巴西政府实施了银行兼并，实力雄厚的银行大量的收购经营不善的银行，同时也使得大量的外资银行进入。而 1996 ~ 2002 年则为高峰期，为了推动银行业改革政策，巴西政府先后出台了一系列措施。其中包括 1994 年 8 月巴西中央银行颁布的关于建立银行最低资本标准的第 2099 号决议；1995 年 11 月颁布的"重建与加强国家金融体制计划"的第 2208 号决议；1995 年年底颁布的"建立信贷保障基金"和"对新设立银行的资本金要求"的第 2211 和 2212 号决议等。

银行最低资本标准制度即对不同类型银行以及其他金融机构的最低资本做出不同的规定，将资产的风险标准进行了重新划分，并规定若达不到中央银行的要求，中央银行将有权将其股份没收并公开拍卖；"重建与加强国家金融体制计划"是指政府对州、市一级国有银行、一级经营不善的私人银行和金融机构进行资产清理的积极措施。该计划通过建立特别基金，运用金融和行政手段对经营不善的银行提供资金援助，以保证并购中股东重组及金融机构的调整和控制权的转移。

1995 年底，为了吸引越来越多的外资参与巴西银行业的并购与重组，巴西政府取消了对外资银行在投票权和股份比重上所实施的限制，但为了使银行向扩大资产规模方向调整，限制金融机构数量上的增加。巴西政府对新开设的银行的资本进入方式做出规定：要求所有在巴西开设新的银行分支的外资金融机构，必须通过兼并或收购现有的经营不善的银行，以联合方式控股，进行资本扩张。

于是 1996~2000 年开始了外资银行大规模兼并或收购巴西银行的热潮，使得巴西银行的数量减少，但规模和资产却在不断增加，银行资产集中化的趋势也越来越显著，外资银行的资产比重也不断上升。大规模的外资银行的进入强化了巴西银行业的竞争机制，扩大了银行资产规模。

2003 年，"巴西之子"卢拉就任巴西总统，其在任的 8 年时间进行了一系列的稳定经济、改善就业的措施。随着巴西失业率与实质工资改善，民众的消费信心与购买力的提升，对于存款以及贷款的需求也随之扩张。民众逐渐接受贷款进行购物的行为，有助于银行业发展贷款相关业务与信用体系的完善化，带动巴西银行和金融业迈入了新里程。

2011 年开始，巴西经济开始衰退，通胀严重。巴西银行业信贷业务下滑、坏账率上升、国别风险以及成本上升。2015 年国际三大评级机构标普、惠誉和穆迪先后将巴西评级下调至垃圾级，这使得巴西银行向外部筹资成本大幅上升。由于巴西金融市场大幅动荡、监管政策日趋严格以及市场竞争日趋激烈，汇丰、花旗等外资银行纷纷调整在巴西市场的发展策略。

2017 年，巴西银行业的整体利润增长达到将近 20%，意味着巴西的银行业已经从该国有史以来最大的一场经济危机中挣脱出来。但在低通胀、低利率和经济迅速增长的大环境下，巴西银行业保持现有的增长速率仍是挑战之一。

二、巴西银行业概况

(一) 巴西银行业结构

巴西的银行业体系于 20 世纪 60 年代形成，是以中央银行为领导，商业银行为主体，政策性金融机构为补充的有机整体。

国家货币委员会（CMN）：是全国金融体系的最高决策机构。委员会负责制定全国货币和信贷政策，批准中央银行货币发行，确定货币对内、对外价值和外汇政策，规定银行准备金比率、最高资本限额和最高利率，规定各种类型的贷款，批准各种金融机构的建立及其业务范围和管理资本市场等。该委员会由财政部长、计划发展和管理部长、巴西银行行长组成。

巴西中央银行（BACEN）：是国家货币委员会的执行机构。它根据国家货币委员会批准的条件限额发行和回笼货币，对金融机构进行再贴现和贷款，控制信贷规模，管理外国资本，负责国家外汇管理，代表政府与国外金融机构进行联系，开展国际活动，经营公开市场业务，与全国货币委员会一道共同监督和管理全国金融机构的活动。此外，还配合政府经济与社会政策开展活动。该行不办理具体业务，不直接代理国库，而将国库业务委托国营商业银行—巴西银行办理。

商业银行：巴西的商业银行专营短期贷款，分国营、私营和外国商业银行，机构众多，业务发达。巴西商业银行约有 200 多家，随着金融业的发展及竞争的加剧，巴西银行业务分工日趋淡化，银行业务向综合化、国际化发展。投资银行分为国营和私营两类，专营中长期贷款，同时还发行存单，认购有价证券，管理担保债券和互助基金等。储蓄银行业也分为国有和私营两类，国营又有联邦和州属两级，主要吸收储蓄存款，发放住房贷款，发行不动产抵押债券，管理企业雇员保险基金，还向消费者提供消费信贷服务等。

政策性银行：主要由国营开发银行（BNDS）组成。巴西开发银行分为联邦和州属两级。主要的开发银行是联邦所属的国民经济开发银行和国民住房银行。州所属的开发银行分设在各州内。开发银行主要对落后地区、农业和某些产业部门发展提供信贷资金支持。政策性金融机构成为政府控制信贷供应，优先发展项目筹措资金的有利杠杆。

巴西的主要本土银行有：巴西银行、伊塔乌银行、巴西国家开发银行等。其中，国有的巴西银行是巴西的第二大商业银行，在巴西商业银行中具有独特的地位，它除经营各种商业银行业务外，还充当中央银行的代理机构，保存商业银行准备金，代理国库，充当联邦预算的支付者和联邦政府的存款银行，负责指导信贷、管理公债，还是外债务的接受者和支付者。此外，该行还控制联邦政府所属国营企事业单位，成为巴西大型企业的主要信贷资金提供者，提供农业信贷并负责管理全国进出口业务，提供各类优惠利率和出口信贷。

主要外资银行有西班牙桑坦德银行、美国花旗银行、汇丰银行等。中国目前在巴西业务规模最大的五家银行为中国工商银行、中国银行、海通银行、中国建设银行和中国交通银行。

（二）巴西主要银行概况

巴西银行是巴西最大的商业银行，于 1808 年建立。1854 年和 1906 年经历两次改组。1889 年巴西共和国成立至 1965 年巴西中央银行建立止，该行执行国家中央银行的某些职能，如发行货币、提供贷款。该行资本的 60% 属国家所有，银行董事长、总经理、经理等高级官员由总统任命。1984 年，国内有 2 457 个分支机构，在纽约、伦敦、巴黎、汉堡、罗马、里斯本、马德里、东京、布宜诺斯艾利斯、蒙得维的亚等地有分行 55 所。总行设在首都巴西利亚。2018 年 7 月 19日，《财富》世界 500 强排行榜发布，巴西银行位列 175 位。

伊塔乌联合银行（ItaúUnibanco）是总部位于巴西圣保罗的上市银行，属于伊塔乌投资控股。是 2008 年 11 月 4 日伊塔乌银行和巴西联合银行合并的结果。二者合并形成的伊塔乌联合集团（Itaú Unibanco Holding S. A）是南半球最大的金融集团。在资产规模上仅次于国内的巴西银行。伊塔乌联合银行在巴西零售银行业占 11% 的市场份额，它在阿根廷、智利、巴拉圭和乌拉圭都有分支机构。其业务拓展到了英格兰、卢森堡、葡萄牙、美国、日本、中国、中国香港和阿拉伯联合酋长国。是伊塔乌投资控股最重要的机构之一。2009 年 8 月 22 日，该公司宣布与塞古鲁港集团开始成为合作伙伴。2018 年 7 月 19 日，《财富》世界 500强排行榜发布，伊塔乌联合银行位列 133 位。

巴西布拉德斯科银行（Banco Bradesco），是一家政府控股的商业储蓄银行，成立于 1808 年，在巴西设有 7 100 家分行，在全球 25 个国家设立了分支机构，包括阿姆斯特丹、布依诺斯爱里斯、新加坡、法兰克福、里斯本、伦敦、洛杉矶、马德里、纽约、巴拿马、圣地亚哥、东京等。其主要海外子公司包括美国的BB 租赁公司、英国的 BB 证券公司和奥地利的 BB – AG Viena 等。布拉德斯科银行还在北京、芝加哥、香港、利马、华盛顿设有代表处。布拉德斯科银行是第一家响应卢拉政府发展计划率先向微型企业和生产者提供微型信贷的银行。巴西Getunio Varga 基金会评选巴西布拉德斯科银行（Bradesco）为巴西最佳零售银行。

巴西联邦储蓄银行（Caixa Econômica Federal）也称为 Caixa 或 CEF，它是一家巴西银行，总部位于巴西首都巴西利亚。巴西联邦储蓄银行是拉丁美洲第二大政府持有的金融机构，仅次于巴西银行。巴西联邦储蓄银行是巴西第四大资产银行，也是拉丁美洲最大的银行之一。

桑坦德银行（Banco Santander），亦称西班牙国际银行，是创立于 1857 年，总部设在西班牙桑坦德的银行。桑坦德银行是西班牙最大银行、欧元区最大银行。桑坦德银行巴西分行（Banco Santander Brasil）是西班牙银行 Santander Group的组成部分，该银行在巴西、墨西哥、阿根廷和智利均有业务。银行业务分为两大板块：商业银行业务，其包含零售业务，例如个人和中小企业；以及批发业务，其主要关注资本市场的大企业和运营。银行还有商业、投资、信用和融资业务，并从事结售汇、按揭贷款、租赁、信用卡和证券中介等。其业务在巴西和国际其他国家均有涉及。

其中，根据巴西央行 2017 年数据，联邦储蓄银行、巴西银行、伊塔乌联合银行，桑坦德银行和布拉德斯科银行占据了巴西人 85% 的存款，巴西银行业的业务集中化明显（见表 1）。

表1 　　　　　　　　　2016 年巴西十大商业银行　　　　　单位：十亿美元

名称		总部	总资产	产权性质
巴西银行	Banco do Brasil	巴西利亚	446.354	国家控股
伊塔乌联合银行	Itaú Unibanco	圣保罗	406.58	内资私有
巴西联邦储蓄银行	Caixa Econômica Federal	巴西利亚	374.815	国有全资
巴西布拉德斯科银行	Banco Bradesco	奥萨斯库	321.786	内资私有
巴西国家经济社会发展银行	BNDES	里约热内卢	288.863	国有全资
桑坦德银行巴西分行	Banco Santander Brasil	圣保罗	187.005	外资私有
巴西百达	BTG Pactual	里约热内卢	65.882	内资私有
萨夫拉银行	Banco Safra	圣保罗	43.357	内资私有
沃托兰廷银行	Banco Votorantim	圣保罗	33.367	内资私有
花旗银行巴西分行	Citibank	圣保罗	24.624	外资私有

资料来源：巴西央行。

三、惠普金融制度下的银行业创新

自 20 世纪 90 年代以来，巴西一直大力推进惠普金融制度，通过惠普金融顶层设计谋求城乡统筹发展，有效地减少了"贫民窟"的现象，城乡差距得到了明显的缓解。

（一）代理银行制度

自 1999 年以来巴西政府积极推广代理银行制度，以较低的成本拓宽金融覆盖率。主要是在缺乏银行分支机构的地区为客户提供基础金融服务的方式和手段。20 世纪 70～90 年代，尽管银行为城市和高收入人群提供了较为充裕的资金，但乡镇及低收入人群仍排斥在金融体系之外，尤其是偏远地区，长期存在着金融机构空白。在代理银行的模式下，允许银行在更大的范围内以更多的形式提供金融服务。金融机构与药店、邮局、超市等商业实体签署协议，通过其商业网点提供部分基础金融服务。代理银行网点广泛密集，使得许多长期排除在金融服务外的低收入者逐渐融入金融服务中。开展代理银行业务需要获得中央银行授权，服务范围包括：开立储蓄账户、存取款、转账支付、发放政府津贴及养老金、代理申请银行贷款以及收集客户信息等。而对于信贷业务，实行严格的限制，大多数银行代理网点主要进行如票据支付、托收服务和委托付款等交易和支付服务。以这样的方式，银行不仅仅增加了自身的客户群体和业务，也避免了在各地区建立分支机构所需要的各类成本。

（二）"平民银行"理念

巴西银行业的"平民银行"理念在巴西银行业的发展中起到了至关重要的作用，也是巴西银行业能够从容度过金融危机的重要因素。巴西社会的贫富差距悬殊，两极分化严重，大量的低收入者被长期排斥在金融体系之外。巴西众多银行以"平民银行"的理念来发展运作，使低收入者融入了银行系统，而低端客户也成为银行收入增长的来源。

"平民银行理论"大体分为三个方面：

（1）为非主流银行城镇居民提供服务。特点是：网点分布广泛且密集，网点顾客大多是中低端收入者，以小额的现金交易和一些代收费业务为主。为非主流银行城镇居民提供了极大的方便。

（2）根据地方经济发展情况，开展各种小额贷款业务，帮助了贫困人口实现创业和再就业，也帮助了贫困人口的受教育问题。

（3）向普通消费者提供各种消费贷款和分期付款服务，应用在日常生活的各个角落。并且为普通消费者提供了刷卡的消费方式，推动了信用卡的发展。这些服务条件宽松，无太大还贷压力，贴近普通消费者生活，也扩大了国内消费需求，缩小了由于贫富差距带来的消费能力上的差异。

四、巴西银行业现状分析

巴西是全球银行业中较早实施巴塞尔协议Ⅲ的国家。巴塞尔协议的主要思想即基于风险的资本监管，巴塞尔协议Ⅲ主要改革在对资本金比率的提高，提高基本金的要求加大了银行的经营成本，同时在一定程度上限制了银行业的发展。因此在巴西经济动荡，银行盈利水平的不断下降的环境下，许多外资银行选择退出巴西市场。如花旗银行2013年底出售其在巴西的信用卡和消费金融业务，并关闭多家巴西境内的非核心城市网点进行；2015 年汇丰银行宣布退出巴西市场，最终将在巴西的全部业务出售给巴西第二大私营银行——巴西贴现银行。这与监管政策的变化、资本监管力度的加强、政局的不稳定性以及日渐不确定的经济环境有着密切的关系。

（一）储蓄情况

根据巴西央行数据显示，巴西人更加信赖本国的四个最大的银行，即伊塔乌投资银行（Itaú – Unibanco）、布拉德斯科银行（Bradesco）、巴西银行（Banco do Brasil）和联邦储蓄银行（Caixa）。2017 年这四个银行集中了巴西 78.5% 的贷款和 76.35% 的存款。而在 2007 年时，这四家银行共集中了 54.6% 的贷款和 59.34% 的存款，即十年前巴西银行的资本集中程度要小很多。

尽管巴西央行已经将基准利率调低至了历史最低的 6.5%，但和其他国家相比，巴西的银行利率仍然非常高，因此市场上也有质疑称巴西银行资本集中程度过高对银行利率会有影响。

（二）利润情况

在 2016 年下跌了近 20% 之后，2017 年巴西大型银行的利润出现了增长。2017 年，巴西四大银行的利润为 576.3 亿雷亚尔，同比增长了 14.6%。其中联邦储蓄银行的利润上涨了 202.6% 之多，共 125 亿雷亚尔。

根据 2018 年第二季度的银行财务报表，巴西银行业显示利润较去年同期增长 17%，总利润金额达 168.8 亿雷亚尔。这是自 2015 年第二季度巴西经济陷入危机以来，四大银行的利润金额创最高记录的一个季度，也是自 2006 年以来的最高利润记录。其中伊塔乌（Itau）银行的第二季度利润达 62.44 亿雷亚尔，为四大银行中的最高。布拉德斯科银行（Bradesco）银行获利润 45.28 亿雷亚尔居次，巴西银行（Banco do Brasil）获利润 31.35 亿雷亚尔居第三，Santander 银行获利润 29.7 亿雷亚尔居后。占据金融业市场垄断地位的该四大银行的利润主要与削减营运成本，减少客户欠债情况有关。

（三）利率及融资成本

2011 年巴西经济最辉煌的时期，巴西通货膨胀 CPI 水平为 6.3%，但 1 年期存款利率却达到 11.75%，1 年期平均贷款利率则高达 38%。远远高于世界其他经济发展水平的国家。2016 年 11 月，1 年期平均贷款利率则高达 54.1%（见图 1）。近一年来，随着巴西经济缓慢恢复，1 年期平均贷款利率为 38% 左右。

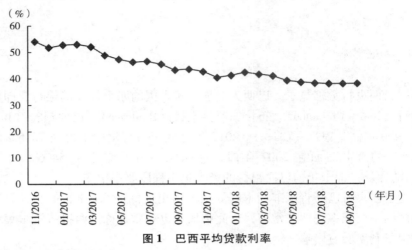

图 1　巴西平均贷款利率

资料来源：国际货币基金组织。

　　2015 年和 2016 年巴西经济分别衰退 3.8% 和 3.6%。巴西基准利率从 2016 年 8 月的 14.25% 一路下降至 2018 年 3 月的 6.5% 最低点，累计降息 775 个基点（见图 2）。这是巴西央行 1986 年设置基准利率以来的最低利率水准。

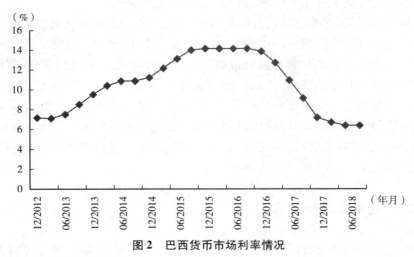

图 2　巴西货币市场利率情况

资料来源：国际货币基金组织。

（四）银行业指标分析

1. 流动性

银行的流动性是指银行能够满足存款人提取现金、支付到期债务以及借款人正常的贷款需求的能力。流动性是保证银行生存以及持续经营的重要条件，同时还关乎整个国家经济的稳定。图3和图4分别为2005~2017年巴西银行业的流动性：总资产、短期负债。

（百万雷亚尔）

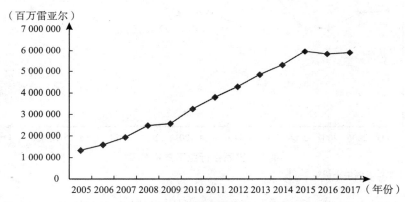

图3　巴西银行业流动性：总资产

资料来源：巴西中央银行。

（百万雷亚尔）

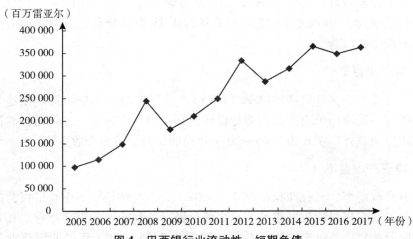

图4　巴西银行业流动性：短期负债

资料来源：巴西中央银行。

从图 3 和 4 观测，总资产以及短期负债整体都是呈上升的趋势，说明巴西银行业流动性较好。

2. 不良贷款率

不良贷款率，指金融机构不良贷款占总贷款余额的比重。是衡量银行稳健性的指标。图 5 为 2005～2017 年巴西银行业的不良贷款率。

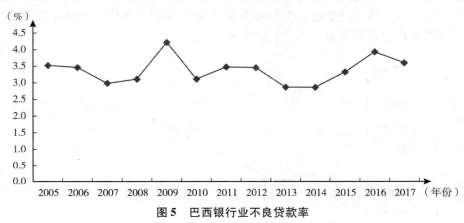

图 5　巴西银行业不良贷款率

资料来源：巴西中央银行。

从图 5 整体观测，巴西银行业的不良贷款率呈较为均衡的态势，大体维持在 3%～3.5%，2009 年达到最高点为 4.215%，而后逐渐降低。2013 年、2014 年不良贷款率控制较好，均低于 3%，而后又逐渐上升。截至 2017 年，巴西银行业的不良贷款率为 3.586%，较 2016 年下降约 0.33 个百分点，说明资产的质量得到了一定程度的改善。

3. 资产收益率

资产收益率，又称资产回报率（ROA），是用来衡量每单位资产创造多少净利润的指标，是应用最为广泛的衡量银行盈利能力的指标之一。该指标越高说明资产利用效果越好。图 6 为 2005～2017 年巴西银行业的资产收益率。

4. 净资产收益率（ROE）

净资产收益率，又称产权报酬率（ROE）。是净利润与平均股东权益的百分比，反映了股东权益的收益水平。也是衡量银行盈利能力的重要指标。指标越高也就说明股东投资所带来的收益越好。图 7 为 2005～2017 年巴西银行业的净资产收益率。

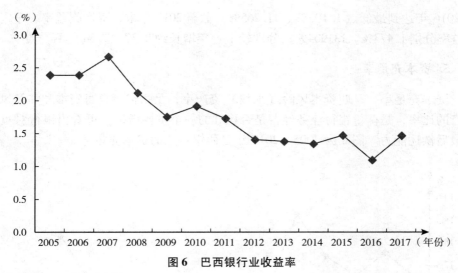

图 6 巴西银行业收益率

资料来源：巴西中央银行。

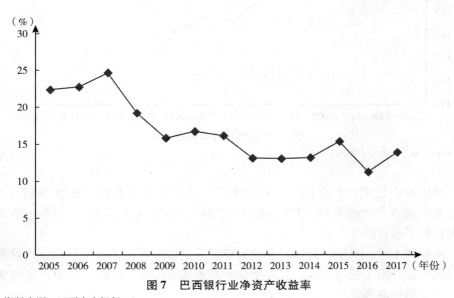

图 7 巴西银行业净资产收益率

资料来源：巴西中央银行。

从图 6 和图 7 中观测出，巴西银行业收益率、净资产收益率 2005～2007 年期间都是呈上涨趋势的，至 2007 年末分别达到最高 2.668%、24.664%。后由于受到经济危机的影响开始逐渐下降，危机后期才开始逐步恢复。2010 年后由于巴西整体经济的低迷，资产收益率以及净资产收益率都是处在一个下降的趋势，并于 2016 年达到最低点 1. 105%、11. 265%。截至 2017 年末，资产收益率、净资产收益率分别 1. 473%、13. 904%，分别较上一年增长约 0. 37、2. 64 个百分点。

5. 资本充足率

资本充足率，又叫资本风险（加权）资产率，是指银行自身资本和加权风险资产的比率，是衡量银行业务经营是否稳健的一个重要指标，可看出银行对负债的最后偿还能力。图 8 为 2005～2017 年巴西银行业的资本充足率。

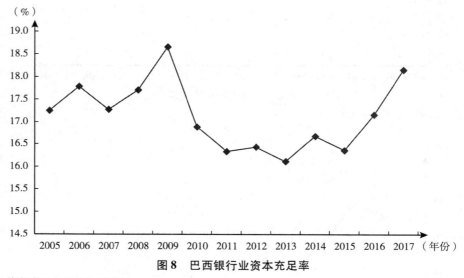

图 8　巴西银行业资本充足率

资料来源：巴西中央银行。

2017 年，巴西银行业的风险持续下降，从图中可观测出，截至 2017 年底，银行业的资本充足率为 18. 15%，相比于 2016 年末上涨了约 1%。并且资本充足率保持在了较高的水平。

从整体上看，目前巴西银行业较为稳健，流动性强，风险持续降低，盈利能力逐渐加强。由于仍存在政治风险所带来的不确定因素，可能会在中长期内加大资产质量恶化的风险。

四、中国与巴西银行业的合作

巴西金融市场高度发达、机构众多、监管透明规范。巴西金融机构在渠道、法律法规、产品开发方面有较大优势。中资金融机构有与中资企业长期合作的经验，在跨境服务、大额中长期融资等方面具备优势。中巴两国在金融服务，特别是银行业有较大的合作空间。

2008 年 10 月，巴西国家货币委员会正式批准中国银行在巴西设立分行，从事普通银行商业和投资业务。目前，在巴西业务最大的五家中国银行分别为：中国工商银行、中国银行、海通银行、中国建设银行以及中国交通银行。这五家银行的在巴西的资产占巴西当地金融机构总资产的 0.48%。主要从事的业务为提供金融咨询以及向中国企业在巴西的项目提供融资。

中资银行进入巴西市场的方式也不尽相同。工商银行和中国银行通过绿地投资在巴西直接开设了分支机构，建设银行通过收购巴西银行 BicBanco 进入巴西市场，交通银行收购了巴西 BBM 银行，海通也通过收购进入巴西。中国最大的几家商业银行中目前只有农业银行没有进入巴西市场。其中，工商银行作为中巴产能基金的资金提供商之一，重点参加总规模为 200 亿美元的中巴产能基金项目。并与中国出口企业合作，向巴西的能源、交通、市政建设项目提供资金支持。海通银行则是通过 2015 年收购葡萄牙圣灵投资银行，获得了该银行在巴西的业务，为投资者提供专业的咨询服务。

随着中国与巴西经济贸易合作不断深入，越来越多的中资银行愿意在巴西开展业务，除上述五大银行外，中国进出口银行、中国国家开放银行等银行也在进行与巴西的合作项目。作为政策性金融机构，中国出口信用保险公司也一贯重视并积极支持中国企业与巴西的经贸合作。2014 年 1～7 月，在巴西国别项下，中国信保承保金额达 31 亿美元，向企业支付赔款 1 743 万美元，帮助企业追回海外欠款 234 万美元。中国出口信用保险公司也于 2014 年 7 月、2017 年 9 月，分别与巴西银行、巴西开发银行签署了《合作谅解备忘录》。中国信保与巴西银行建立日常信息沟通机制。双方约定为中资企业对巴出口、在巴承建承包工程项目以及参与巴西相关投资提供综合性融资解决方案，并将通过定期会晤的机制共同推动合作落实。

五、总结

中国和巴西同为金砖国家，也是世界上重要的新兴国家。经济互补，贸易成果丰硕。随着我国"一带一路"倡议的提出，越来越多的中国企业选择到巴西进行投资。巴西是中国企业在拉美地区开展一般贸易、成套设备出口、工程承包和海外投资的重要目标市场。因此，也必将涉及大量的银行业务需求，也为中国在巴西的投资银行提供了良好的外部环境。同时，巴西的经济实力居拉美首位，是吸引外资的主要国家之一。

尽管在近几年国际大型银行纷纷选择退出巴西市场，特别是 2016 年巴西大型银行的利润暴跌。中国的银行却加快了进军巴西市场的步伐，纷纷选择在巴西成立分支。尽管巴西曾一度创造经济腾飞的奇迹，但目前巴西国内经济低迷，虽然从 2017 年开始逐渐走出低迷，但仍存在较多的经济不确定因素。面对这种情况，我国在巴西市场的银行应该谨慎地做出经营策略，以防止经济的波动所带来的不利影响。同时，刚刚结束总统大选的巴西，在政策方面仍存在不确定性，因此我国银行应该密切关注监管政策的变化，以便及时做出调整策略。

参考文献

［1］李丹：《后金融危机时代巴西银行业的发展及启示》，载于《时代金融》2012 年第 11 期。

［2］郭英杰：《进军巴西浅析》，载于《时代金融》2012 年第 2 期。

［3］赵雪梅：《巴西金融业的并购重组及其启示》，载于《拉丁美洲研究》2004 年第 4 期。

［4］胡国文、帅旭：《巴西的代理银行制度》，载于《中国金融》2012 年第 5 期。

巴西旅游市场分析及前景展望

宋雅楠　张艺馨[*]

摘　要： 位于南美洲的巴西，具有丰富的旅游资源，旅游产业的发展已经有了 80 多年的历史，成为世界十大旅游创汇国之一。本文从巴西的旅游业竞争力角度分析巴西拥有丰富的旅游业资源，指出巴西旅游业的现状及其旅游业收入未达到预期的问题，为进一步提升巴西旅游业的发展和国家的经济结构给出建议。特别是针对于巴西与中国在"一带一路"的倡议下开展合作提出建议。

关键词： 巴西　旅游业　竞争力　TTIC

一、巴西旅游业概况

截至 2017 年，巴西旅游业的增长达到了 6% 左右，占国民生产总值的 7.9%，接待外国游客 658.88 万人，同比增长 0.6%，超过了上一年的外国游客的数量。从巴西的客源来看，南美洲其他国家的游客仍然是外国游客的主要组成部分，2017 年巴西的南美洲游客为 410 万人，同比增长了 11.1%，占外国游客的 62.22%。2017 年，巴西旅游业的运输方式中，63.5% 的游客是选择乘坐飞机的方式，此外，还有陆路交通和轮船等交通方式。根据 2017 年旅游及观光竞争力指数（The Travel and Tourism Competitiveness Index，以下简称 TTIC）的排名，巴西旅游竞争力综合得分为 4.5 分，排名第 27 名。

从图 1 可以看出，巴西 2006 ~ 2017 年旅游业收入均占 GDP 收入的 7.5% 以上，成为世界 10 大旅游创汇国之一，旅游已经成为巴西继出口大豆及铁矿砂以外的第三大外汇来源。

---

* 宋雅楠，澳门科技大学商学院副教授，博士生导师。研究方向为国际贸易与投资、中葡经贸关系等。
张艺馨，澳门科技大学商学院研究生。

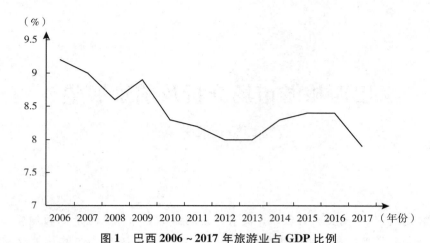

图1　巴西2006～2017年旅游业占GDP比例

资料来源：巴西旅游部。

　　巴西拥有丰富的旅游资源，而且，在巴西旅游业的管理方面，主要分为五个部分，分别为阳光沙滩旅游、运动旅游、生态旅游、文化旅游、商务节事旅游。巴西也是拉丁美洲面积最大的国家，在境内拥有大量美丽的自然景观，是一个拥有着丰富多彩的旅游资源的国家。在巴西的产业结构中，巴西为了进一步提升自身的经济实力，注重旅游业的开发已经成为了一个重要的措施，借助现有的产业结构可以充分发挥出自然资源的优势，在开展旅游业的过程中，巴西充分发挥出了政府引导的作用，为优化巴西的市场竞争力提供支持。在进入21世纪之后，发展第三产业已经成为了世界经济发展的重要方向，而旅游业也成为了巴西经济结构中重要的内容，因此，开发旅游产业对于巴西提升在国际上的经济竞争力已经成为了一个重要的措施，有效地改善了巴西经济落后的现状。

二、巴西旅游市场现状

（一）旅游市场需求情况

　　需求是指消费者愿意并且能够支付某一产品或是服务。需求的两大要素为消费者意愿及具有消费者具有支付的能力。旅游市场的需求是指旅客愿意并能够支付旅游产品的数量，即某一价格下旅行者对旅游产品的需求量的总和。旅游市场的衡量指标主要分为以下四类：

1. 旅客人数

在进入 21 世纪之后，巴西的旅游产业得到了快速发展。截至 2017 年 12 月，巴西旅客入境人数达 6 588.77 千人，相较于 2016 年的 6 546.70 千人增加 0.6%。自 1989～2017 年巴西旅客入境年平均为 4 818.08 千人，历史最高值为 2017 年的 6 588.77 千人。

图 2 可以看出，自 2009 年之后，巴西入境旅客人数持续增多，因旅客入境次数增多带来的巴西的旅游产业旅客需求量持续升高。2017 年一共有 6 588.77 千人次旅客入境，相较于 2016 年里约奥运会到访的 6 546.7 千人以及 2014 年世界杯到访的 6 429.85 千人，近两年巴西吸引了更多的外国旅客。

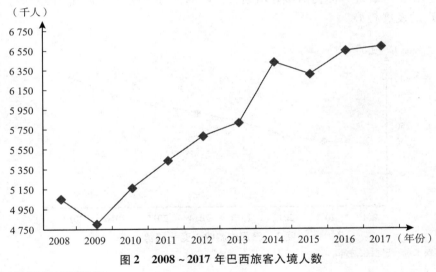

（千人）

图 2　2008～2017 年巴西旅客入境人数

资料来源：巴西旅游部。

2. 旅客停留时间

旅客停留时间指标是指从时间的角度去衡量旅客使用旅行地设施和服务的程度，旅客停留指标反映旅客对旅行地的需求水平，同时也能表明旅行地对旅客的吸引程度。

南美洲拥有丰富的旅游资源，各个国家也充分发挥出了自身的优势，为进一步提升自身经济竞争力作出了积极的支持。巴西与南美洲主要的旅游业国家之间具有很强的相互作用，各个国家的游客互为补充，都为促进对方的旅游资源的发展带来了积极地支持。目前，中国内地旅行社多推出为期 15 天至 21 天不等的包含巴西、阿根廷、智利、秘鲁等的南美联合旅行线路。在为期 15~21 天的南美联合线路中，旅客停留巴西的时间平均为 6.5 天。

3. 旅客消费

在进入 21 世纪之后，巴西的旅游产业得到了快速的发展，根据在 2010 年之后巴西旅游产业的收入情况可以得出，巴西的旅游产业已经取得了快速的发展，虽然受到历史因素的影响，现在巴西的旅游产业的发展质量还有差距，但是，巴西的旅游经济已经成为了国家经济中一个重要的组成部分。

由图 3 看出，巴西在 2010 年以后，旅游产业的收入呈现出了稳定的发展趋势，虽然受到了疾病和经济退步的影响，巴西的整体经济受到了一定的影响，但是由于在旅游管理方面提前做好措施，巴西的旅游产业获得了稳定的发展，保持了稳定的发展趋势。

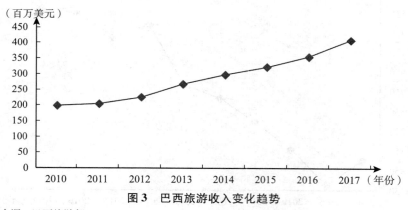

图 3　巴西旅游收入变化趋势

资料来源：巴西旅游部。

在巴西旅游产业快速发展的时期，其发展具有了一定的优势，但是巴西旅游产业的发展也存在很多劣势，如治安、基础设施、生态环境、推广等方面的问题都成为了巴西旅游产业发展的重要问题，影响了巴西旅游产业的发展质量。

结合巴西当下的旅游产业情况，现在巴西的旅游产业得到了快速的发展，成为国家经济中重要的组成部分，但是，即使如此，巴西的旅游产业是优势与劣势并存，国家在促进旅游资源的发展过程中也需要做好预防，防止受到消极因素的影响导致巴西的旅游产业出现大的退步。

4. 主要客源国构成

巴西的主要客源国是来自美洲地区，主要是因为这些地区具有地理位置的优势，在旅游业的开展过程中美洲地区和巴西的价值观和世界观比较相似，所以，在巴西开展旅游营销过程中，这些地区的消费者比较容易接受，因此，这也就会导致现在巴西的主要客源地为以下地区（见表1），巴西的旅游产业的收入也主要依靠这些地方。

表1 巴西前十位旅客来源国

排名	来源国	2016 年旅客数量（人）	2012 年旅客数量（人）	变动百分比（%）
1	阿根廷	2 294 900	1 671 604	37.3
2	美国	570 350	586 463	-2.7
3	巴拉圭	316 714	246 401	28.5
4	智利	311 813	250 585	24.4
5	乌拉圭	284 113	253 864	11.9
6	法国	263 774	218 626	20.7
7	德国	221 513	258 437	-14.3
8	英国	202 671	155 548	30.3
9	意大利	181 493	230 114	-21.1
10	葡萄牙	149 968	168 649	-11.1

资料来源：巴西旅游部。

欧洲地区属于第二大客源国，虽然巴西与欧洲地区隔着大西洋，但是，由于开展了一系列港口私有化的措施，现在欧洲的游客也成为了巴西的重要组成部分，一方面，借助海运的方式，巴西与欧洲地区可以联系起来；另一方面，传统上巴西主流的天主教是由欧洲传入，这些共通性使得欧洲游客寻找海外的旅游目的地的过程中，巴西就会成为选择的对象，这也是当下巴西旅游大量吸引欧洲游客的重要原因。

其次，亚太地区客源占比达到了3.6%。在最近几年，巴西与亚太地区的交流越来越频繁，结合海运和航空行业的发展，巴西的海运旅游和航空事业的发展就成为了促进亚太地区与巴西旅游产业的发展产生了积极的作用，为进一步提升巴西的旅游产业提供思路。亚太地区，特别是中国以及周边地区的客源已经成为了巴西的重要研究对象，特别是在奥运会之后，巴西对于亚太地区游客的吸引力越来越大，巴西在开展旅游产业的过程中也日益注重这一地区。

最后，其他地区占比4%。在巴西积极地开展旅游产业的过程中，为了进一步提升旅游的市场影响力，在全球范围开展旅游推广成为了当下巴西国际化发展的重要措施。随着现在巴西在市场影响力的提升，也为进一步提升巴西旅游产业的市场竞争力提供新的思路。

（二）旅游市场供给情况

巴西旅游产业的发展也刺激了巴西经济的发展，所以，加强旅游资源的开发与管理就成为了巴西旅游部的重点工作。

1. 旅游资源丰富

巴西旅游资源丰富，截至 2018 年 7 月，世界遗产名录中巴西拥有 21 处世界遗产，居南美洲首位。巴西旅游产业的发展主要是借助本国丰富的旅游资源，巴西的北部有"地球之肺"的称号，亚马逊热带雨林为巴西开展森林旅游提供支持，在巴西的中西部地区有大沼泽，这是野生动物资源的天堂，可以开展野外的旅游产品的规划与管理。此外，巴西拥有漫长的海岸线，有大量的海滩资源，这对于开展海滩旅游有着重要的影响，巴西借助以上的旅游资源，在开展旅游产业的过程中占据了优势，也为进一步提升旅游产业的质量提供了支持。

旅行者选择巴西旅行目的地时，通常会选择以下地方（见表 2）：北部地区的亚马逊、东北沿海地区、中部高原和中西部的潘塔纳尔。米纳斯吉拉斯州以历史区域著名，东南部里约热内卢和圣保罗以海滩著名。喜欢热闹城市生活的旅客首选圣保罗，虽然潘帕斯及南部地区相较于巴西其他地方气温低，但是这两个地方也是那些寻找美丽自然风光及欧洲风格建筑游客的目的地。

表 2 旅客主要目的地

目的地	旅客比重（%）
圣保罗	38.6
里约热内卢	19.2
巴拉那	13.8
南里奥格兰德州	13.3
其他	8.7
圣卡塔琳娜州	3.3
巴伊亚	3.1

资料来源：巴西旅游局。

对于巴西而言，在旅游产业的发展过程中，除了丰富的自然资源之外，巴西还有丰富的人文旅游资源，巴西的足球在全球都是比较著名的运动，巴西的水平也获得了社会的认可，因此，在巴西开展旅游产业的过程中，充分开发人文资源就成为了当下一个重要的措施，桑巴舞配合巴西的足球，这也吸引了大量的国外游客，为进一步提升巴西的旅游吸引力提供支持。

从巴西的整体规划角度看，巴西的旅游产业有了很大的提升，为进一步提升巴西的旅游竞争力提供支持，一方面，巴西拥有自然资源的优势，在开展自然资源旅游产品的过程中占据着重要的位置，另一方面，巴西也拥有丰富的人文资源，在开展旅游产业的过程中，结合自然资源和人文资源，巴西已经拥有了很大的发展潜力。

根据最近几年的发展情况可以得出，巴西已经占据了市场的优势，巴西借助丰富的自然资源，现在旅游产业已经有了很大的提升，现在旅游产业在巴西的社会经济结构中已经成为了一个重要的组成部分，加强产业结构的调整过程中充分发挥出了资源优势，这也为巴西的旅游产业的发展带来了新的机遇。

（1）自然生态旅游

自里约1992年地球问题首脑会议以来，作为首脑会议东道主的巴西主张环境保护主义。该峰会在整个巴西国内引起反响，在塑造巴西生态旅游方面起到了重要的作用。Instituto Ecobrasil 是里约1992年地球问题首脑会后巴西生态旅游的推动机构，Instituto Ecobrasil 是非政府组织，已经成为巴西可持续旅游和生态旅游的指南针，致力于将巴西发展成为生态旅游的可靠和持续的目的地，使其成为巴西生态旅游的倡议者。在生态旅游方面，巴西是个极其领先的国家，特别是在保护自然景观及生物多样性方面。

据巴西旅游部的数据表明，2017年共有660万外国旅客到巴西游玩，72.4%的旅客游玩目的是享受巴西的阳光沙滩，除此之外，还有16.3%的旅客游玩目的是进行自然生态旅游及探险。调查表明，自从巴西开始实施电子签证政策以来，72.8%的日本旅客，60.6%的澳大利亚旅客及42.8%的加拿大旅客已经将自然生态旅游作为到巴西的主要旅行目的。①

巴西作为世界经济论坛发布的旅游及观光竞争力指数（The Travel and Tourism Competitiveness Index，以下简称 TTIC）自然资源排名第一的国家，伊瓜苏瀑布及"地球之肺"的亚马逊热带雨林是自然旅游旅行者的首选目的地（见表3）。

① 调查：巴西生态旅游成为处沙滩外最吸引游客旅游项目，迅猛新闻网 http://www.lbxwws.com/wh/read-5-3171-1.html.

表 3   巴西生态旅游情况

四大生态旅游项目	四大生态旅游目的地
美洲虎极致之旅	巴西沼泽
农场巴兰克奥拓之旅	亚马逊雨林
秃猴属漂浮之旅	伊瓜苏大瀑布
美洲虎栖息地之旅	里约热内卢

资料来源：巴西生态旅游发展部，Barzil Nature Tours.

（2）探险旅游

巴西是各层次探险客们的天堂，距里约热内卢等主要城市附近都能找到例如峡谷漂流、洞穴探险、风帆冲浪、帆船、登山及绳降等各种各样的活动。位于里约热内卢车程两小时内的 Serra des org 国家公园是巴西最佳攀岩地。拥有南半球最长洞穴的巴伊亚博阿维斯托卡是内陆探险的好去处。

2. 政府政策及旅游业发展计划

巴西国家旅游局为促进旅游业的长期发展推出《2020 年水彩计划（Aquarela Plan）》，旨在实现巴西旅游的以下目标：

（1）推动巴西旅游业更完善并创造更高的旅游收入；

（2）使巴西国家旅游旅游部门参与到国际的战略当中，加强区域合作；

（3）将巴西打造成为全球热门旅游目的地；

（4）利用世界主要体育赛事，使巴西成为世界范围内人所皆知的目的地。

同时，巴西为了吸引国际游客到访，简化了签证流程，并且提供五年多次的往返签证，批准了 83 家合作旅游公司，将签证审批的时间由 30 天缩短到了 5天。根据巴西政府报告指出，自从巴西政府实施开通面向主要客源国（加拿大、美国、澳大利亚及日本）的电子签证以来，签证的申请数量由 2017 年的 5.8 万份增长到 2018 年上半年的 8.2 万份，增长 41%。根据世界旅游组织（UNWTO）公布的数据，实施更便利的旅游业措施可使一国的外国旅客数量增加 25%。巴西通过更便利的措施，因此旅客数量增长。近年来，巴西国家旅游局已经制定了巴西旅游的发展规划和政策，开发旅游项目，扩大旅游收入，增加就业的机会，为促进国家经济水平的提升提供支持。近几年来，巴西为了发挥出旅游资源的优势，除了加强基础建设之外，巴西还发挥出了政府的引导作用，在社会经济中提升了旅游产业的地位，为进一步提升旅游产业的社会地位提供支持。

3. 旅游业从业人员现状

结合巴西国家的政策和计划，现在巴西已经将旅游业进行了城镇化的改革，在城镇建立了完善的旅游服务体系，设立了旅游局，重点管理旅游市场，制定了规划，指导旅游产业的资讯和服务。同时，组织旅游培训中心，为进一步提升旅游资源的质量和旅游产业的市场竞争力提供支持，在旅游产业中培训了大量的专业人才，这些都为进一步指导巴西旅游产业的健康发展提供支持。在培训中心，组织旅游服务人员进行专项的培训，旅游纪念品开发也有专门的指导，发展旅游商品生产，为进一步提升旅游资源的质量提供支持。并且开发出了持续发展的旅游规划，为进一步提升促销活动的质量提供思路，也为巴西旅游产业发展带来了新的发展方向。为了刺激旅游产业的发展，现在巴西政府培养了大批的专业旅游管理人员，现在旅游从业人数已经超过了100万，而且具有专业资质的旅游从业人员超过了总从业人员的30%，显示了巴西旅游经济的发展已经有了很大的提升。根据巴西旅游部数据预测，到2022年，巴西旅游业将为巴西创造200万个全新的就业岗位。

根据图4所示，巴西2010～2014年酒店及餐饮业从业人员人数稳定上升，因2014年巴西举办的里约奥运会导致的2015年酒店及餐饮业从业人数小幅回落。虽受大型节日或活动影响，但整体呈现稳定上升的趋势。

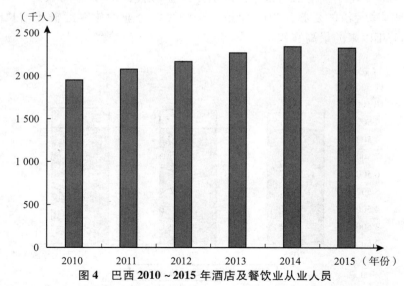

图 4 巴西 2010～2015 年酒店及餐饮业从业人员

资料来源：巴西旅游部。

4. 酒店业现状

根据巴西国家地理研究局（IBGE）调查结果表明，巴西全国 3.2 万个场所共有 240 万张床位。自 2011～2016 年间，巴西各大酒店的床位数量由 37.4 万张上涨到 64 万张，上涨 71%。为了振兴巴西的旅游经济，现在巴西已经建设了 50 家以上的四星级酒店，全球知名住宿预订网站 Hotels.com 公布的 2018 年最受顾客欢迎酒店表明，37 家巴西酒店上榜。并且巴西国内，旅游部门也公布了"十佳酒店"排行榜，为刺激酒店提升服务质量提供支持。

根据图 5 及图 6 得出，2015～2017 年巴西酒店新建酒店及酒店房间数量均稳定持续上升，其中新建独立酒店数量远远超过品牌连锁酒店，虽新建品牌连锁酒店的数量逐年增加，但品牌连锁酒店的比例仅是独立酒店 10% 左右。由图 6 得出，2015～2017 年巴西酒店房间数量逐年增加且品牌连锁酒店的房间数量发展较独立酒店发展较快。从图 5 及图 6 可以发现巴西品牌连锁酒店发展迅速，各大品牌连锁酒店均加大对巴西的投资。

5. 交通基础设施状况

因主要研究的是巴西国际旅游的竞争力，所以主要以国际航空客运量为数据。

根据图 7 所示，从 1989～2017 年巴西国际航空客运量总体呈现上升趋势，虽 2001～2003 年小幅滑落。根据国际航空运输协会（IATA）的数据显示，随着拉丁美洲国家经济的复苏，2017 年拉丁美洲民航企业的旅客运输量增长 9.3%，是自 2011 年以来的最高涨幅。

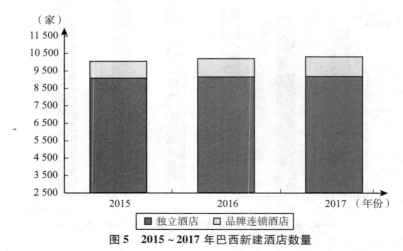

图 5　2015～2017 年巴西新建酒店数量

资料来源：巴西旅游部。

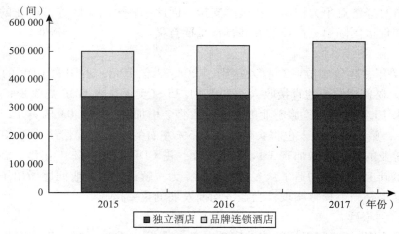

图 6　2015~2017 年巴西酒店房间数量

资料来源：巴西旅游部。

图 7　巴西国际航空客运量

资料来源：国际航空运输协会。

三、巴西与其他国家旅游业发展现状比较

（一）与南美洲国家旅游业发展比较

1. 南美洲主要国家旅游业现状

南美洲拥有丰富的旅游资源，各个国家也充分发挥出了自身的优势，为进一

步提升自身经济竞争力作出了积极的支持，因此，各个国家的旅游产业的发展现状也对于促进国际第三产业的发展具有重要意义。

（1）秘鲁

2017年，秘鲁旅游业总收入达到了208.38亿美元，占国家GDP的9.8%。2017年，秘鲁旅游业的直接收入达到了81.35亿美元，占GDP的3.8%，此外，预计未来10年间，秘鲁旅游业的直接收入将会增加到了134.03亿美元，占GDP的4.2%，旅游业总收入也将会保持在4.5%左右的增长速度，预计到2028年秘鲁的旅游业的收入将增加到339.68亿美元，占GDP的10.6%。在秘鲁旅游产业发展的基础上，秘鲁创造了众多就业机会，为缓解社会的就业问题做出了积极的指导，这也是当下秘鲁实现社会经济均衡发展的重要措施。

（2）阿根廷

截至2017年，阿根廷的旅游实现了新的飞跃，成为了国家经济发展中一个重要的组成部分，为促进国家经济的发展做出积极的支持。2017年阿根廷接待外来游客660万人次，在政府的支持下，商业航空的市场也在快速地发展，虽然阿根廷已经开始注重加强旅游业的发展，但是，阿根廷仍然是一个旅游业水平比较落后的国家。所以，在国家发展旅游产业的基础上，加强旅游产业的投资和发展已经成为社会发展的趋势，充分利用现有的资源，不仅要加强基础设施的建设，还需要加强专业人才的培养，形成一种有利于进一步提升旅游业发展的产业体系已经成为了一个重要的趋势，为指导阿根廷经济发展指明方向，也进一步优化阿根廷的产业结构。

（3）智利

2017年智利的旅游业外汇收入已经达到了42亿元，同比增长35.6%，接待外国游客645万人，同比增长14.3%，其旅游业的最佳时期在每年6~8月。通过一系列的推广活动，智利的旅游产业得到了快速的发展，成为了国家经济的重要组成部分。欧洲是智利旅游业的主要市场，通过一系列的推广活动，智利对于欧洲游客的吸引力越来越强，一时间，欧洲游客对于智利旅游的认可度越来越高，为智利的旅游产业经济的发展带来了积极的支持。

2. 与南美洲国家旅游业发展比较

巴西与南美洲主要的旅游业国家之间具有很强的相互作用，各个国家的游客互为补充，都为促进对方的旅游资源的发展带来了积极的支持。

从巴西与南美洲其他国家旅游产业结构的相同点角度分析，各个国家都在积极地开发国际市场，这也为进一步提升本国的经济水平作出了探索。在进入21世纪之后，第三产业的发展已经成为了各个国家重点的发展对象，特别是利用自身的资源优势开展旅游业，这也是大多数国家提升经济实力的重要方向。根据当下的社会经济发展情况得出，现在南美洲的大多数国家都在积极地开展旅游业，无论是巴西还是其他的国家，建立完善的南美旅游线路已经成为了南美洲发展的共同规划。而且，在南美洲国家的旅游业发展过程中，都具有一个共同的特点，这就是相互之间的游客共享，各个国家的消费者都可以作为其他国家的游客，促进游客的自由流动已经成为了南美洲经济发展的一个重要的趋势，所以，巴西与其他的南美洲国家旅游业发展的一个共同的特点就是充分利用周边国家的市场，提升本国的旅游产业的市场竞争力。

巴西与其他国家旅游业之间也存在很大差异，主要体现在：

对于客源开发的方向不同，虽然现在南美洲各个国家都注重周边国家游客资源的开发，但是，从对外开发的角度分析，各个国家之间还是有很大区别的。智利旅游市场的开发方向集中在了欧洲，阿根廷旅游市场的开发方向集中在亚洲国家，秘鲁旅游市场的开发方向主要是北美洲国家，可见，各个国家之间的旅游资源的发展方向有着不同，这也就造成了各个国家在旅游资源建设方面出现了差异。

旅游资源的推广方式不同。由于南美洲各个国家的旅游资源之间存在着较大的差异，因此，在各个国家开展旅游业推广的过程中，各个国家采取的措施也不同。巴西主要是通过网络营销，通过网络化的管理，吸引各个国家游客参与。智利主要是通过旅行社，在各个国家的旅行社开展优惠活动，吸引游客。阿根廷则是采取了多种方式的旅游方式，在营销管理中，一方面借助旅行社的合作，另一方面则是借助电视营销。相比之下，秘鲁则是采取了政府引导的方式，通过政府的支持，为促进旅游业的发展提供支持，也为进一步提升本国的经济实力提供支持。

（二）与中国旅游业发展比较

中国自 1978 年改革开放以来，旅游行业规模不断发展壮大。截至 2017 年，全年旅游业总收入为 5.4 万亿元人民币，增速 15.1%。旅游业对国民生产总值（GDP）的贡献为 9.13 万亿元人民币，占全年 GDP 总量的 11.04%。2017 年中国全年入境外国旅客为 5 688 万人次。旅游业造成的直接就业为 2 825 万人次，旅游业造成的直接及间接就业为 7 990 万人次，占 2017 年全国就业总人口的 10.28%[①]。

---

① http://finance.eastmoney.com/news/1355，20180206831072527.html，东方财富网，2017 年旅游业发展数据统计简报：占 GDP 比重 11.04%（附图表）。

　　由图 8 看出，巴西及中国的旅游产业收入在 2010～2017 年均是呈现出持续稳定的上升趋势。对比巴西及中国的旅游产业收入，发现中国旅游产业收入水平较高。2017 年巴西旅游产业收入为 408.8 万亿美元，相较于中国的 1 234 万亿美元差距较大，中国 2017 年旅游产业收入水平是巴西的三倍。根据 2017 年旅游及观光竞争力指数（TTIC）的排名指出，巴西旅游竞争力综合得分为 4.5 分，排名第 27 名。而中国旅游竞争力综合得分为 4.7 分，排名 15 名。

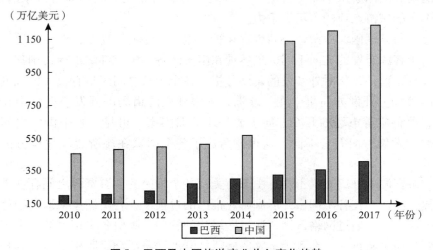

（万亿美元）

图 8　巴西及中国旅游产业收入变化趋势

资料来源：中国国家旅游局、巴西旅游部。

　　巴西与中国旅游业具有较大的差异，主要体现在以下方面：

　　（1）客源国来源不同。因地理位置的差异性导致的巴西及中国的客源国来源不同。巴西的主要客源国来自美洲地区、欧洲地区，最后为亚太地区。而中国的主要客源国来自亚洲地区、北美洲地区最后为欧洲地区。[①]

　　（2）旅游资源不同。巴西拥有广阔的亚马逊热带雨林及尼亚加拉瀑布等一系列丰富的自然资源，以自然资源为基础发展自然生态旅游及探险旅游。而中国历史源远流长，自黄帝王朝算起，至今已经拥有五千年历史。中国旅游业主要以丰富的历史文化背景发展人文旅游。

---

　　① 东方财富网，2017 年旅游业发展数据统计简报，http：//finance. eastmoney. com/news/1355，20180206831072527. html。

四、巴西旅游业的潜力和建议

（一）中国与巴西旅游合作

根据巴西旅游公司指出，巴西国家旅游公司十分重视与中国的旅游合作，由于中国与巴西的贸易关系变得更加紧密，巴西国家旅游局希望能促进双方游客到对方国家旅游。[①]

巴西旅游部秘书长阿尔维斯强调"中国是一个全新的市场，我们必须调整巴西旅游业，提供更多符合中国市场的服务，以吸引中国游客前来巴西观光。"他指出，2016 年，出境的中国旅客超过 1.3 亿人，然而当中仅有 5 万人把巴西作为目的地。

中巴双方可以通过举办旅游业相关的合作峰会提出合作倡议共建交流合作的机制，互办"旅游年"等双边机制搭建双边交流平台。通过增加巴西与中国的航班数量，双方旅行社进行合作推出旅行产品，加大旅游宣传来吸引潜在的旅客。

（二）海外市场发展潜力巨大

在里约奥运会之后，巴西以一种新的形象展现在世界面前，世界人民也重新认识了巴西。在奥运会的影响下，巴西的旅游产业得到了世界的认可，特别是桑巴舞、巴西美食、足球文化等，这为巴西提升自身的旅游影响力提供了支持，也将巴西的旅游资源宣传到了世界。

对于巴西的旅游资源而言需要进一步提升经济的影响力，注重对于海外市场的开发已经成为了必然趋势。所以，一方面要积极地加强基础设施的建设，提升巴西旅游业的质量，另一方面也要加强专业人员的培训，通过专业人员可以进一步提升巴西旅游业的管理质量。

（三）培养专业旅游从业人员，加强区域间合作

在巴西的旅游产业发展过程中，专业旅游管理人员发挥着重要的作用，在受

---

① http://www.br-cn.com/home/mainnews/20181026/118033.html，巴西欲加强与中国旅游交流合作，南美侨报网。

到国际旅游产业发展好转的影响和巴西旅游产业提升质量的基础上，现在巴西已经出现了大批的旅游专业人才。所以，从人才发展的角度分析，现在巴西在旅游业的发展方面已经占据了一定优势，人才的支持为提升巴西旅游产业的发展带来了积极的指导。

结合巴西旅游业的发展情况，巴西旅游管理局进行了专业的人才培训，在巴西旅游产业的发展过程中，区域之间的合作为巴西的旅游业发展带来了积极支持。人才的支持和区域之间的合作为巴西旅游产业的发展提供了人力和经验的支持，在巴西旅游产业快速发展的时期，这两方面的优势为进一步提升旅游产业的发展质量提供了支持，有效地解决了当下巴西面临的问题，使未来巴西在旅游业行业中具有了较大的潜力，有效提升了巴西的旅游业发展水平和质量。

参考文献

［1］戴琦芳：《对巴西旅游业的探索与思考》，载于《改革与开放》2014 年第 15 期，第 45～47 页。

［2］孔令学：《巴西、中国旅游市场发展比较与借鉴》，载于《拉丁美洲研究》2012 年第 1 期。

［3］Eduardo Santander：《中国与巴西出境旅游市场和网路志》，载于《社会科学家》2013 年。

［4］Filipe Sobral，Alketa Peci，Gustavo Souza. An analysis of the dynamics of the tourism industry in Brazil：challenges and recommendations，International Journal of Contemporary Hospitality Management，2007，Vol. 19 Issue：6，pp. 507－512.

［5］OECD. OECD Tourism Trends and Policies 2018.

巴西消费市场分析及前景展望

秦　垚[*]

摘　要： 巴西过去几年间经历了巨大的经济变化，目前正经历历史上漫长的经济衰退期，消费者信心持续低迷，政坛多年来的不断波澜给巴西的经济市场蒙上了阴影。但庆幸的是，2018年以来巴西经济有所回暖。本文主要分析了巴西消费市场的整体情况，包括巴西消费市场的人口特征、消费者信心指数、消费者购买行为特征、消费市场的传播手段，以及电子商务市场发展等，并在此基础上综合分析了巴西消费市场的未来发展前景和机遇。

关键词： 巴西　消费市场　消费行为　市场机遇

一、巴西消费市场概况

（一）巴西人口概况

巴西2016年人口数量约为2.07亿，人口密度为25人/平方公里，都市人口比例85.9%，大多数居住于东南地区，占巴西人口总数的45%左右。该地区拥有巴西两个最大的城市（里约热内卢和圣保罗），在圣保罗和里约的交界地带形成了以圣保罗、里约为支柱的商业地带。巴西居民年龄的中位数约为27岁，总人口的平均寿命约为75岁，其中男性约为72岁，女性约为79岁。巴西人口中50%左右是白种人，38%是黑白混血种人，黑种人、黄种人和印第安人数量较少（见表1~表3）。

---

* 秦垚，澳门科技大学助理教授，研究方向为市场营销。

表1 巴西人口基本信息概况

总人口数量	207 652 865
都市人口比例	85.9%
乡镇人口比例	14.1%
人口密度	25 Inhab./km^2
男性比例	49.3%
女性比例	50.8%
人口增长率	0.82%
年龄中位数	27.0 岁
种族	大约48%的巴西人口来自欧洲，大约43%的人口来自其他种族，大约8%来自非洲，不到2%的人口来自印度，阿拉伯和日本。

资料来源：巴西国家地理与统计局。

表2 巴西人口分布情况 单位：人

城市名	人口数量
圣保罗（Sao Paulo）	21 090 791
里约热内卢（Rio de Janeiro）	12 166 798
贝洛哈里桑塔（Belo Horizonte）	5 813 410
巴西利亚（Brasília）	4 201 737
阿雷格里港（Porto Alegre）	4 179 197
萨尔瓦多（Salvador）	3 953 288
累西腓市（Recife）	3 914 317
福塔雷萨（Fortaleza）	3 852 705
库里提巴（Curitiba）	3 449 491
坎皮纳斯（Campinas）	3 081 247
戈亚尼亚（Goiania）	2 421 831
玛瑙斯（Manaus）	2 403 986
贝伦（Belém）	2 212 653
维多利亚（Vitória）	1 910 101
桑托斯（Santos）	1 797 500

资料来源：巴西国家地理与统计局。

表3   巴西人口年龄分布比例

年龄	分布比例（％）
＜5 岁	7.8
6～14 周岁	17.7
15～24 周岁	17.3
25～69 周岁	52.7
＞70 周岁	4.5
＞80 周岁	1.5
男性预期寿命	71.9 岁
女性预期寿命	79.1 岁

资料来源：巴西国家地理与统计局。

（二）巴西家庭消费支出状况

世界银行 2016 年调查结果显示，巴西家庭年平均消费支出近 3 年来持续下降（见表4），2016 年全国家庭消费达到 1 404 356 百万美元，住房、食品和交通三个主要组成部分占年家庭平均消费支出约 45%。巴西是一个二元经济体，富裕的消费者通过接近美国和欧洲的消费来区分自己，而低收入消费者必须小心价格并几乎完全购买非品牌产品。因此，巴西的产品和地区的消费增长差别很大。

表4   巴西家庭消费支出

家庭消费财务支出	2014 年	2015 年	2016 年
家庭最终消费支出 （单位：百万美元，固定价格 2 000）	1 526 830	1 466 661	1 404 356
家庭最终消费支出增长率 （年增长百分比%）	2.3	−3.9	−4.2
家庭人均最终消费支出 （单位：百万美元，固定价格 2 000）	7 477	7 121	6 763
家庭最终消费支出 GDP 占比 （% of GDP）	63.0	63.8	64.0

资料来源：巴西国家地理与统计局。

Euromonitor International 将巴西消费者划分为以下五种类别：（1）无畏的强者（12%），该类型消费者收入较高，有经常购物的习惯，非常在意自己的形象；（2）积极活跃者（21%），该类型消费者喜欢购物，比较在意自己的形象，很希望自己与众不同，在做出购买决策时很容易受到周围人的影响；（3）保守的家庭主体（28%），该类型消费者重视储蓄大于消费，在一定程度上注重个人影响，在一定程度上受到他人购买意见的影响；（4）传统的安全主义者（15%），该类型消费者收入偏低，完全不在意自己的形象，很少逛街购物；（5）谨慎的购买者（24%），该类型消费者喜欢按照自己的购物计划进行采买，很少会超额购买，他们不喜欢用信用卡进行消费，在购物时比较倾向选择有一定知名度的商品。

二、巴西居民消费情况

（一）巴西消费者购买特征

在过去十年时间里，巴西的消费大幅增长，0.35 亿巴西人（占人口的 18%）升入中产阶级。截至 2012 年，巴西的中产阶级达 1.04 亿人，占巴西人口一半以上。根据麦肯锡的研究显示，截至 2016 年，巴西消费市场的市场价值约为 4 662 亿巴西雷亚尔，高于去年同期的 4 355 亿巴西雷亚尔。但与此同时，巴西的经济状况出现了负面变化，该国正面临其历史上经济衰退，最近的经济困境严重动摇了巴西人的信心。麦肯锡 2016 年咨询报告显示，巴西的消费者信心在接受调查的 26 个国家中最低，只有 8% 的巴西人对国民经济持乐观态度。这种黯淡的前景与巴西人即使在困难时期一直表现出的积极性和乐观情绪背道而驰。目前，72%的巴西人表示担心家中有人会在明年失去工作，49%的人表示他们的工资基本月光，只能满足当前最基本的开销。即使他们当前的收入增加 10%，他们也表示只会花费额外薪金的 1/4，并将其中大部分都用于购买食品和饮料等日常必需品，几乎一半的额外收入将用于储蓄，1/4 用于偿还债务。以下列举了当下巴西消费行为的一些主要特征。

1. 巴西消费者主动加入储蓄计划

巴西的消费者正在以各种方式改变他们的购买行为。每四个受访者中就有三个同意他们"越来越多地寻找省钱方式"，超过一半的人表示他们更关注商品价格，在购物时积极寻找打折促销活动或延迟购买。巴西消费者在购买之前会进行更多的产品研究，根据 2015 年 IPG 新现实调查，72% 的巴西人喜欢在做出购买决定之前查找产品信息，而 2011 年这一偏好的数据只有 55%。与此同时；越来越多的消费者在购物时会在多家商店进行比对，以寻找最优惠的价格或等待产品减价销售。此外，巴西消费者正在作出更加节俭的食物选择，42% 的人表示过去一年他们选择在家吃饭。

2. 部分巴西消费者仍保持品牌忠诚，但前提是价格合适

超过三分之一的巴西人声称他们还是会坚持自己心中的首选品牌，但是会到处寻找以较低的价格及渠道选择购买这些品牌。其中，19% 的人会在原价的情况下进行小量购买，14% 的人会等待品牌打折或等待折扣券。大多数巴西人对商店和品牌提供的促销价感兴趣。然而，根据消费者的个人资料和人口统计数据进行的定制促销活动往往对更高社会经济群体更有利。大约 30% 的巴西消费者使用信用卡购买，其中约 30% 的人获得了某种免费礼品。此外，巴西由于正处于经济不稳定的时期，这阻碍了公司提供大规模的特别优惠创意活动，从而阻碍了消费者的进一步购买。尽管如此，提供真正节省的促销活动（例如"买一送一"）以及免费样品/礼品还是极大满足了中低收入消费者的需求，他们更加愿意研究和寻找提供这些类型的促销活动。

3. 部分巴西消费者逐渐开始降低消费水平

21% 的巴西消费者表示他们开始转投向价格较低的其他品牌，尤其是在洗衣用品、家用清洁产品和瓶装水等商品类别上。18% 的消费者开始选择使用超市自主品牌产品。相比之下，在整个拉丁美洲，26% 的消费者会选择超市自主品牌产品，但在英国和美国等成熟市场，这一数字超过了 60%。事实上，巴西的自有品牌或超市自主品牌产品虽然在增长，但仍只占零售总额的一小部分（5.1%，相当于约 9.7 亿美元）。

在巴西的线下实体交易中，60% 的人表示他们不打算回到更昂贵的品牌。值得注意的是，在全球金融危机期间，美国和欧洲消费者的消费下行现象直到最近才开始有所转向消费提升，如果巴西遵循相同的模式，可以预期巴西消费者的下行交易将至少在未来几年内持续下跌。

4. 巴西消费者在某些商品类别中开销较大

尽管大多数巴西人都在寻求如何省钱，但在某些商品类别里却出现了消费上行的现象。尽管巴西 5% 的贸易率远远低于 11% 的全球平均水平，但对于消费者而言至关重要的一些类别，尤其是酒精饮料和个人护理产品，消费数据却呈现了

良好的正向上涨趋势。例如，15%的消费者表示他们购买了更多的啤酒，11%的消费者在葡萄酒上的开销有所上涨，10%的消费者购买了更多的烈酒，9%的消费者在化妆品中的消费有所提升。

5. 巴西消费者倾向于跨渠道购物

巴西的消费者正在将部分消费转移到折扣连锁店以及当地称为 Atacarejo 的一种结合了零售和批发的商店。这种趋势并非巴西所独有，在更成熟的市场，例如英国，消费者已将大部分支出转移到折扣店，并开始区分折扣和"溢价"折扣。然而，一些发达市场的在线电商渠道暂时还未能成为巴西杂货类别的主要购买渠道。

6. 巴西消费者热衷于让自己变得更美丽的消费

根据信用保护服务（Serviço de Proteção Crédito）全国零售商联合会的研究显示，65.7%的巴西人认为让外表变得美丽的产品（例如：美容/护肤/服装鞋帽等产品）不是奢侈品，而是生活必需品。近25%的巴西人表示他们在美容护肤方面消费过量，超过了应有的水平。具体而言，在外观花费产品类别中，巴西消费者表示在衣服、鞋子和配件上的消费支出占40.5%，健康美容食品占40.2%，身体/面霜护肤上的消费占34.5%。

7. 巴西消费者对糟糕的客户服务相对包容

根据 Contact Engine 最近进行的一项调查显示，当在与商家进行两次糟糕的经历之后，大约29%的巴西人将停止与该公司继续进行交易。这与其他市场中要求苛刻的消费者形成了鲜明对比，例如，当遭遇2次商家的不良体验后，以下国家的消费者会直接换掉该品牌的数据依次为：德国63%，英国56%，澳大利亚49%，美国44%。更令人惊讶的是，25%的巴西消费者表示，在转投其他品牌之前，他们最多可以忍受商家5次的糟糕行为。

8. 巴西消费者购买时逐渐开始依赖信息技术

Croma Marketing Solutions 最近的一项研究发现，60.4%的巴西人打算在未来3年内使用自助服务技术进行购买。调查中的3 000名巴西消费者青睐的技术包括应用程序（58%）、自助服务（58%）、新支付方式（57%）和3D可视化（44%）。

（二）巴西电子商务消费市场

巴西是拉丁美洲最重要的电子商务市场，也是全球增长最快的市场之一。

2017 年，巴西在线零售额达到近 187 亿美元，占拉美电子商务市场的 40% 以上，但与其他金砖国家相比，巴西的电子商务市场仍然相当小。2017 年，巴西的网上购物仅占零售总额的 3% 左右。然而，预计 2018～2022 年间电子销售的复合年增长率将近 11%，到 2022 年将超过 310 亿美元。

除了区域范围内最大的电子商务平台 Mercado Libre 外，在巴西受欢迎的电子商务平台还包括 Netshoes，Americanas. com 和 Submarino。尽管这些电子商务网站并未被巴西消费者广泛使用，但该国为亚马逊、eBay 和阿里巴巴等全球电子商务巨头公司提供了一个充满希望的新兴市场。例如，亚马逊仅在 2017 年 10 月在巴西推出了完整的零售业务，此前在过去的五年中仅出售了书籍。

2016 年，巴西有大约 6 100 万电子商务购买者，其中 51.6% 是女性。到目前为止，基于在线支出份额的最流行的支付方式是信用卡，而手机支付还未成为主要的电子支付手段。每年最热门的消费季节是圣诞节，2017 年 11～12 月间，巴西网上购物达到了 87 亿雷亚尔。

巴西的移动销售部门正在崛起。移动电子商务产生的收入预计将从 2017 年的 50 亿美元增长到 2021 年的 100 亿美元。2017 年，移动购物渗透率超过 25%，移动销售额在黑色星期五达到电子商务总量的 26.5%。在最近的一次调查中，高达 84% 的巴西受访者表示他们对移动电子商务体验感到满意。

此外，巴西消费者期望通过社交媒体对客户作出快速反应。目前，每 10 个巴西人中有 3 个使用 Facebook 联系品牌。一项针对巴西、法国和西班牙 3 000 多家客户的消费者调查显示，大多数（57%）巴西购物者希望一家公司在一小时内通过社交媒体与他们联系。与此同时，巴西消费者也受到社交媒体评论的显著影响，62% 的受访者表示，当他们阅读到客户负面评价的帖子时，他们会受到品牌的负面影响；而 75% 的受访者表示，当他们阅读到客户的正面评价帖子时，他们更有可能购买并使用该产品或服务。

（三）巴西消费市场的传播媒介

巴西是拉丁美洲领先的广告市场，也是全球最大的广告市场之一。有调研机构预测显示巴西广告市场预计将在未来几年内进一步增加，并预测巴西的广告收入在 2019 年估计将达到 300 亿美元。截至 2015 年，电视广告仍是巴西广告商最受欢迎的媒体，占市场份额的 55%。自 2009 年以来，电视媒体在巴西的广告商中不断增长，整个巴西的电视广告支出在 2011～2015 年间翻了一番，达到了当年的最高水平。除此之外，平面媒体，如报纸，是 2015 年巴西广告客户第二大受欢迎的媒体，该国的报纸广告支出在 2009～2011 年间增长，但从 2013～2015

年略有下降。此外，巴西广告商的其他重要传统媒介包括付费电视、电视营销、杂志和广播。

巴西的数字广告从 2012 年出现了繁荣，数字广告支出与去年相比增长了 40.2%。互联网广告是巴西媒体和娱乐行业目前最有前途的部门，预计至 2020 年互联网广告投放支出将增长 14.6%。在整个巴西的广告市场中，移动互联网显示了未来几年的有希望的数据。预计巴西数字广告支出中移动互联网的份额将从 2016 年的 28% 增长到 2019 年的 64.8%。

零售业是巴西的主要广告类别，其次是消费者服务行业，以及个人护理和美容行业。WPP 集团的子公司 Young&Rubicam 的巴西分公司是 2015 年巴西领先的广告公司。国际广告、营销和公共关系巨头奥美也在巴西设立了一个成功的分支机构，其在 2015 年的广告投资中排名第二。

巴西境内主要的广告品牌机构包括：SET – Marketing Digital，Novos Conceitos，Mokeka Publicidade，Alfaiataria Digital，Anmeb，MaVi Brasil，Karaca Comunicação & Marketing，EBM Quintto Comunicação，Ageisobar。这几家机构承载了大部分知名巴西品牌的运营推广。

1. 电视媒体

电视媒体是巴西境内最有影响力的传播手段，该国数百个电视频道覆盖了整个巴西。几乎每个巴西人每天都会看电视，特别是在每天的黄金时段及国家体育赛事期间，电视的收视率非常高。据媒体指南称，付费电视在 2015 年占巴西广告支出的72% 以上。2017 年 1~8 月收视率最高的免费电视台是 Globo（485 万观众），其次是 Record TV（191 万观众）。以下是巴西国内最主要的电视平台：Bandeirantes de Comunicação，Central Nacional de Televisão（CNT），Rede Globo，Rede Record，Sistema Brasileiro de Televisao（SBT），Fundacao Padre Anchieta，RedeTV。

2. 纸质媒体

纸质媒体的广告影响力逐渐式微，但它依然还有特殊的宣传作用。很多富裕和受过更多教育的人，例如公司经理和公务员等都会经常阅读报刊。巴西主要的纸质媒体包括：Folha de São Paulo，O Globo，Super Notícia，O Estado de São Paulo，Correio Braziliense，Zero Hora Estado de Minas，Brasil em Folhas，Valor Econômico。

3. 广播

尽管电视已广泛地取代了广播成为日常娱乐的主要手段。然而，广播的影响力依然很大，尤其是在农村地区、小型商店及交通运输行业。目前，巴西有数以千计的广播电台，大多数发射机在本地。巴西主要的广播媒体包括：Radio Bandeirantes，Radio Globo / CBN，Radio Eldorado，Empresa Brasil de Comunicação。

4. 公共交通场所张贴海报

巴西在公共交通工具上张贴海报并不常见，圣保罗市甚至禁止在市区任何地方张贴广告海报。由于劳动力成本很低，公司经常使用街头派发传单的形式发放广告。

5. 互联网

电子商务在巴西全面扩张，巴西目前拥有超过 2 000 万的电子商务用户，智能手机的普及有效增加了互联网零售，目前巴西的电子商务是整个拉丁美洲的领头羊。此外，据互联网直播网站报道，2016 年有 1. 39 亿巴西人可以上网。巴西人也喜欢使用 Facebook 等社交媒体。因此，在线广告可以通过电子邮件、超链接、弹出窗口等方式更巧妙地针对互联网用户。目前巴西主要的互联网门户网站有：Buscapé，Preçomania，Que Barato。

（四）巴西消费市场广告法律法规

1. 饮料（含酒精类饮料）广告

酒精饮料类的广告内容不得煽动人们喝酒，任何广告都必须附有警告不要过量饮酒的官方信息，且必须只能针对 25 岁以上的人。酒精类的广告在电视及广播的播出时段限定为晚上 9 点半到第二天早上 6 点之间。在广告牌上和公司赞助的活动中，只有品牌名称和产品代表得到授权。自 1996 年以来，酒精广告受到联邦法律第 9294/1996 的规范。

2. 烟草广告

除在销售点展示产品外，禁止烟草广告和促销。广告和促销只能针对 25 岁以上的人群。任何官方的体育名人都不会出现在烟草广告中，广告内容不得与快乐、放松或幸福有关，也不能宣传过度消费。烟草广告由联邦法律第 9294 号规定，自 1996 年起由康纳尔规定，所有相关的烟草广告法规都可以在这里找到。

3. 其他广告法规

广告不能逾越人们的私生活，广告内容要秉持尊重、正派、诚实和正直的原则，不能涉及暴力和恐惧。如果在广告中含有非葡萄牙语言，具体使用条例请参考相关法规细则。进口产品必须有葡萄牙语翻译。

三、巴西消费市场发展机遇

尽管面临经济危机，巴西仍然是一个具有潜力的消费市场。特别是在某些领域，例如电子商务和移动互联网方面，巴西都呈现上升趋势。鉴于当前最新的巴西消费者购买行为，消费品公司和零售商在当前的经济环境下可以考虑从以下几方面进行改进。

品牌商应进一步提升产品的性价比，满足消费者在购买时追求"物有所值"的心理。随着当前越来越多的消费者积极寻求储蓄，这意味品牌在强调产品功能优势和性价比的同时，还需要强化产品的情感属性，品牌必须为消费者提供更坚实的理由让消费者进行选择，而不是只追求成为其他品牌的低价替代品。例如一些沙龙品质的护发品牌在包括巴西和美国在内的几个市场取得成功，尽管它们的价格可能比普通洗发水贵两倍，但这些品牌已经能够说服消费者它们物有所值。因此，品牌在建设时需要传达与消费者产生共鸣的明确价值主张。

公司应着重强化先进的业务绩效管理能力。例如，通过投资于尖端的收入增长管理解决方案并分析人才管理方案，公司可以获得大数据支持的解决方案，了解哪些促销方式最有效，如何有效制定价格和宣传促销。基于先进数字化的分析报告，公司可以进一步为其品牌制定产品组合，并设计完善的营销策略，并针对不同渠道客户群和区域优化这些策略。

以数据驱动逐渐寻找市场增长的机会。为了在充满挑战的经济环境中寻求生存和发展，各大品牌公司和零售商们需要更加精确的数据驱动的方法来确定新的经济增长点。除此之外，消费市场的增长可能因地区及产品类别而产生显著差异。例如，某些中小乡镇的经济增长速度可能高于州首府的增长，果汁的增长速度可能会是碳酸饮料的两到三倍。

品牌公司应丰富不同档次的产品目录，同时提供高端及普通价位的产品。在经济低迷期间，巴西人两极化倾向明显，要么倾向于高端品牌，要么投向低端品牌。品牌公司应该拥有清晰完整的产品架构，同时提供优质服务以吸引高端消费者，并同时针对下行交易的大众消费者，提供引人注目的低价产品。高端产品可以通过丰富的手工工艺或独特的设计或领先的功能来证明其卖点。另一方面，低端产品线可以简化包装，提升产品的性价比，以满足普通消费者的低价需求。

关注消费者购买渠道的变化趋势。当前越来越多的巴西消费者开始利用电子商务及移动互联平台购物，品牌制造商应加快电子商务渠道的建设。与此同时，巴西消费者喜欢以折扣券的方式进行购买，品牌制造商必须推出更加完善的品牌促销计划来满足消费者的购物习惯。

持续优化公司运营模式，努力提升工作效率。巴西的经济公司必须坚持不懈地寻求机会来优化其营销投资的回报，提高销售人员的效率，加速改进过时的销售策略，以达到卓越的公司运用。

四、结论

巴西目前正经历历史上漫长的经济衰退，消费者信心仍然低迷，但 2018 年出现了略微复兴的初步迹象。2017 年全球国内生产总值（GDP）为 2.08 万亿美元，巴西在全球排名第八，去年巴西经济增长率为 1%，这是自 2014 年以来的首次增长。国际货币基金组织预计 2018 年巴西国内生产总值将增长 1.5%。与此同时，2018 年 2 月份巴西的储蓄账户余额为 2.83 亿美元，与 2017 年 2 月的 9.45 亿美元赤字相比有显著改善。随着失业率逐渐下降，巴西通货膨胀率也降至 3% 以下。

低增长和高通胀给巴西的经济发展带来一定的挑战性。目前，巴西 GDP 增长处于历史低位，商品价格走软，中国市场的需求减少，对全国出口产生了重大影响。近些年来，巴西零售销售额回落，购物中心的客流量不断下降，失业率接近 8%，这种动荡不仅影响了消费者信心，而且对巴西的零售和消费品行业产生了重大影响。目前巴西的经济也在缓慢而稳定的复苏中，并且外国投资者也将巴西定位为商业扩张的机会之地。

巴西零售业企业应加强巴西本土品牌的快速建设和发展，以满足当前人民追求性价比的购买需求。同时，巴西政策制定者应利用葡萄牙国家语言优势，可以强化与中国、非洲和南美洲等地区的经济联系，进一步扩展外商投资，吸引外国资本进驻巴西开设企业。此外，巴西政策制定者需要进一步加强商业模式创新，将重点放在互联网电子商务领域，并减少公司税收来提升企业活力。

巴西商业与政策环境

巴西税制概览及投资策略

何冠文[*]

摘　要： 近年来，随着中国与巴西两国关系的不断发展，中巴经贸合作成果丰硕，中国在巴西投资的项目共247个，总额为1 171.82亿美元。在中国企业巴西本地化经营过程中，复杂的税制是企业面临的障碍之一。巴西税种繁多，除联邦政府税法外，巴西26个州和巴西利亚特区都有自己的税法。了解并熟悉巴西当地税制是关系到中国企业在当地经营效果甚至成败的重要课题。为帮助有意在巴西经营的中国企业了解当地的税务问题，本文对巴西现行税制以及改革动向进行系统分析，希望能够给中国企业在巴西当地的经营提供参考。

关键词： 巴西　税制结构　税制改革　投资策略

一、巴西税制的特点

（一）双主体结构

巴西自1889年建立联邦共和国后，逐步引入了现代西方的税收制度，在20世纪初形成以关税、消费税、销售税和工业收入税等间接税为主的税制结构。1900年间接税占比为89.27%，其中关税占比高达61.98%[①]。1924年，巴西引入所得税制度，虽然在开征初期收入甚少，但对于完善税制体系来讲意义重大。20世纪30年代至60年代初，巴西对税收进行集中统一的管理和直接控制，所得

---

* 何冠文，北京理工大学珠海学院会计与金融学院，主要研究"一带一路"框架下的国际税收问题。
① 根据巴西国家地理与统计局（IBGE）数据计算得出，下同。

税收入增长较快。

1964 年巴西军政府执政后，建立了统一的社会保障制度，使得社会保障缴款成为巴西直接税的重要组成部分，进一步提高了直接税的占比。伴随着税制体系的完善，巴西减少了对关税的依赖程度，关税的地位逐渐下降。因战争、经济危机等影响，巴西的进出口贸易波动剧烈，关税收入增长陷入了停滞甚至回落。1964 年用工业产品税（IPI）替代了之前的中央消费税，1967 年用商品流通税（ICM）替代了联邦政府的销售税，实现消费税、销售税向增值税的转型。由于在 20 世纪初期，作为间接税主体税种的关税收入增长缓慢，增值税的转型减少了重复课税，使得间接税收入增长平稳，而所得税和社会保障缴款的迅速增长，使直接税的占比不断提高，在 1972 年突破了 40%，并在此后一直保持在 40% ~ 60%，这标志着巴西税制结构，实现了由间接税为主体到双主体的转变。

（二）宪政税制

巴西采用宪政税制，宪法中规定了联邦、州、市的征税权，任何税种都要根据法律来开征或增加税目，行政规范仅可以对现行税种的征收进行约束，而不能开征税种或增加税目。国家税典（Código Tributário Nacional，CTN）包括对税种开征、税收征管、纳税人、纳税义务、税务责任和进出口税收方面的特殊规定、市级不动产税、所得税、联邦消费税、增值税、金融交易税、市级服务税、市级不动产转让税及其他特定税收相关的规定。此外，巴西还颁布了明细法规约束特定税种征管的具体规定。

巴西税收种类按行政级别可以分为联邦税、州政府税和市政府税三级。其中，联邦税包括所得税、工业产品税、进口税、出口税、金融操作税、临时金融流通税、农村土地税等；州政府税包括商品流通服务税、车辆税、遗产及馈赠税等；市政府税包括社会服务税、城市房地产税、不动产转让税等。除此之外，企业还要交纳各种社会性费用，具体包括社会保险金、工龄保障基金、社会一体化计划费、社会安全费等（见表 1）。

表1 巴西现行税收种类

行政级别	税收税种
联邦税	企业所得税（IRPJ）
	个人所得税（IRPF）
	工业产品税（IPI）
	进口税（II）

行政级别	税收税种
联邦税	出口税（IE）
	金融操作税（IOF）：
	临时金融流通税（CPMF）
	农业土地税（ITRl）
州政府税	商品服务流通税（ICMS）
	车辆税（IPVA）
	遗产、馈赠税（ITD）
市政府税	社会服务税（ISSS）
	城市房地产税（IPTU）
	不动产转让税（ITBI）
社会化开支	净利润社会赞助费（CSLL）
	社会保险金（INSS）
	工龄保障基金（FGTS）
	社会一体化税（PIS）
	社保费（CNNFIN）
	工会费（CSP）

资料来源：本文作者整理。

在国际税收方面，巴西目前与 41 个国家或地区签署了双边税收协定，其中"避免双重征税协定"33 份，"税收情报交换协议"8 份，税收协定适用的巴西税种范围为联邦所得税，而不包括追加所得税和对次要活动征收的税收。巴西在 2011 年签署了经合组织的《税务事项行政互助公约》，该公约于 2016 年 8 月 29 日在内部获得批准（第 8842 号法令）。随后，在 2016 年 10 月 21 日，巴西还签署了《国际金融账户信息自动交换协议》（MCAA），该协议规定了世界范围内自动交换的规则和标准，而巴西采用了其中的 CRS 标准。

（三）税负繁重

1988 年，巴西宪法确立以建立福利国家为目标，出台一系列公共福利政策增加贫困人口的收入，一方面让为数众多的巴西穷人摆脱了贫困，另一方面也让巴西政府耗资巨大，巨大的财政支出背后是极为沉重的税收负担。据统计，巴西国民众 2014 年创造的财富中，税收的比例高达 35.95%。这个比例不仅高于其他中等收入国家，甚至高于许多欧美发达国家。根据世界银行的研究显示，在巴西需要用 1 958 小时来准备、申报和支付（或扣缴）公司所得税、增值税或销售税和劳动税，远高于世界平均水平（240.14 小时），在 264 个国家当中位列第一。

税负繁重导致商品价格畸高，严重削弱了企业竞争力。政府不得不对进口货物征收高关税以保护本国市场，而这又使贸易受到遏制，形成恶性循环。目前，世界经济普遍面临低增长困境，特别是巴西经济连年萎缩的形势下，减税成为巴西政府当前面对的一道难题。

二、主要税种介绍及税收优惠

（一）主要税种介绍

1. 企业所得税

巴西的企业所得税分为两种，企业纳税人需要就收入和资本缴纳企业所得税（IRPJ）及净利润社会赞助费（CSLL），两者共同作为企业所得税。巴西的所得税细则（Regulamento do Impostode Renda）为 1999 年 3 月 30 日颁布的 3000 号法令，其中企业所得税在该法规的第二部分。企业所得税的纳税人包括居民企业和取得来源于巴西所得的非居民企业，由于国家税典规定应税收入的界定比较宽泛，企业所得税适用于所有资本、服务，以及对于纳税人资产或权益处置的利得。

净利润社会赞助费的计征方式与企业所得税基本一致，在实务中被应视为企业所得税的一种。根据 7689 号法律，一般企业的 CSLL 税率为 9%，金融机构税率为 15%。除了上述两种企业所得相关税收，巴西税法另征收两种基于总收入的社会保障费，即社会一体化税（PIS）和社会保障金费（COFINS）（见表 2）。

表 2 　　　　　　　　　　巴西企业所得税计算示例　　　　　　单位：巴西雷亚尔

实际利润	1 000 000
净利润社会赞助费（CSLL）9%	(90 000)
企业所得税（IRPJ）计税基础	1 000 000
－企业所得税（IRPJ）15%	(150 000)

实际利润	1 000 000
– 企业所得税（IRPJ）附加税 10%	(76 000)
– 有效所得税合计	316 000
可分配利润	684 000

资料来源：中国国际贸易促进委员会。

2. 个人所得税

居民个人须缴纳的个人所得税（IRPF），属于联邦税，州政府和市政府无权对居民个人所得征税。居民个人还须缴纳社会保障金，而这由巴西联邦税务局负责征收，为国家社会保障中心（INSS）提供资金。

IRPF 居民纳税人需就全球范围内的所得缴纳个人所得税，所得税按年度缴纳但需要按月预缴。一些类型的个人所得需进行源泉扣缴，扣缴的税款即作为个人纳税人的预缴税款，比如雇主必须代扣代缴个人所得税。预缴税款可以在年度汇算清缴时抵免，超过本年纳税义务的预缴税款可以申请退还，但必须在预缴后五年内申请。

3. 增值税

巴西的增值税包括工业产品税（IPI）和商品流通服务税（ICMS）。其中，IPI 属于联邦税，ICMS 属于州政府税。

IPI 由 1988 年联邦宪法第 153 条（Ⅳ，3o）明文规定，目前按照修订后的 4502/1964 号 IPI 法律和 7212/2010 号法令颁布的 IPI 条例管理和执行。IPI 遵从非累积原则，属于流转税，即前一交易环节（包括产品进口）缴纳的税收可以在涉及产品生产的后续环节中抵扣，批发商和零售商从生产商/进口商采购，再出售时则一般不需要缴纳 IPI。IPI 的部分税收收入会分配给州政府和市政府。

ICMS 是由 1988 年联邦宪法第 155 条（Ⅱ，2o）（根据 1993 年第三次宪法修正案重新起草）明文规定的一种州政府税，并按照 87/1996 号补充法律管理和执行。ICMS 是对产品流通、城际或州际运输服务和通信服务征收的一种增值税。如果 87/1996 号补充法律的一般规定受到重视，那么每个州都会对产品流通和城际或州际运输服务和通信服务征收 ICMS。ICMS 也适用于与货物进口或城际和州际运输及通信服务相关的各个交易，包括进口商购买作为固定资产的货物（如机器设备）。在这种情况下，纳税人是进口商，其支付的税金可以用于抵扣未来交易或提供服务应缴纳的 ICMS（见表 3）。

表3　　　　巴西工业产品税（IPI）与商品流通服务税（ICMS）的区别

税种	纳税人	纳税环节	税率
工业产品税（IPI）	进口和/或生产产品的任何人，或者是联邦法律适用同等待遇的任何人	进口清关环节、厂商/进口商在巴西国内销售环节	IPI 的税率一般在 0～50%，具体税率是根据南共体通用海关编码（NCM）以及 IPI 税率表（TIPI）而定
商品流通服务税（ICMS）	－定期提供产品、城际和州际运输服务及通信服务的个人和法律实体； －将 ICMS 的应税产品和服务向巴西进口的任何个人	进口商品、商品流通以及提供通信、城际/州际交通服务时需缴纳 ICMS	ICMS 是州税，每个州都有自己的规定，在大多数情况下，州内的 ICMS 税率为 17%～19%，有些产品可能会有不同的税率，如汽车在许多州的税率为 12%，基础粮食类产品税率为 7% 等等

资料来源：本文作者整理。

4. 关税

　　根据进口产品的性质，按照从量或从价标准征收联邦关税。需要缴纳进口关税的产品分类表在 DOU 公布的法令中明确列示。1957 关税法（3244/1957 号法律修订）明确指定进口的关税税基是"从量"或是"从价"，以及税务机关选择按"从价""从量"标准或两者结合征税，是根据进口的情况以及哪种税率计算出的关税金额高来决定的。进口产品的应税价值是到岸价（CIF），而且是该产品或类似产品在进口当时的一般"公开市场"价格。发票上显示的价格是普遍接受的正常价格。但进口总量中约 10% 是按照最低价值或基准价格标准进行估价的。

　　根据修订的 1578/1977 号法令，政府可以对出口产品按 30% 税率征税，而且税率最高可达 150%。但是目前绝大多数产品的出口关税都降低为零。

　　表 4 是巴西进口产品税费计算示例。

表4　　　　　　　　　巴西进口产品税费计算示例　　　　　　　　　单位：雷亚尔

到岸价组成项目	金额
货物价款	4 000 000.00
运输费用	2 000.00
保险费用	400.00
到岸价（CIF）	402 400.00

税费项目	税率	税基	税额
关税	15	402 400. 00	60 360. 00
工业产品税（IPI）	10	462 760. 00	46 276. 00
社会一体化税（PIS）	2. 10	402 400. 00	8 450. 40
社保费（COFINS）	9. 65	402 400. 00	38 831. 60
商品服务流通税（ICMS）	18	678 436. 59	122 118. 59
清关税费总计			276 036. 59

资料来源：中国国际贸易促进委员会。

5. 其他税种

除增值税以外，巴西的间接税还包括服务税（ISS）和金融操作税（IOF）两种分别对一般服务业和金融业征收的税种。ISS 属于市税，不同的城市针对不同的服务可能会采取不同的税率。根据巴西联邦政府第 116 号补充法，ISS 由提供服务的企业向其所在的城市缴纳，但部分服务（比如提供建筑承包、清洁、保安等）的税款需要向服务发生的城市缴纳，由接受服务的企业负责代扣代缴。IOF 属于联邦税，主要对外汇、信贷、证券、保险等交易征收，按修订后的 6306/2007 号法令管理和执行。有别于 ISS，IOF 以多种不同类型的金融交易为征税对象，每种类型的交易分别对应各自不同的税基和征管细则。

在财产税方面，遗产税（ITCMD）由州政府征收，城市房地产税（IPTU）和不动产转让税（ITBI）由市政府征收。其中，不动产转让税（ITBI）对任何纳税人生前发生的不动产转让行为征收，豁免的情形包括：（1）以不动产或产权对公司出资；或（2）因法律实体重组或解散而产生的不动产或产权转让（如合并和分立）。不动产转让税以不动产成交价格和不动产价值孰高的一方为税基，税率一般为 2%，部分市政府可能采用不同的税率。

（二）税收优惠

巴西联邦政府有一些行业性的优惠政策，比如在基建工程中，企业可以申请 REIDI 政策，这样便可以在进口设备和国内采购时暂缓缴纳 PIS 和 COFINS。另外像电子产品的 PPB 政策，也可以在进口时获得 IPI、ICMS 等税金暂缓缴纳，在销售时可获得 IPI 和 ICMS 的优惠。因此企业在开展业务之前，应对有关的优惠政策进行充分了解，合理运用政策降低企业税负（见表 5）。

表 5   **巴西主要税收优惠政策归纳**

项目	具体政策
玛瑙斯免税区	玛瑙斯免税区是巴西唯一由联邦政府设立的免税特区,旨在通过大力度的税收优惠政策增加巴西北部,尤其是玛瑙斯地区的竞争力,吸引更多投资者到当地投资
信息技术行业优惠政策	1991 年颁布的 8248 号法 20(也被称为信息技术法 – Lei de Informática)正式设立了信息技术行业的税收优惠政策。该政策旨在通过降低本地生产信息技术产品(电脑、手机等产品)的 IPI 税负,促进本国技术发展
出口产品采购免税政策	出口产品采购免税政策(Drawback)是针对出口企业的优惠政策。根据相关规定,出口企业在采购原材料时,可享有进口和国内采购环节联邦税(关税、IPI、PIS、COFINS)暂缓缴纳(Suspension)或免税待遇
基础设施建设免税政策	基础设施建设免税政策(REIDI)是针对基础设施建设的税收优惠政策。拥有基础设施建设(能源、交通等)项目的企业可申请 REIDI 政策,暂缓缴纳以下税费: 巴西国内收入所对应的 PIS 和 COFINS 进口环节对应的 PIS 和 COFINS
技术创新所得税减免政策	巴西政府设立了针对技术创新研发的税收优惠政策,该政策旨在通过给予税务上的优惠待遇,推进企业的创新以及科技发展
半导体/光伏行业优惠政策	半导体/光伏行业优惠政策(PADIS)是针对半导体(电视、LCD、LED 屏、光伏太阳能板等)行业的优惠政策。根据规定,制造企业在满足相关行业研发要求的情况下,可以申请 PADIS 优惠政策

(三)反避税措施

根据法律 9430/1996,巴西的转让定价规定适用于受控交易的进出口产品、服务和权利,具体情形包括集团内部公司间贷款以及巴西居民(个人或法人实体)和低税率管辖区居民之间的任何和所有进出口非受控交易。但是,巴西转让定价税制中的部分规定与 OECD 转让定价方面的建议存在一定差异,比如在使用成本加成法和再销售价格法时要求采用固定利润率计算。上述做法虽然可以避免"可比性"带来的限制,有利于税务机关执行和纳税人遵从。但在缺乏具体依据的情况下,上述方法可能会背离独立交易原则。对此,第 9430/1996 号法律(2012 年修订)明确纳税人可以提出修改利润率的请求。

有别于国际经验,巴西的受控外国公司(CFC)规定很宽泛并适用于任何和所有巴西的受控外国公司。根据巴西的规定,外国受控公司获得的利润均被视为巴西母公司的利润,不区分子公司所在的管辖区,也不区别对待不同性质的所得。巴西的受控外国公司规定实际上属于一般性制度,因为它适用于所有通过国外子公司进行经营的巴西公司。

三、巴西税制改革动向

（一）税制的比较

与同为葡语系国家的葡萄牙比较，巴西税制无论是税负还是税制复杂性都远高于前者，其根本原因在于巴西政府奉行的思想与葡萄牙完全不同。在"轻税富民"思想的指导下，葡萄牙实行简单税制，主要税种包括企业所得税、个人所得税、增值税、房地产转让税、房地产税、印花税，税收立法权集中且征管体系单一。

与同为金砖国家的中国比较，虽然两国都实行"分税制"，建立了以流转税为主所得税为辅的双主体结构税制，但中国在政治体制方面与巴西有着根本上的差异。近年来，中国成功地在进行了一系列大规模的税制改革，对货物、劳务、服务、不动产以及无形资产全面征收增值税并减少税率级次。通过合并国家税务局和地方税务局等一系列措施，提高税收征管质量与效率，使税收充分发挥组织财政收入与调控经济运行的功能。在行政与立法效率方面，巴西与中国目前仍然存在较大差距，这也是巴西税制改革不能与国内经济发展配合的重要原因。

事实上，巴西税制结构与其邻邦阿根廷更为相似。阿根廷与巴西同为联邦制国家，政府是由中央、各级省政府和市政府共同构成的，并施行三权分立的政治体制。但在税收上，阿根廷的税制结构相对简单，只有联邦税和地方税两种税制，联邦和省政府同样有相对独立的税收立法权。由于阿根廷实行"农业立国"政策，农业成为阿根廷经济的支柱产业，涉农税收优惠政策在其税制中有着非常重要的地位。相较而言，巴西在税收政策方面没有过多地倾向于扶持某一个产业，巴西税制中的优惠政策大部分仅适用于国内的自由贸易区。

总结而言，巴西税制的发展现状主要由国家发展思想、政治体制、经济发展水平三个主要方面决定，税制改革必须在上述三者之间取得平衡才能顺利推进。尽管巴西税制改革正在面对很多难题，但改革的方向在巴西国内已经形成一些共识。

（二）化解税收战争

在巴西，联邦税与市政税的混合和重叠常常导致双重征税。具体而言，商品流通服务税（ICMS）属于州政府税，对货物和特定服务（通信服务以及州际、市际交通运输服务）的消费进行征税。宪法授权了国内相关法律，规范各州制定税收优惠的权力。第 24/1975 号补充性法律第 1 款明确规定，当且仅当各州审议一致并由其财政部门在国家财政政策委员会（"Confaz"）上代表其同意时，才能给予商品流通服务税税收优惠。在未与相关州签订协议的情况下，各州不得为了确保本地生产者在州际交易中拥有竞争优势而单方面给予税收优惠。

但实际情况是，巴西大部分州目前都单方面实行 ICMS 税收优惠，在征税的时候亦不给予饶让，"税收战争"在州与州之间就开始爆发。比如 A 是一家在圣卡塔琳那州的进口公司，B 是一家在圣保罗州的公司，从 A 采购商品。假设当 A 将商品销售给 B 的时候，发票上的 ICMS 税金是 100，但 A 实际只缴纳了 30 的税金，而 B 可以计提 100 的进项税。B 在圣保罗州销售的时候，假设需要支付 150 的 ICMS。由于在购买时计提了 100 的进项税，因此 B 在圣保罗州只需要缴纳 50。圣保罗州政府可能会因为 A 并未实际支付 100 的 ICMS 而向 B 要求支付 70 的税金差，导致 B 和 A 同时面对"税收战争"带来的税务风险。

2016 年 4 月，巴西州政府联合委员会公布了 2016 年的 31 号协议，对税务战争有了新的规定，允许各州政府给予企业优惠政策，但要求企业将获得的优惠的一部分（10%）存放在州政府的设立的地区基金中。然而，该协议仍存在许多的争议，而且尚未出台实行细则，至今如何实施仍不明确。

一直以来，巴西政府都在讨论一项更彻底的税制改革。改革法案建议将所有间接税合并成单一的增值税，根据所征税货物的种类分为两类——一种是普通税，另一种是适用于特定产品，如能源、燃料、通信、香烟、烈酒、车辆、轮胎和汽车零部件。此外，还计划将净利润社会赞助费（CSLL）和企业所得税（IRPJ）合并为单一所得税。上述改革方案并非以减轻税负为目的，其主要目的在于简化税制提高税收征管效率。

（三）引导合规申报

2015 年之后，巴西政府仿效其他国家（意大利、墨西哥、德国等）的做法，制定了一项计划，对巴西纳税人在国外持有的未申报外国资产进行正规化（"RERCT"）。对于已经被居民个人或法律实体汇出国外、或在国外保存、或汇回国内的，有合法来源的未申报（或错误申报）资金、商品和权利，13254/2016 号法律制定了其主动披露的合法化的特殊税制（Regime Especial de Regularização Cambial e Tributária，RERCT）。该程序适用于所有合法来源的资金、资产或权利，如银行存款、资本化交易、贷款和交易、股票、无形资产、房地产、飞机等。纳税人如欲参加该计划，必须向税务机关和巴西中央银行提交统一的正规化声明，在申报缴纳税款的同时还需要缴纳与所得税等价的罚款。

2018 年 4 月 7 日，圣保罗州启动了一项名为"合规"（Nos Conformes）的税务合规项目（第 1320 号法律），该项目目的在于促进税务部门和纳税人之间的合作环境。根据新措施，纳税人可按若干因素划分为 A +、A、B、C 和 D 类，级别高的纳税人将获得以下福利：（1）适用更优的累积税收抵免的条件；（2）简化特别税制的续期手续；（3）按照"税务替代制度"缴付国际海运服务税；（4）适用国际海运服务抵税，以缴付进口货物（清关）应付的国际海运服务税。

（四）提高税收透明度

在巴西过去签署的双边税收协定中，税务信息交换通常仅限于请求的交换，即使在提供自动交换的情况下，由于缺乏规则和程序标准，往往限制其适用性。2014 年 9 月 23 日，两国签署了管理 FATCA 下自动信息交换的 IGA，该协议于 2015 年 8 月 24 日在巴西通过第 8506 号法令获得批准。与 FATCA 同时，巴西在 2011 年签署了经合组织《税务事项行政互助公约》，该公约于 2016 年 8 月 29 日在内部获得批准（第 8842 号法令）。随后，在 2016 年 10 月 21 日，巴西还签署了《国际金融账户信息自动交换协议》（MCAA），并采用 CRS 标准。

然而，在 CRS 未提交巴西国会批准的情况下，巴西当局提供或接收 MCAA 要求的机密信息均被视为违反《银行保密法》。对此，巴西联邦最高法院（STF）于认为，在保密的情况下将机密信息从金融机构转移到巴西税务部门是符合宪法的。2017 年 3 月，巴西向经合组织发出通知，确认它已制定实施 CRS 下的自动交换的所有必要法律，并打算在 2018 年 9 月之前进行第一次数据传输，提供有关 2017 年历年的信息。

（五）推进 BEPS 项目

近年来，为应对金融危机和严峻的财政问题，世界上主要国家对 BEPS 问题普遍关注，并纷纷采取行动予以应对。2013 年 9 月，有 G20 委托给 OECD 开展研究的 BEPS 项目正式开始实施，包括巴西在内的所有 G20 和 OECD 成员国加入了该项目。BEPS 是指跨国公司利用当前国际税收规则落后于商业发展以及各国税制差异，尤其低税地税制，在来源国和居民过两个层面将应纳税额降至最低，从而大幅减少其全球总税负，甚至达到双重不征税或双重税前扣除的结果，造成各国税基的侵蚀。BEPS 项目假设参与国在国内立法方面存在共同基础，但这一假设在巴西并不现实，比如转让定价立法和受控外国公司立法，巴西均采用与 OECD 以及国际经验不一样的原则，而综合性一般反避税立法在巴西并不存在。

2015 年 7 月 21 日，巴西总统在事先没有和公民讨论的情况下颁布了 MP 685 号法案。根据 MP 685/2015 第 7 条，纳税人必须在每年 9 月 30 日之前向巴西税务局报告前一年进行的交易，如果该交易存在消除、减少或递延税款的情况。符合下列情况时，必须填报下列报表：（1）进行的交易除税收原因外没有相关理由；（2）采用的表格有异于计划交易的通常形式，或合同包含的条款导致的实际效果不同于典型合同；或（3）纳税人进行的具体交易为巴西联邦税务局（Federal Revenue Secretariat，RFB）发布的交易列单上的交易。根据 MP 第 12 条，不申报或申报不完整或不正确会被定性为故意隐匿逃税或税收欺诈，联邦税务局将征收应缴税金，处以罚款（150%）并附加利息。但 MP685/2015 法案所指的"过度税收筹划"在现行法律中缺乏明确定义，无法界定强制信息披露的范围。经过反复辩论，巴西国会最终否决这一法案。BEPS 项目理所当然地认为所有 G20 国家都有有效的和相似的打击避税的手段，但在立法和体制能力方面，巴西仍然处在艰难之中。

四、中国企业投资巴西的税务考虑

（一）中国对巴西投资概况

根据巴西政府发布的《中国在巴西投资双月报告》，截至 2017 年 10 月，中国在巴西投资的项目共 247 个，总额为 1 171.82 亿美元。从投资领域看，投资最多的为石油天然气（24%）、电力传输（23%）、采矿（12%）、金融（8%）和农业（8%）。从投资项目来看，项目数量最多行业的为汽车（57 个）、电力（27 个）、通信（25 个）。过去 14 年中，在巴西投资的主要是国有企业，中国国家电网集团、三峡集团、中国石化集团、武汉钢铁集团等企业的投资额占到了中国在巴西总投资额的绝大部分。但从项目数量上来看，许多项目也有私人资本参与，比如华为、美的、比亚迪等企业。

中国企业在海外直接投资的方式主要有两种：第一是创建投资，指中国公司等投资主体在东道国境内依照东道国的法律设置的部分或全部资产所有权归中国投资者所有的企业。第二是跨国并购，指中国投资者为了达到特定经营目标，通过一定渠道和支付手段，收购另一国企业全部或部分资产或股份，从而对被收购企业的经营管理实施实际或完全的控制行为。从目前公布的投资项目信息来看，中国企业"走出去"主要以并购的方式展开。

（二）投资架构安排

巴西税务机关和税务法庭目前趋于否定缺乏经济实质和商业目的的公司架构。一些有针对性的反避税规则已在巴西适用，如向低税管辖区法人对外支付的特殊性税务处理、转让定价、资本弱化和受控外国公司规则。根据法律 9430/1996 第 24 条，低税司法辖区是指不征税或最高税率低于 20% 的国家（对于遵循国际财务透明度标准的国家这一税率是 17%）。低税司法管辖区居民纳税人取得的特定类型的收入（如利息和特许权使用费）以及资本利得，都必须由巴西境内支付方代扣 25% 的预提税（而不是一般适用的 15% 费率）。根据巴西税务局发布的 1037/2010 号行政法规，香港特别行政区和澳门特别行政区已经被认定为低税司法辖区。

事实上，相对简单的投资架构可能更利于降低中国居民企业投资巴西的税负和税务风险。根据《中华人民共和国政府和巴西联邦共和国政府关于对所得避免双重征税和防止偷漏税的协定》，中国居民企业投资巴西，在巴西实际缴纳的联邦所得税，即企业所得税（IRPJ）和个人所得税（IRPF），可以在一定限额内抵免中国的企业所得税。在股息方面，由于巴西税制通过股息免除机制消除经济性双重征税，中国居民企业从巴西取得的股息无须承担预提所得税。

（三）本地税制选择

在巴西，大部分企业可以自行选择企业所得税的计征方法（见表6），根据公司的利润、运营情况，合理地选择税制可起到节税的效果。巴西税法允许企业申请一些特殊税制，比如在进口货物时可申请暂缓缴纳税金，通过该特殊税制一方面可以优化企业的现金流，另一方面也可以避免累积进项税资产。

由于不同的销售模式会对企业的税负产生直接影响，企业可以通过合理构建销售模式，结合行业相关税收政策降低税负。以销售设备并提供安装和调试服务为例，由于 ISS 的税率远低于 ICMS 和 IPI，将销售额在产品和服务之间进行筹划分配可以起到节税的效果。必须注意的是，税务筹划的收益往往与风险并存，如果将大部分销售额按提供服务申报 ISS，很可能会引起联邦政府或州政府对纳税人未按规定申报缴纳 ICMS 和 IPI 的质疑，由此产生的税务风险在实务中不能被忽视。

表6	巴西企业所得税计征方式与适用条件
计征方式	适用条件
实际利润法	以企业的会计利润为基础，扣除免税的收入，加上不可抵扣所得税的费用，以此计算出企业的应纳税所得额
推算利润法	以企业的销售额为基础，计算企业的应纳税所得额。销售商品时，应纳税所得额为企业商品销售总收入的8%。如果是提供服务型企业，则应纳税所得额为服务收入的32%。推算利润法的使用有一定限制，例如年收入超过7 800万雷亚尔的企业、金融机构等不能使用推算利润法
简易计税法	简易计税法的计算不仅包括了企业所得税，也涵盖了其他各种联邦税、州税和市税。简易计税法与推算利润法相同，是按照企业的收入计算应缴税金。简易计税法的限制比推算利润法还多，例如采用该种计税法企业的收入不能超过360万雷亚尔，外国股东入股的企业、金融、运输、电力、汽车和摩托车进口商和厂商、房地产开发商等特定行业不能使用

（四）税务风险管理

巴西税法过于复杂而且变动频繁，在企业运营过程中应特别加强企业财税管理，通过聘用当地有经验的会计师，严格按照相关法规做好财务和纳税相关工作。对于新成立的企业，巴西税务机关一般会在其成立 4～5 年后会进行税务检查，若企业在此期间未及时发现税务风险，将会在税务检查中受到质疑。因此，企业对自身的税务风险必须有足够的认识。

如果必须补缴税款，一般还需要缴纳相当于税款金额 50%～150% 的罚款（根据企业违规操作的性质而定）、20% 的罚息以及按照基准利率计算的利息。在有需要的情况下，通过行政复议和司法手段保护自身合法权益，也可通过合法的途径减少税务风险对企业的影响。各级的政府会不定期地推出拖欠税金分期偿还政策，企业可通过此类政策获得罚款、罚息和利息的部分减免，还可以分期支付税款、罚金和罚息。

参考文献

[1] 国家税务总局：《金砖国家联合统计手册》，详见网址：http：//www. stats. gov. cn/ztjc/ztsj/jzgjlhtjsc/。

[2] 国家税务总局：《中国居民赴巴西投资税收指南》，详见网址：http：//www. chinatax. gov. cn/n810219/n810744/n1671176/n1671206/c2581919/content. html。

［3］中国国际贸易促进委员会驻巴西代表处：《巴西税务简介（2016 版）》，详见网址：http：//www. ccpit. org/Contents/Channel_4139/2017/0610/821858/content_821858. htm。

［4］Pedro Chimelli，Felipe Rufalco Medaglia，FATCA，CRS And Brazil：Where Are We And Where Are We Going?

http：//www. mondaq. com/brazil/x/629034/tax + authorities/FATCA + CRS + And + Brazil + Where + Are + We + And + Where + Are + We + Going.

［5］刘国枝：《巴西发展报告（2016）》，社会科学文献出版社 2017 年版。

［6］刘易斯·爱德华多·斯格瑞著、李纯璞译：《金砖国家与税基侵蚀和利润转移计划——巴西措施评述》，载于《国际税收》2016 年第 11 期。

［7］汪清阳、吕冬娟：《跨国资本运赢的税收管理》，知识产权出版社 2015 年版。

［8］解学智、张志勇：《世界税制现状与趋势》，中国税务出版社 2014 年版。

［9］国家税务总局税收科学研究所课题组：《国外税制改革发展方向与经验的研究》，载于《经济社会体制比较》2012 年第 6 期。

基于创新发展的巴西知识产权制度浅析

张倩孺[*]

摘　要： 巴西是中国对外投资的主要国家之一，也是中国在拉美地区最大的贸易合作伙伴。2017 年，巴西位列世界十大经济体第九名。然而，就其创新能力而言，巴西仍然面临严峻的挑战。本文在分析巴西知识产权制度架构的基础上，结合创新能力的发展，探讨巴西知识产权发展存在的困境，并对赴巴西投资的中国企业在知识产权保护方面提出相应建议。

关键词： 巴西　创新能力　知识产权

一、前言

巴西，拥有丰富的矿产资源，服务业、制造业以及农业等构成巴西主要行业。近年来，巴西经济低迷，失业率上升，外商投资信心下跌，经济萧条的状态持续至 2016 年。自 2017 年以来，巴西经济缓慢复苏，财政状况较之前正逐步改善。同年，巴西位列世界十大经济体第九名。依据巴西联邦政府统计资料，"巴西 2018 年 6 月政府赤字为 164.22 亿雷亚尔，略好于 2017 年同期的 198.44 亿雷亚尔。"[①] 在创新能力方面，巴西以 33.44 分位于全球创新指数（Global Innovation Index）第 64 名，在拉美地区排名第六，创新能力反映出"巴西在研发投入、高端技术进出口、科学出版物及高校水平等方面有所改善。"[②] 尽管如此，巴西整体的创新能力仍具有提升空间，国家对知识产权的保护力度直接影响着国家创

---

　　* 张倩孺，法学博士，澳门科技大学助理教授，研究方向为企业法律环境、商法。
　　① 中华人民共和国驻巴西联邦共和国大使馆：巴西经济数据，http：//br. china - embassy. org/chn/a_123/t1581573. htm.
　　② World Intellectual Property Organization："Global Innovation Index 2018 rankings"，http：//www. wipo. int/edocs/pubdocs/en/wipo_pub_gii_2018 - intro5. pdf.

造力。外国投资者赴巴西之前，应当深入了解巴西知识产权制度，获得知识产权保护，以促进外商投资企业的"本地化"发展。

2018 年 7 月，根据巴西央行公布的数据显示，"巴西上半年吸引外国投资 299 亿美元，是自 2010 年以来同期最少的一年。"① 虽然巴西吸引外国投资的总量所有下降，但中国企业赴巴西投资经营的总额却并未受巴西政治、经济环境的影响。巴西是中国对外投资的主要国家之一，也是中国在拉美地区最大的贸易合作伙伴。两国之间的合作已从传统的能源、矿产逐步扩展到基础设施建设、农业、制药业等领域，双方的合作交流将持续深入。截至 2017 年底，"中国在巴西的投资存量已达 400 亿美元。"② 中巴双方具有广泛合作交流的基础，巴西经济复苏赋予中国企业赴巴西投资发展的机遇与挑战。中巴两国之间的贸易合作交流，应当以符合知识产权保护架构为基础，这对于中国企业在巴西利益的保护具有积极的现实意义。

就知识产权领域而言，2014 年，世界知识产权组织发展与知识产权委员（Committee on Development and Intellectual Property-CDIP）在日内瓦召开第十四届会议。巴西工业产权局在《巴西知识产权运用情况报告》中指出"为了调整政策和结构，促进与发达国家相关的创新工作，巴西已付出了非凡的努力。过去二十年，巴西的治理工作取得了卓有成效的改进，各项政策、各部门和各机构之间彼此融合，效率不断增强。"③ 但与此同时，巴西知识产权保护亟待完善之处也不容忽视。

二、巴西知识产权国际合作体系

（一）巴西加入的知识产权国际公约

巴西国家工业产权局（The National Institute of Industrial Property-INPI）是负责巴西工业产权的官方政府机构，职责范围包括"商标注册、专利许可、技术转

---

① 中华人民共和国驻里约热内卢总领馆：巴西经济数据，http：//www.mfa.gov.cn/ce/cgrj/chn/bxyw/t1581573.htm。

② 经济参考报：《中企在巴西投资存量达 400 亿美元》，http：//www.jjckb.cn/2017 - 11/30/c_136789336.htm。

③ 世界知识产权组织：《巴西知识产权运用情况报告》，http：//202.171.253.69/www.wipo.int/edocs/mdocs/mdocs/zh/cdip_14/cdip_14_inf_6.pdf。

让与特许经营合同登记、工业设计、地理标志、软件、集成电路的注册等。"①

巴西知识产权体系建立较早,于 1975 年加入世界知识产权组织(World Intellectual Property Organization,WIPO),成为世界知识产权组织成员国之一。2009 年,世界知识产权组织开设了巴西办公机构,以支持该国知识产权项目的实施及活动。至此,巴西工业产权局与世界知识产权组织巴西办公机构相互配合,促使知识产权保护趋于国际化、规范化。

巴西加入的全球多边国际公约包括《伯尔尼公约》(Berne Convention)、《马拉喀什条约》(Marrakesh VIP Treaty)、《专利合作条约》(Patent Cooperation Treaty)以及《保护工业产权巴黎公约》(Paris Convention for the Protection of Industrial Property)等。其中,同属于世界知识产权组织成员国,中国与巴西共同参加的国际条约涉及《伯尔尼公约》(Berne Convention)、《专利合作条约》(Patent Cooperation Treaty)与《保护工业产权巴黎公约》(Paris Convention for the Protection of Industrial Property)。以共同参加的多边或双边条约为基础,中巴两国在与知识产权有关的贸易活动中,可享受"国民待遇原则",促进两国贸易投资,鼓励合作交流。

(二)中巴双方在知识产权领域的合作

1. 合作战略背景

1974 年,中巴正式建交,经过共同努力,两国于 2012 年建立全面战略合作伙伴关系。自建交以来,中巴两国从民间到官方之间的合作关系良好,并不断推动双边长期稳定的友好合作。"中巴在联合国、世界贸易组织、二十国集团、金砖国家、'基础四国'等国际组织和多边机制中合作密切,并就国际金融体系改革、气候变化、可持续发展等重大国际问题保持良好沟通与协调。"② 中巴两国在多个多边机制中积极互动,合作领域不断加深,逐渐形成了合作共赢的模式。

2. 经贸合作协议

自建交以来,中国和巴西两国在经贸、科技、文化、能源、基础设施建设、艺术、国际空间、体育及医药等领域签订了双边合作协议。据统计,截至 2017 年底,两国共签订了 84 份双边协议与文件。其中,涉及经贸合作的双边协议及

---

① 巴西国家工业产权局:THE SERVICES OF INPI,http://www.inpi.gov.br/english。
② 中华人民共和国外交部:《中国同巴西的关系》,http://www.fmprc.gov.cn/web/gjhdq_676201/gj_676203/nmz_680924/1206_680974/sbgx_680978/t7915.shtml。

文件共计 17 份，协议名称及签订日期如表 1 所示：

表1 中国与巴西签订的经贸双边协议及文件统计

中巴有关经贸的双边协议及文件	签订日期
《中巴两国政府贸易协议》	1978 年 1 月 7 日
《中巴两国政府贸易协议补充议定书》	1984 年 5 月 29 日
《中巴两国政府关于钢铁工业合作的议定书》	1985 年 11 月 1 日
《中巴两国政府技术合作议定书》	1988 年 7 月 6 日
《中巴两国政府关于电力（包括水电）科技合作协议》	1988 年 7 月 6 日
《中巴两国政府工业合作议定书》	1988 年 7 月 6 日
《中巴两国政府经济技术合作协议》	1990 年 5 月 18 日
《中巴两国政府关于科技合作协议和经济技术合作协议的补充协议》	1995 年 12 月 13 日
《中巴贸易投资领域合作谅解备忘录》	2004 年 11 月 12 日
《中巴两国政府关于能源和矿业合作的议定书》	2009 年 2 月 19 日
《中巴关于进一步加强中巴战略伙伴关系的联合公报》	2009 年 5 月 19 日
《中巴高层协调与合作委员会关于建立知识产权工作组的谅解备忘录》	2010 年 4 月 15 日
《中华人民共和国商务部和巴西联邦共和国发展工业外贸部双边货物贸易统计差异研究报告》	2012 年 6 月 21 日
《中华人民共和国国家发展和改革委员会和巴西联邦共和国发展工业外贸部关于促进投资与工业合作的谅解备忘录》	2014 年 7 月 17 日
《中华人民共和国商务部和巴西联邦共和国发展工业外贸部关于贸易统计协调小组 2014 至 2016 年工作计划》	2014 年 7 月 17 日
《中国国家发展改革委员会和巴西计划、预算和管理部关于开展产能投资与合作的框架协议》	2015 年 5 月 19 日
《中华人民共和国商务部和巴西联邦共和国工业、外贸和服务部关于电子商务合作的谅解备忘录》	2017 年 9 月 1 日

资料来源：中华人民共和国外交部：《中国同巴西的关系》，http：//www. fmprc. gov. cn/web/gjhdq_676201/gj_676203/nmz_680924/1206_680974/sbgx_680978/t7915. shtml。

　　不断深化的双边经贸关系，对赴巴西投资的中国企业在知识产权领域的保护提出了更高的要求。中巴两国在 2000 年 4 月 15 日，签订了《中巴高层协调与合作委员会关于建立知识产权工作组的谅解备忘录》，强调双方在知识产权方面的信息交流与技术合作。

3. 知识产权互惠互利

2018 年，在中国成都召开的第十届金砖国家知识产权局局长会议上，"金砖五国"知识产权负责人签署了《金砖五局关于加强金砖国家知识产权领域合作的联合声明》，进一步推动了中国与巴西加强知识产权领域的交流、互惠。一直以来，中国和巴西在知识产权领域的合作以互利互惠、共同发展为导向，此次金砖国家知识产权合作网站的开放也为中巴两国在金砖合作中提供了更广阔的网络平台。如图 1 所示，中国与巴西在知识产权领域构建合作伙伴关系，共同推动两国经贸、科技创新发展。

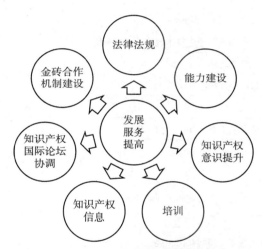

图 1 中国与巴西在知识产权领域合作目标与措施

资料来源：人民网：《金砖五局签署知识产权合作联合声明》，http：//ip. people. com. cn/n1/2018/0330/c179663 – 29897880. html。

图 1 表明，以金砖合作机制为基础，中国与巴西在知识产权领域的合作将更加具体化、可操作化。合作目标包括以下三个方面："第一，推动知识产权发展；第二，为知识产权用户和公众提供更好的服务；第三，提高金砖国家在全球知识产权体系发展中的发言权和代表性。"[1] 共同发展知识产权的措施包括："法律法规、能力建设、知识产权意识提升、培训、知识产权信息、知识产权国际论坛协

---

① 人民网：《金砖五局签署知识产权合作联合声明》，http：//ip. people. com. cn/n1/2018/0330/c179663 – 29897880. html。

调、金砖合作机制建设七大方面进一步开展信息交流及合作。"① 例如，中巴两国可推进知识产权信息共享，提高申请效率，保障两国公民、企业知识产权权益。除此之外，中巴两国在知识产权领域的合作交流，亦能深化经贸共赢。

三、巴西知识产权法律规范及权利分类

巴西知识产权的发展，在不同的历史时期呈现出相应特点。20 世纪 50 ~ 60 年代，巴西的知识产权立法仍处于起步阶段。在以经济效益为导向的时期，知识产权研究机构与立法尚未形成规范的体系。20 世纪 60 ~ 80 年代，巴西确立较为科学的知识产权规范体系。20 世纪 80 年代至今，巴西知识产权保护逐渐制度化。下文将探讨巴西知识产权的主要法律规范，专利、商标、版权、商业秘密等权利分类，以进一步分析巴西知识产权基本框架。

（一）巴西知识产权法律法规汇总

知识产权法律、法规为巴西创新能力的发展，提供了法律层面的保障。20 世纪 90 年代至今，是巴西着力发展知识产权的重要时期。巴西对外积极参与国际知识产权保护，对内鼓励本国公民、企业申请专利、版权、商标等。从立法角度分析，巴西具有代表性的知识产权法律汇总如表 2 所示。

表 2 　　　　　　　巴西具有代表性的知识产权法律统计

法律法规	主题内容	生效日期
《遗传资源和相关传统知识的获取和惠益分享》（*Access and Benefits Sharing of Genetic Resources and Associated Traditional Knowledge*）	专利、传统知识、遗传资源	2015 年 11 月 17 日
《专利修订法》（*Amendments to the Law on Copyright*）	替代性争端解决、版权与相邻权、知识产权的执行及相关法律	2013 年 8 月 14 日
《集成电路布图设计》（*Integrated Circuit Topographies*）	专利、商标、工业产权、知识产权及相关法律执行、知识产权监管机构、集成电路布图设计	2007 年 5 月 31 日

① 人民网：《金砖五局签署知识产权合作联合声明》，http://ip. people. com. cn/n1/2018/0330/c179663 - 29897880. html。

法律法规	主题内容	生效日期
《计算器软件程序保护，本地商业化及相关规定》（*Law on Protection of Intellectual Property of Software，its Commercialization in the Country，and Other Provisions*）	版权与相邻权、知识产权的执行及相关法律、知识产权监管机构、技术转让	1998 年 6 月 20 日
《版权和邻接权法》（*Law on Copyright and Neighboring Rights*）	替代性争端解决、版权与相邻权、知识产权的执行及相关法律、知识产权监管机构、传统文化表达	1998 年 6 月 20 日（2013 年 8 月 14 日修订）
《植物新品种保护法》（*Plant Variety Protection Law*）	知识产权的执行及相关法律、知识产权监管机构、植物多样性保护	1997 年 4 月 28 日
《工业产权法》（*Law on Industrial Property*）	竞争、知识产权的执行及相关法律、地理标识、知识产权监管机构、工业设计、工业产权、专利、贸易名称、商标、技术转让、商业秘密、实用新型	1996 年 5 月 14 日

资料来源：World Intellectual Property Organization：Brazil Enforcement of IP and Related Laws，http：// www. wipo. int/wipolex/en/results. jsp？ countries = BR&cat_id = 12.

表 2 汇总了巴西主要的七部知识产权法律，涉及工业产权保护的诸多方面，例如：版权与相邻权、专利、商标、商业秘密、工业设计、替代性纠纷解决机制及知识产权监管机构等。除此之外，巴西立法机构颁布了十六部与知识产权有关的法律，涉及生物安全法、反托拉斯法、仲裁法、民事诉讼法、税法等。立法机构制定的法律、行政部门颁布的法规以及巴西缔结的国际条约等，共同构建了巴西知识产权法律制度基础。从法律生效时间考察，除了部分国际条约，巴西的法律、法规多数是自 20 世纪 90 年代确立的，这基本符合巴西知识产权制度发展特点的时间轨迹。

（二）巴西专利

首先，从专利的定义分析，巴西法律保护任何创造性的发明，以及能够解决一定领域技术问题的技艺。涉及巴西专利的法律渊源包括《巴西联邦共和国宪法》以及《工业产权法》。《巴西联邦共和国宪法》第二部分 "基本权利与担保"（Title Ⅱ-Fundamental Rights and Guarantees）第一章 "个人与集体的权利义务"（Chapter Ⅰ-Individual and Collective Rights and Duties）第五条（Article 5）明确规定了 "在法律面前无差别地人人平等，居住于巴西境内的巴西公民与外国公民的生命、自由、平等、安全及财产神圣不可侵犯。"① 第五条第九款特别强调了公民具有表达智力、艺术、科学以及沟通的活动自由，并独立审查或许可。巴西宪法将智力活动作为公民的一项重要权利予以保障，这是公民从事知识产权活动的重要法律基础。

其次，巴西《工业产权法》第一部分（Title Ⅰ）以十个章节详细规定了专利发明的内容，包括权利人、专利要件、专利申请、专利的授予及期限、专利授予的保护、无效专利、转让与登记、许可、国防利益专利以及专利添附证书。其中，对于专利申请的程序的规定如下：

（1）填写申请。巴西工业产权局规定申请人数据内容，包括请求、技术指标、权利要求、图纸（如适用）、摘要以及已缴申请费用证明。除此之外，申请人必须注明申请专利权的日期，这对获取权利具有重要的法律意义，特别是对于相同或相似专利申请的授予，将考虑申请时间的优先性。

（2）申请条件。巴西专利分为发明专利与实用新型专利。发明专利包括一个单独的或一组关联的发明以构成一个单独发明。实用新型专利指以一个主模型为基础，可以拓展不同分解部分，具有一定的技术功能性。在专利申请中，必须明确说明技术指标；专利申请可整体或分为不同部分提出；若撤回申请则赋予其后申请以优先性。《工业产权法》对巴西专利的申请做出弹性规定，既保障发明者自由申请的权利，同时也明确申请及撤回申请应当承担的法律责任。

（3）专利期限。依据巴西《工业产权法》，"专利保护期为申请之日起 20 年或授权之日起 10 年，实用新型专利则为申请之日起 15 年或授权之日起 5 年。"② 若按照申请之日起算，由于大多数情况下，自申请之日到专利获批的时间段应计算在专利保护期内，则在权利人获批后，专利保护期限将少于 20 年或 15 年。法律同时规定，在权利终止日之前，任何人都不得侵犯专利人的合法利益。

近年来，巴西专利法律制度日臻成熟，不仅巴西本国居民、企业申请专利的数量快速增长，外国居民或企业申请专利的比例亦逐年增加。"自 2009 年起，按来源国统计专利申请数据显示，美国申请人占巴西专利申请总量 30% 左右，其次是巴西 16%，德国 10% 和日本 9%。来自法国和瑞士的申请也不容忽视，大约各占 5%。"③ 专利申请来源国比例如图 2 所示，其中，来源国为中国的占比统计于"其他"中，申请专利数量占比稳步上升。

---

① World Intellectual Property Organization：Federative Republic of Brazil Constitution，http：//www. wipo. int/wipolex/zh/text. jsp？file_id＝218270.

② 《企业境外法律风险防范国别指引》系列丛书编委会编：《企业境外法律风险防范国别指引——巴西》，经济科学出版社 2013 年版。

③ 世界知识产权组织：《巴西知识产权运用情况报告》http：//www. wipo. int/meetings/zh/doc_details. jsp？doc_id＝286601。

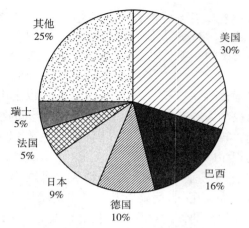

图 2　巴西专利申请来源国比例

资料来源：世界知识产权组织：《巴西知识产权运用情况报告》http：//www. wipo. int/meetings/zh/doc_details. jsp？doc_id＝286601。

（三）巴西商标

为鼓励商业活动有序开展，巴西一直致力于保护企业的商标权益。对于何种标识可以成为巴西企业的标志，《巴西工业产权法》作出了两点限定：第一，任何明显可见标志；第二，不属于法定禁止范围。

商标的意义在于区别服务或商品。巴西商标分类包括三种：产品或服务商标、认证商标、集体商标。企业根据不同的市场需求，选择商标类别。由于商标申请及获批需要耗费较长的时间，申请人应当事前调查该商标或类似商标是否被使用，以避免不必要的资源浪费，甚至侵犯他人知识产权。

申请巴西商标的途径包括在巴西提出，或者前往与巴西签订商标保护协议的国家申请。在具备新颖性、原创性、不违背公序良俗的前提下，商标权利人受到保护的期限为 10 年，自注册授予之日起计算。

（四）巴西不当竞争

巴西《工业产权法》将严重侵犯知识产权的行为定义为犯罪。例如，侵犯专利、商标、工业设计等，同时，不当竞争也被视为犯罪。巴西《工业产权法》第 95 条规定了数十种犯罪行为，其中以虚假陈述为例，量刑的要件包括盈利为目的以及对权利人造成的损失。不当竞争与侵犯商业秘密，其本质已经符合上述两点。若违反了《工业产权法律》，侵权者将被定罪量刑，判处监禁 3 个月至 1 年，或者罚金。

除此之外，巴西为保护和激励知识产权创新，提升本国经济增长，在著作权保护、软件保护等方面，做出了相应的规范。同时，针对侵犯知识产权的行为，按照侵权程度，判处行为人监禁、罚金、禁令等。权益受损害者可根据侵权行为的严重程度，对部分或全部的侵权损失提出赔偿请求。

巴西知识产权制度在不断完善的过程中，尤其是如何解决"盗版"，已成为巴西近年来重点关注的社会问题。因此，中巴战略合作伙伴，应当进一步深化在知识产权领域的合作交流，为企业创新驱动发展，提供更广阔的平台。中巴两国积极开展中国与葡语国家经济文化交流，以及金砖五局的合作，从一定程度上促进中巴两国知识产权互动。

四、巴西知识产权发展困境分析

（一）内部环境

1. 创新力不足

尽管巴西近年来不断促进创新，致力于建立健全知识产权法律制度体系。但根据美国商会《2018 年国际知识产权指数报告》，"巴西以指数 15.72 分在 50 个经济体中排名 33"[1]，相距首位美国 37.98 分，差距较大。与高收入经济体相比，巴西知识产权法律环境的建设依然存在较大的改善空间。从内部环境而言，巴西的创新能力不足，欠缺对知识产权的保护力度。作为能源大国，从传统资源开发到新能源利用，知识产权的保护对经济转型至关重要。结合《2018 年国际知识产权指数报告》与《创能指数报告》，数据显示巴西的知识产权保护力度、创新力并不容乐观。创新应当得到知识产权的保护，同时，保障知识产权能够进一步推动国家创新发展。

2. 制度欠完善

自 2017 年起，巴西的经济进入逐步恢复时期，与欧洲、亚洲等国的经济合

---

[1] Global Innovation Policy Center, U. S. Chamber International IP Index Overall Scores. http://www. theglobalipcenter. com/wp – content/uploads/2018/02/GIPC_IP_Index_2018. pdf.

作逐步得到加强，这对完善知识产权制度奠定了积极的经济基础。作为世界知识产权组织成员国之一，巴西知识产权保护起步较早，但其发展仍然相对滞后，制度欠完善。主要表现为以下三个方面。

第一，行政机关工作效率低下。以往企业向巴西行政机关申请知识产权保护，需履行烦琐的申请手续。以商标为例，从提出申请到获得知识产权登记，往往需要三至五年，甚至更久。"2005 年巴西全国工业产权协会积压的专利申请约为 11 万份，到 2016 年底已达到 24.2 万份。"[①] 行政效率低下严重阻碍了巴西创新能力发展，不利于吸引外商投资。

第二，知识产权保护的申请费用高昂。在巴西以专利为例，自权利人向国家工业产权局申请之日起，截至获得答辩通知，其间需要向工业产权局缴纳"维持费"，以保障权利人申请时间的优先性。否则，即使申请在前的专利发明者，也会因欠缴费用而丧失知识产权保护的时间优先性。换言之，专利申请人在正式取得知识产权保护之前，需要付出较高的时间成本与申请费用。

第三，巴西经济增长缓慢不利于知识产权保护。依据历年全球创新指数排名，排列较前的国家或地区大多在知识产权保护领域表现得更加积极。例如瑞典、瑞士、荷兰、美国、丹麦、新加坡以及芬兰等高收入经济体，这些国家或地区对创新系统建设的投入尤为突出。受制于经济因素的影响，巴西知识产权发展相对滞后。因此，在经济发展缓慢的背景下，如何从根本上保障并改善知识产权制度，值得深入探讨。

（二）外部压力

1. 《2018 年特别 301 报告》国家名单——巴西

为保护知识产权的适当及有效性，美国以年度报告的方式，颁布《特别 301 报告》审查美国贸易伙伴在知识产权保护及执法方面的状况，当贸易伙伴在国际协议未获执行或者出现不公平贸易时，该报告将作为美国实施贸易报复的法律依据。1988 年，美国贸易代表办公室（Office of the United States Trade Representative-USTR）第一次将巴西列为重点观察国家名单（Priority Watch List），同时列入该名单的还包括印度、墨西哥、中国、韩国、沙特阿拉伯、中国台湾与泰国等，美国认为这些贸易伙伴在知识产权保护方面相对不足。当年，《特别 301 报

---

① 新华网：《巴西专利审批平均耗时 11 年》，http：//www.xinhuanet.com/world/2017 – 01/09/c_1120272601.htm。

告》针对巴西提出需完善专利保护、提高打击盗版执法力度、参与多边知识产权保护等方面的建议。时至 2018 年，巴西仍然在这份报告名单中，只不过"身份"已由三十年前的重点观察国家转变为一般观察国（Watch List）。如表 3 所示，2018《特别 301 报告》名单，巴西属于一般观察国之一。

表 3 　　　　　　　　《2018 年特别 301 报告》国家名单

优先观察国家名单	一般观察国	
阿尔及利亚	巴巴多斯	巴基斯坦
阿根廷	玻利维亚	秘鲁
加拿大	巴西	罗马尼亚
智利	哥斯达黎加	沙特阿拉伯
中国	多米尼加共和国	瑞士
哥伦比亚	厄瓜多尔	塔吉克斯坦
印度	埃及	泰国
印度尼西亚	希腊	土耳其
科威特	危地马拉	土库曼斯坦
俄罗斯	牙买加	阿联酋
乌克兰	黎巴嫩	乌兹别克斯坦
委内瑞拉	墨西哥	越南

资料来源：Office of the United States Trade Representative：2018 Special 301 Report. https：//ustr. gov/sites/default/files/files/Press/Reports/2018％20Special％20301. pdf.

美国在《特别 301 报告》中对巴西知识产权保护表示担忧，并指出目前巴西在保护专利、商业秘密、医药以及农业化工等方面存在不足，巴西仍需不断完善知识产权保护的法制环境，以促进贸易交流公平、有序发展。

2. 国际竞争环境

巴西具有一定的国际竞争优势，但近年来，其国际竞争力排名却并不令人满意。世界经济环境，通过优化资源分配优胜劣汰，实现国家竞争力的提升。从 2017 年的数据来看，巴西目前的国际竞争力位于中下游水平，"巴西在 137 个国家，国际竞争力排 80 位，较去年（2016 年）上升 1 位。"[①] 虽然巴西近年来不断

① 巴西华人网：《巴西国际竞争力排行略有上升》，http：//www. brasilcn. com/article/article_7783. html。

加强与欧盟、南方共同市场、东盟等国家展开贸易合作，但巴西整体的经济环境仍然较为封闭，国际竞争力较低。以巴西与中国的出口竞争为例，在劳动密集型产品出口方面，巴西的竞争力不及中国。一方面由于中国注重工业制成品的专利保护，另一方面，与巴西较依赖于农、矿产品的出口，相对忽视工业部门的知识产权保护有关。

五、对赴巴西开展贸易的中国企业建议

巴西目前正处于经济恢复时期，知识产权制度影响着经济的发展。建立健全知识产权制度，完善知识产权保护体系，无论对于本国公民、企业，还是外商投资者而言，都具有积极的现实意义。虽然巴西政府近年来努力提高知识产权保护力度，但仍有不少亟待完善的方面。当面临行政效率低下、盗版现象严重、知识产权制度发展尚不完善等现象时，如何保护赴巴西开展贸易的中国企业知识产权利益，值得进一步讨论。笔者建议：

第一，及时、完整掌握巴西知识产权法律规范，包括巴西缔结的国际公约、法律、法规等。赴巴西投资的中国企业应当了解巴西立法、司法及执法环节对知识产权的保障制度及措施。例如，知悉专利申请的标准、了解商标侵权行为的定义、分类及其惩罚措施、防止不正当竞争等。强化"商品、服务未动，知识产权先行"的意识，从制度层面较全面地了解巴西知识产权法律环境的内容、特点。

第二，以巴西区域合作为契机，鼓励中国企业走向更广泛的国际平台。在金砖五国知识产权局的合作运行机制下，《金砖知识产权合作运行指南框架》将作为金砖国家知识产权合作目标。从知识产权信息交流、专业人员培训、国际论坛协调等方面，对各国知识产权战略的完善具有重大意义。因此，建议赴巴西投资的中国企业以中巴知识产权领域合作交流为机遇，利用国家合作框架中的有利政策，如专利数据交换、专利云审查系统共享、专利审查高速路合作等，完善企业域外知识产权保护。

第三，提高企业自身创新能力。巴西严厉打击不公平竞争行为。海关、税务、警方等行政机关定期展开联合执法，打击违法活动创设公平竞争的市场环境。企业只有提高自身的创新能力，实现产品（服务）、技术等创新，才能有利于促进知识产权保护制度的不断完善。以能源领域为例，当中国企业开拓发展巴西的能源项目时，创新是赢取竞争优势的关键。同时，建议赴巴西开展贸易的中国企业加强与巴西当地政府职能部门、企业、科研机构等协力合作，提高中国企业科技创新能力，以在域外开展投资、商品贸易、服务贸易中，维护企业知识产

权利益。

综上所述，知悉巴西知识产权法律制度、以区域合作机制为契机，善用有利政策，提高企业创新能力等，将有助于保护赴巴西开展贸易的中国企业知识产权权益。良好的知识产权制度环境，将进一步保障巴西本国及赴巴西的外国投资者知识产权利益，促进巴西经济可持续发展，形成良性循环。

参考文献

［1］ Global Innovation Policy Center, U. S. Chamber International IP Index Overall Scores. http：//www. theglobalipcenter. com/wp－content/uploads/2018/02/GIPC_IP_Index_2018. pdf.

［2］ Office of the United States Trade Representative：2018 Special 301 Report. https：//ustr. gov/sites/default/files/files/Press/Reports/2018％20Special％20301. pdf.

［3］ World Intellectual Property Organization：Brazil Enforcement of IP and Related Laws, http：//www. wipo. int/wipolex/en/results. jsp? countries = BR&cat_id = 12.

［4］ World Intellectual Property Organization：Federative Republic of Brazil Constitution, http：//www. wipo. int/wipolex/zh/text. jsp? file_id = 218270.

［5］ World Intellectual Property Organization： "Global Innovation Index 2018 rankings", http：//www. wipo. int/edocs/pubdocs/en/wipo_pub_gii_2018－intro5. pdf.

［6］《企业境外法律风险防范国别指引》系列丛书编委会编：《企业境外法律风险防范国别指引——巴西》，经济科学出版社 2013 年版。

［7］ 人民网：《金砖五局签署知识产权合作联合声明》，http：//ip. people. com. cn/n1/2018/0330/c179663－29897880. html。

［8］ 中华人民共和国外交部：《中国同巴西的关系》，http：//www. fmprc. gov. cn/web/gjhdq_676201/gj_676203/nmz_680924/1206_680974/sbgx_680978/t7915. shtml。

［9］ 中华人民共和国驻巴西联邦共和国大使馆：巴西经济数据，http：//br. china－embassy. org/chn/a_123/t1581573. htm。

［10］ 中华人民共和国驻里约热内卢总领馆：巴西经济数据，http：//www. mfa. gov. cn/ce/cgrj/chn/bxyw/t1581573. htm。

［11］ 巴西国家工业产权局：THE SERVICES OF INPI，http：//www. inpi. gov. br/english。

［12］ 巴西华人网：《巴西国际竞争力排行略有上升》，http：//www. brasilcn. com/article/article_7783. html。

［13］ 世界知识产权组织：《巴西知识产权运用情况报告》。

［14］ http：//www. wipo. int/meetings/zh/doc_details. jsp? doc_id = 286601。

［15］ 新华网：《巴西专利审批平均耗时 11 年》，http：//www. xinhuanet. com/world/2017－01/09/c_1120272601. htm。

［16］ 经济参考报：《中企在巴西投资存量达 400 亿美元》，http：//www. jjckb. cn/2017－11/30/c_136789336. htm。

巴西人力资本及劳动就业政策分析

宋雅楠　　陆庐舟[*]

摘　要： 近年来，中国与葡语国家的合作越来越密切，更多的中国企业计划进入巴西投资。本文通过分析 2013～2017 年巴西人力资本情况和劳动力市场状况，指出巴西存在人口老龄化、劳动力素质低下、失业率高等问题。并且分析比较了巴西与主要拉丁美洲国家墨西哥、阿根廷和葡语国家葡萄牙及中国的劳动就业政策，为中国企业投资巴西，了解可能会遇到的劳工问题并针对如何规避相关风险提出建议。

关键词： 巴西　人力资本　劳动力　就业政策

一、巴西人力资本基本情况

（一）巴西人口构成及受教育程度

1. 人口构成

2013 年，巴西的人口总数为 2.01 亿人。截至 2018 年 6 月，巴西的人口总数达到 2.08 亿人。近五年，巴西人口呈逐年上升趋势，增长率为 3.7%。但是 0～14 岁的儿童与少年的数量逐年减少，分别减少 5.19% 与 5.61%。15～64 岁为劳动年龄人口，其与总人口都呈上升态势。2013 年巴西的劳动年龄人口总数为

＊　宋雅楠，澳门科技大学商学院副教授，博士生导师。研究方向为国际贸易与投资、中葡经贸关系等。陆庐舟，澳门科技大学商学院研究生。

1.37 亿人，2017 年增长至 1.43 亿人，年增长率均为 1% 左右。同时 64 岁以上的老年人口数也逐年增加，从 2013 年的 1 487 万人增长至 2017 年的 1 757 万人，增长率高达 18.14%。虽然劳动年龄人口总数逐年增多，但其增速远远不及老年人口数的增长，同时青少年数量的大幅减少也不容忽视。巴西正处于低出生率、人口老龄化迅速的阶段，将对未来巴西是否有充足劳动力带来挑战（见图 1）。

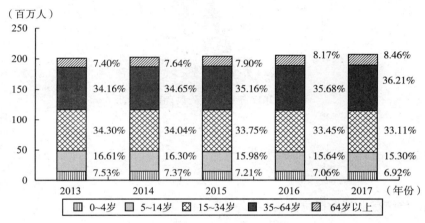

图 1　2013 ~ 2017 年巴西人口构成

资料来源：巴西国家地理与统计局。

2. 受教育程度

2013 年巴西接受教育人数为 1.6 亿人，占巴西总人口数的 79.79%。但未完成基础教育的高达 5.1 千万人，占受教育人口总数的 31.81%。相比，完成高中教育的有 4 千万人，完成大学教育或以上的仅有 1.7 千万人。

2017 年接受教育人数达到 1.7 亿人，五年内增长 6.25%，占巴西总人口数的 81.41%。与 2013 年相比，未完成基础教育的人数在 2015 年减少至 4.9 千万人后在 2017 年又增长至 5 千万人，占 2017 年受教育总人数的 29.92%。完成基础教育的在五年内减少 203.8 万人，变化率为 − 11.24%。2013 ~ 2017 年，未完成高中教育的增加 139.9 万人，完成的增加 544.2 万人；未完成大学或以上教育的增加 154.7 万人，完成的增加 521.1 万人，呈现双向增长。

虽然，巴西接受教育的人数逐年增加，但是每年仍有近 1/3 的人连基础教育都未完成，完成高等教育的更是少之又少。巴西政府对基础教育的不够重视直接导致劳动力素质低下，同时就业人员的受教育水平两极分化将导致工资水平的极大差异（见图 2）。

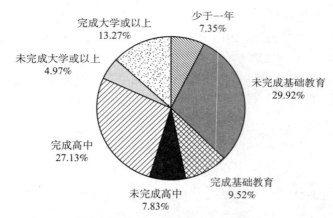

图 2　2017 年巴西人受教育程度占比

资料来源：巴西国家地理与统计局。

（二）巴西劳动力市场现状

1. 传统行业就业岗位流失

由于石油行业的撤资，在 2017 年，巴西就业岗位净减少 20 832 个。其中，土木建筑业与制造业的形势不容乐观，土木建筑业减少了 10.40 万个就业岗位，制造业减少 1.99 万个，采矿业和其他工业分别减少了 5 868 个和 4 557 个就业岗位。甚至连公共行政职位也减少了 575 个。而创造就业岗位最多的是商业、农业和服务业，分别创造的就业岗位是 4.01 万个、3.7 万个、3.69 万个（见表 1）。

表 1　　　　　　　　　**2017 年与 2018 年巴西就业岗位增减情况**　　　　　　　单位：万个

岗位	2017 年	2018 年 5 月	岗位	2017 年	2018 年 5 月
商业	4.01（＋）	1.19（－）	土木建筑业	10.40（－）	0.31（＋）
农业	3.70（＋）	2.93（＋）	制造业	1.99（－）	—
服务业	3.69（＋）	1.85（＋）	矿产开采业	0.59（－）	—
其他工业	0.46（－）	0.64（－）	公共行政	0.06（－）	—

注：（＋）增加，（－）减少。

资料来源：巴西劳动部。

巴西劳动部公布的数据显示，2018 年 5 月巴西共增加 127.75 万个工作岗位，减少 124.39 万个。总体而言，有 3.37 万个岗位被创造出来。其中增加较多的是农业、服务业与建筑业，减少最为明显的是商业与其他工业。工作岗位首次减少是在 6 月份，减少了 661 个，造成了失业率的相对增加。2018 年 7 月新增就业岗位 4.73 万个，岗位增多最主要的行业依然是农业与服务业，分别增加 1.75 万个和 1.45 万个，创下 6 年来同期最佳表现。2018 年前 7 个月，巴西新增就业岗位共计 44.83 万个。

2. 服务业人数持续上升，制造业下跌

巴西就业人数最多的三大行业为汽车销售与修理业、公共行政与一般工业。并且从事前两大行业的人数依然在增长，汽车销售与修理的就业人数从 2013 年的 1.75 千万增至 2017 年的 1.79 千万，增长率为 2.1%；从事公共行政的人数从 1.48 千万增至 1.58 千万，增加 6.8%。一般工业的就业人数虽然在五年间减少 7.4%，但仍然有 1.19 千万人。

农业、畜牧业、林业与渔业的就业人数从 2013 年的 1.03 千万减少至 2017 年的 0.85 千万，减少 18.2%；从事制造与施工行业的人数都有所减少，分别减少 7.0% 与 14.3%；从事运输业、金融业、家政服务与其他服务的就业人数都有所增长，增长率分别为 8.2%、4.4%、14.5%、7.5%。其中从事住宿与餐饮行业的人数增长尤为明显，从 2013 年的 0.42 千万增长至 2017 年的 0.53 千万，增长 24.3%（见图 3）。

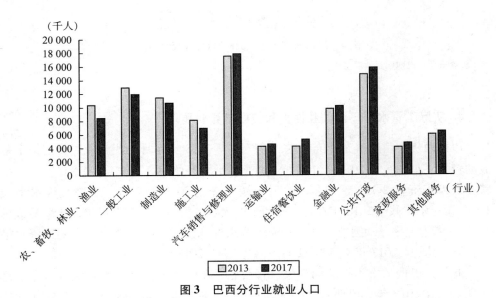

图 3　巴西分行业就业人口

资料来源：巴西国家地理与统计局。

3. 失业率维持较高水平，小幅波动

由于近四年来巴西经济的持续低迷，失业率从 2015 年以来一路攀高，两年内失业率增长 5.8%，在 2017 年第一季度达到顶峰，之后在 2017 年 12 月回落至 11.8%。2018 年第一季度失业率又回升至 13.1%，相比上季度上涨了 1.3%，但与 2017 年第一季度相比减少了 0.6%。截至 2018 年第二季度，巴西失业率相较 2015 年增加了 4.5%。同时数据显示，女性失业率始终较男性高 3%（见图 4）。

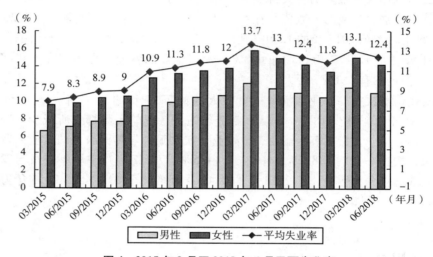

图 4　2015 年 3 月至 2018 年 6 月巴西失业率

资料来源：巴西国家地理与统计局。

4. 实际工资水平下降，且性别和地区差异明显

以巴西货币雷亚尔为计价单位，2017 年至 2018 年 6 月巴西就业人员工资水平波动较大（见图 5）。2017 年 1 月至 3 月上涨后，开始持续下跌，在 8 月达到谷底，就业人口工资仅 2 122 雷亚尔。之后持续上涨至 2018 年 2 月，工资巅峰水平为 2 157 雷亚尔。截至 2018 年 6 月，巴西就业人员工资为 2 142 雷亚尔，比 2 月减少 0.7%。考虑汇率浮动因素，以美元为单位来计算发现，巴西就业人员的工资水平仍有下降趋势。2017 年 1 月至 12 月下降 2.5%，2018 年上半年下降 15.1%。

此外，巴西男女不平等的现象一直明显，在职员工资上也明显地显示出了这一现象。在 2017 年，巴西女性的平均工资仅 1 868 雷亚尔，而男性的工资比女性的多出 542 雷亚尔，达到 2 410 雷亚尔。此外，地区差异也在工资上有明显显示，

巴西北部地区的女性工资是男性的87.9%，而东北部的却是84.5%，差别更大的是东南部地区男女工资的差别，女性工资仅占男性工资的73.1%。

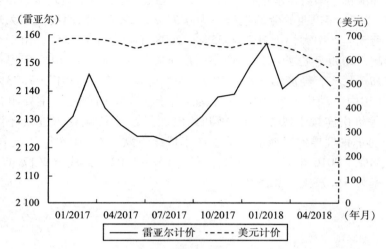

图5 巴西2017年至2018年6月工资水平

资料来源：巴西国家地理与统计局。

针对教育这一因素对工资的影响，完成大学教育的劳动者的相应工资最高，是高中毕业生的3倍，达到未接受过教育劳动者的工资的6倍，其中未接受过教育的劳动者的平均工资只有842雷亚尔，完成小学教育的可拿到1 409雷亚尔（见图6）。

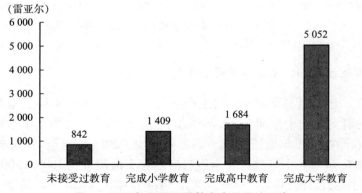

图6 2017年巴西不同教育水平平均工资

资料来源：巴西国家地理与统计局。

5. 劳动生产率大幅下降，近年呈现负值

受石油涨价、国内需求增长乏力、政府继续执行货币紧缩政策、投资不足等因素影响，2006年巴西的劳动生产率为0.71%，2007年巴西发现了大规模的深海油田，劳动生产率大幅上升至4.55%，2008年稳定在4.75%。由于受全球金融危机影响，2009年巴西劳动生产率一度下降至－3.14%。2010年巴西申奥成功，经济高速腾飞，经济增长率高达7.5%，劳动生产率回升至7.73%，创造了巴西10年内劳动生产率的最高纪录。由于产业结构单一，主要出口商品原油、矿石等价格连续下跌，2013年开始巴西经济增长减速，进入经济衰退时期，市场的不景气导致巴西的劳动生产率持续下跌，在2015年跌至10年内最低点－3.54%。2016年劳动生产率有所回温至－1.02%，截至2017年，巴西的劳动生产率为－0.75%（见图7）。

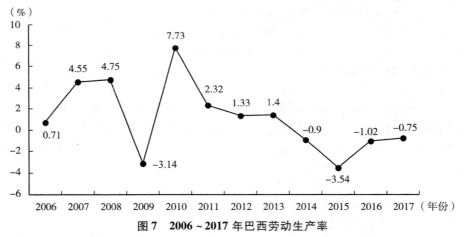

图7　2006～2017年巴西劳动生产率

资料来源：巴西国家地理与统计局。

6. 教育支出增加，基础教育投资不足

2004年，巴西教育支出占国内生产总值3.97%。2014年增长至5.95%。教育支出占政府支出在十年间从10.39%增长至15.72%。其中，小学教育支出占政府教育支出在2005年增长1.08%后逐年减少，2014年减至26.82%，与2004年相较减少6.11%。中等教育支出占政府教育支出比重在2005～2006年急剧增长，后趋于平稳，保持在44.44%，又在2014年减至43.09%。高等教育支出占政府教育支出的比重在2004～2014年呈现先减少后增加的状态，2008年最低，仅占15.91%，后持续增长至2014年的19.27%（见图8）。

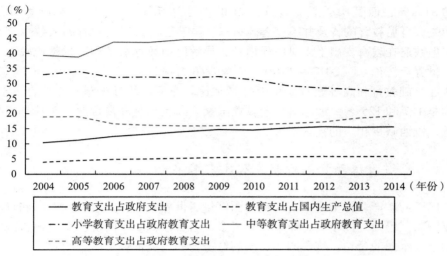

图8 2004～2014 年巴西教育支出占比

资料来源：巴西国家地理与统计局。

二、巴西劳动力市场的特点

（一）人口老龄化，人力资本积累不足

在过去 20 年里，巴西的经济增长主要受到劳动力持续增长的推动，从 1996～2018 年，巴西就业市场的劳动力人数从 7 200 万人增加到 1.04 亿人。但人口老龄化的问题也随之显现，从 2013～2017 年，巴西 64 岁以上人口增长 18.14%，世界银行表示[1]，随着人口老龄化发展，巴西的劳动力将在 2020 年停止增长，老年人和儿童的数量将增加。到 2030 年巴西儿童和老年人的数量或将超过劳动力人口，巴西需要新的经济发展动力。

（二）教育水平低下，劳动力素质不高

巴西虽建立了完善的教育体系，如公立大学、中学和小学，但实际劳动人口年龄（15～65 岁）的平均受教育时间只有 7.5 年，2017 年接受教育的人占总人

---

① 王晗：《逐渐老龄化 2020 年巴西劳动力人口或停止增长》，载于《南美侨报网》，http://www.brcn.com/news/br_news/20180308/104244.html，2018 年 3 月 8 日。

口的 81.4%，而其中受教育低于一年的占比达 7.3%，未完成基础教育的占 29.9%，可见教育的普及并不完善。另外，虽然巴西每年受教育的人数一直在增长，但政府在教育支出上未见明显增长，导致巴西教育水平和质量都比较低。同时，世界经济论坛《2017~2018 年全球竞争力报告》显示，在 137 个国家中，巴西在基础教育和高等教育质量上排名都比较靠后，均处于最后 5% 的国家中，分别是 127 和 125 名，远远落后于多数国家。因此，在许多行业，尤其是高技术行业，巴西缺少相应的技术工人。

（三）过度依赖资源行业，人才需求单一

巴西的矿产非常丰富，铌和钽资源储量居世界第一，并出口到中国和日本等东亚国家。巴西的前十大企业中，有三家经营石油和矿产的资源型公司，两家经营钢铁、水泥的公司。这表明，巴西的经济发展过度依赖资源型产业。

然而在资源型产业主导的经济中，企业对于产业工人的需求相对单一，人们对于人力资本的投入并不能在收入上得到补偿，所以，人们接受教育的意愿也相应降低。

从 2015 年开始，国际大宗商品价格下跌极大影响了巴西石油生产商的利益，造成石油公司逐步减少投资。石油行业的撤资导致巴西减少 400 万个就业岗位。而且这些岗位的减少不一定是在石油领域，而是在全国范围内。因为还包括石油产业链中直接、间接的就业岗位减少。所以当行业不景气时，就会极大地影响就业。

（四）劳动热情不足，工作效率低下

长期以来，"懒散"是拉美国家形成的刻板印象之一，巴西也以其长达 50 天的最长假期和世界著名的狂欢节、桑巴舞和足球而闻名，被视作重享乐、轻工作的典范。就实际劳动时间而言，巴西是"爱休闲"的代表。2018 年，巴西有 9 个国家法定假日和 5 个可选假日，而国家法定假日中仅一个假日在周末，同时巴西劳工还享有 30 天的法定带薪年假。劳动者对休闲的相对偏好使得有效工作不充分，降低了工作效率。

（五）青少年失业比例高，非正规就业加重

近几年，全球青少年失业人数大幅增加，巴西也不例外。巴西 15~24 岁[①]青

---

① 根据巴西的法律规定，14 岁以上的儿童可以通过见习生的身份进入到职业市场，16 岁的儿童就可以和用人单位签署劳工合同，但前提是，工作不能影响到儿童的学业，且工作负荷要和其年龄体能对应。

少年的劳动参与率从 2007 年的 63.16% 降至 2017 年的 55%，其中男性青少年降低 10.91%，女性青少年降低 5.45%。由于青少年几乎没有就业保护，解雇青少年更加容易，所以青少年的人员流动与比成年人高一倍。同时受教育程度低的青少年更难找到适合的工作。从 2017 年劳动法改革后，松绑了许多临时性劳动契约，保障了兼职劳动者的合法权益。由于拉美地区大规模非正规就业的存在，实际工资的复合增长率有限，不利于恢复社会平均购买力，而且会通过消费的传导作用冲击经济增长，转而又对就业市场形成不利影响。

（六）强大的工会力量，对劳动市场过度保护

巴西所有在正规部门工作的人员，其部门内部都会有一个正式的工会组织代表，该代表负责代表工人和雇主进行集体工资的谈判，所以，这使得巴西工会在巴西的社会生活中扮演者特别重要的作用。而巴西最初的职业社会保障模式就是在工会的影响下改变了许多行业，工会的代表与企业进行谈判来确定工人工资和工作条件。在这种模式下，无论个体工人的身份怎样，最后工会商讨的结果会关系的该行业的所有工人。

在这种职责下，巴西工会一直努力的与政府和企业进行协商以确定合适的工资来保障工人的权益，但直到 2016 年时，工资还是以通货膨胀为基础的指数工资，这使得工会不得不与政府和企业进行谈判。

2017 年，巴西实行了新经济计划，这使得工资指数政策得以废除，工会的目标从商讨工资变为了解决就业问题，如保障工作、反对大批量解雇员工和提倡灵活就业。此外，工会还关注其他和就业相关的重要的问题，如就业安置和再就业培训问题，以保障就业质量和经济改革中就工作的可行性。

三、巴西劳动就业政策

自巴西劳动就业政策形成以来，巴西政府在调整就业结构，改善就业环境，增加就业岗位，改善劳工福利，促进经济增长等方面主要采取了许多举措，包括加强政府宏观调控、完善社保体系、开展职业培训、扶持中小企业发展。

（一）劳动就业政策的历史发展

20 世纪 40 年代，巴西的法律、法令和各种法规中才出现劳动规定，但是没

有特定的法案或标准将所有生效的规定融为一体。

1943 年，巴西颁布了第一部系统的劳动法，被称为《合并劳动法》，至今为止是巴西劳动人民参考的就业政策的基础。当时，巴西经济的主要支柱力量是制造业，所以制定劳动法时将制造业作为标准和规则的主要基础。

1966 年巴西政府成立了国家社会福利局和劳工保障基金机制。

劳工部从 1975 年开始推广实行"全国工作体系"，规定各级政府设立专门的劳动中介机构，向求职者提供相关就业信息，向用人市场提供劳动力资源信息。

1990 年又创建了工人扶持基金，主要负责支付工人退休金和筹措劳动者福利金。

自 1994 年起在全国实行"创造就业及收入"计划，目的是为了鼓励中、小型企业扩大再生产，提高经营者的生产能力，吸纳更多就业人员。

从 1995 年起，政府在全国范围内对所有劳动适龄人口重新发放"劳动及社会保障证"。该证已成为劳动者维护自身劳动权益、领取失业保险、社会福利、养老金等必备的合法证件。

1995～2001 年，为保证失业者的基本生活，帮助他们重新就业，巴西政府建立了失业工人保险金机制。向持有劳动及社会保障证、在被解雇前曾连续工作 6个月以上的失业者发放救济金。同时劳工部积极推广"全国工人职业培训计划"，在全国范围内对工人进行相关的职业技能培训。

2003 年 7 月 1 日，政府宣布实施"第一批就业"计划，通过部分减免税收或发放补贴等方式鼓励企业招聘无工作经验的年轻人。同时劳工部专门制订了"打击职业与工作歧视计划"，帮助妇女、有色人种就业，加强监督劳动力市场。

随着经济全球化发展，当今的劳动市场已与 70 年前大不相同，相关规定在今日已经过时。由于巴西严格的劳动法是外资长期诟病的因素之一，适当放宽劳动法有助于巴西提高劳动市场弹性、协助企业降低成本、提高劳动生产率，更有利于提高外资企业投资巴西的意愿。

（二）劳动就业政策的改革

2017 年 7 月 14 日，巴西《劳动改革法案》在总统米歇尔·特梅尔批准后发布。新法案于 2017 年 11 月 11 日生效。《劳动改革法案》对巴西旧劳动法的多项条文做出大量修改。工会及劳工律师认为，此次改革改变了的多项劳动者权利，加剧了劳动力市场不稳定，而雇主方面则对改革表示支持，认为在雇佣和解雇员工方面提供了更大的灵活性，并赋予劳资集体谈判更大的权力。

《劳动改革法案》是巴西首次尝试对 1943 年以来的劳动就业政策进行现代化

的彻底改革，主要包括五大方面：集体协商制度的法律位阶、放宽临时性劳动契约、延长每周工时、兼职劳工权益和放宽企业外包规范。

改革后的巴西劳动就业政策主要变化如下：

（1）集体协定和公约可以凌驾于法律之上。

（2）集体协议不能够变更一些特殊权利。

（3）在不超过宪法限定的情况下可商讨工作时间。

（4）休息时间可进行适当的商讨协调，但当工作时间超过 6 小时，必须休息30 分钟。

（5）经集体协议可以调整休假。

（6）假期可以分为 3 个时段，但至少有一个时段的时长为 14 天，且最短的不能少于 5 天。

（7）可选择性缴纳工会税。

（8）明确了家庭办公的规定。

（9）在员工离开公司不超过 18 个月时，公司不得再雇用工人为外包员工。

（10）孕妇和哺乳期妇女工作的环境经医生批准后可进行工作。孕妇仅不允许在卫生级别为最差的环境工作。

（三）劳动就业政策改革的意义

1. 提高劳动法灵活性

巴西政府更新过时的劳动法，允许外包和更灵活的合同和工作时间以降低企业成本，以应对严重的经济衰退。政府的建议废除了 8 小时工作制的限制，产生更多的临时就业和扩大外包，允许工人每天工作 10 小时打破了国际劳工公约。为集体谈判提供了更大的灵活性，雇主与工人就一系列问题协商的协议凌驾于劳动立法，除非有关协议剥夺了联邦宪法所预见的基本劳动权利（如最低工资、和工龄保障基金等）。即使没有明确的对价，也将以集体谈判协议为准。在这种情况下，法案将工人与雇主之间的直接协定凌驾于现有劳动法规之上，通过允许公司与雇员自由协商合约，从而减低雇主的成本。

2. 创造就业岗位，削弱巴西工会力量

为了反对改革，巴西近百个工种进行了全国范围内的罢工，这也是 20 年来巴西首次全国统一罢工。工会主席兼议员保罗·佩雷拉·达席尔瓦曾表示，如果总统米歇尔·特梅尔不对劳动制度改革进行让步，那么将会和其他工会联合再度

进行新的全面罢工。

巴西总统则表示劳动制度的改革标志着一个历史的新阶段，改革会创造更多就业岗位，此外，劳工将享受更多的权益，其权利将得到更大的保护。

3. 保障女性劳动权益

在近几年国际的呼吁中，巴西女性的社会地位虽有了改变，但劳动力市场上的女性较男性来说还是处于劣势。劳动法的改革保障了女性在劳动中的合法权益，改善了工作环境，提高女性在劳动力市场的参与度。

四、巴西劳动就业政策比较分析

对比其他葡语国家和拉丁美洲国家的劳动就业政策，可以发现巴西的劳动就业政策规定巴西劳工一年可享 13 个月的薪资，并享有法定假期 15 天，带薪年假 30 天（连续性），外加 1/3 的月工资作为休假津贴。若员工有意愿，可将最多 10 天假期卖给公司，即这 10 天员工可来上班，除假期奖金外，公司需另付 10 天薪水，但员工需在假期开始前向公司提出"假期折算成现钞"的申请。巴西劳工可向雇主协商工作时限，超过时限则列为加班，最低加班报酬为正常时薪的 1.5 倍，节假日工作按平时的 2 倍。当雇员想要辞退员工时，员工工作每满一年，则公司需多支付 3 天的遣散费，最多发 60 天。巴西男性工龄满 35 岁、女性工龄满 30 岁即可退休，领取养老金，以致于一些人还没到 50 岁就开始领取养老金。

墨西哥工人每小时加班费视加班时间长短而定，一般为正常工资的两至三倍。每星期加班在 9 小时内付双倍工资（每天三小时、每星期三次），若加班时间超过上述规定或于法定假日加班，则要支付正常工资三倍的报酬。墨西哥的劳工年假没有巴西那么长，但员工同样有休假奖金，为正常工资的 25%。

阿根廷的劳工可以在每年的 6 月和 12 月，获得两次额外薪金。每次的数额为该半年度最高月薪的 50%。在试用期间，一方只需提前告知被解雇方，则可以在不支付任何赔偿的前提下解除合同。如果工作时间在周六的下午一点后、周日或节假日，雇主需支付两倍工资，在其他时间的加班费为正常工资的 50%。劳动者每年在单位中的实际工作天数不少于年工作日总量的半数时方可享受带薪休假。

葡萄牙劳工一年享有 14 个月的薪资，在支付 12 个月工资基础上，需额外支付 2 个月薪金作为年度休假和圣诞节假期补贴。除此之外，雇员还享有带薪年假。自签订劳动合同之日起，工作满半年后，每满一个月享有 2 个工作日的带薪假期，当年最长可享有 20 个工作日的假期。雇主不能以经济补偿的方式来代替雇员的年假。

在葡萄牙，凡是正常工作时间之外的均视为加班时间，每天加班时间不得超过两小时。加班第一小时的报酬按工资的 150% 支付，第二小时按 175% 计算，周末和节假日加班按 200% 计算。

在中国，用人单位是否发放或如何发放 13 薪，都是由劳动者和用人单位之间的劳动合同是如何约定的。劳动者连续工作一年以上，就可享受带薪休假。如果单位确因工作需要，经职工本人同意，不能安排职工年休假的，该单位除了应当支付职工正常工资福利待遇外，还应当每日按照该职工的日工资 300% 的标准给予补偿。

相比之下，巴西的劳动就业政策更为严格细致，也为劳工提供了更多的权益。因此，中国企业投资巴西时需要更高的成本，当员工整月休假时，投资项目会受到影响或停滞，可是依然要支付工资和休假津贴（见表 2）。

表 2   巴西人力资本和劳动就业政策对比分析

国家	法律体系	最低工资	劳动关系建立				
			劳动合同	报酬福利	试用期	工作时间	假期（2018 年）
巴西	英美法系	954 雷亚尔/月（318 美元）[①]	集体/个人劳工合同	13 月/年	45 天可延期一次（45 天）	8 小时/日 44 小时/周 220 小时/月	法定假期：15 天 年假：30 天
墨西哥	英美法系	A 区：67.29 比绍/天 B 区：63.77 比绍/天	集体/个人合同	服务每满 1 年则多付 20 天的工资	30～90 天	7～8 小时/日 48 小时/周	法定假期：17 天 年假：6～12 天[②]
阿根廷	大陆法系	6810 比绍/月（480 美元）	集体性劳动公约	2 次额外薪金[③]/年	3～6 个月	8 小时/日	法定假期：13 天 年假：14～35 天[④]
葡萄牙	大陆法系	676.5 欧元/月	长期、定期和劳动合同	14 月/年	60 天[⑤]	8 小时/日 40 小时/周	法定假期：16 天 年假：2～20 天

国家	法律体系	最低工资	劳动关系建立				
			劳动合同	报酬福利	试用期	工作时间	假期（2018 年）
中国	大陆法系	按地区规定 一类地区：16 元 二类地区：14 元 三类地区：12.5 元	明确规定	按工作性质而定	6 个月[⑥]	8 小时/日 44 小时/周	法定假期：11 天 年假：5 ~ 15 天[⑦]

资料来源：①2018 年 8 月 31 日，巴西政府向国会递交的 2019 年预算方案中预估 2019 年的最低工资为 1 006 雷亚尔。

②工作满一年后雇员有 6 天的假期，此后每年增加两天，最多以 12 天为限。

③雇员可在每年的 6 月和 12 月，获得两次额外薪金。每次的数额为该半年度最高月薪的 50%。

④工作年限 5 年以下的年假是 14 天；5 ~ 10 年的为 21 天；10 ~ 20 年的为 28 天；20 年以上的为 35 天。

⑤一般为 60 天，一般工人最长可延长至 180 天，中高级管理或专业技术人员等重要职位最多可达 240 天。

⑥劳动合同期限三个月以上不满一年的，试用期不得超过一个月。劳动合同期限一年以上不满三年的，试用期不得超过两个月；三年以上固定期限和无固定期限的劳动合同，试用期不得超过六个月。

⑦累计工作已满 1 年不满 10 年的，年休假 5 天；已满 10 年不满 20 年的，年休假 10 天；已满 20 年的，年休假 15 天。

五、中国企业投资巴西的相关劳工问题与建议

巴西作为拉丁美洲最大的国家之一，拥有丰富的矿产资源和农业资源，吸引众多中国企业纷纷到巴西进行投资。目前已有很多中国企业进入巴西市场，例如中国重汽、中国烟草、中国铁路等。很多中国企业对巴西的投资法律环境比较陌生，巴西劳工保护非常严格，劳工风险不容忽视以下是中国企业进入巴西的一些常见的劳工问题。

（一）中国企业在巴西面临的劳工问题

1. 劳工保护非常严格

巴西劳工成本很高，劳工保护非常严格。各种工会组织影响大，罢工和游行频繁，从企业假期的安排到实行内部提议等都要干涉。如某些中国企业由于不了解巴西法律规定每年必须按照通货膨胀率给员工涨工资，导致当地工会前来抗议。如企业因为原材料短缺停工，生产线上的工人就休息，如果让他打扫卫生，那就侵犯了他的权益，工人会告工厂，当地工会要求企业进行罚款。中国企业的

管理模式容易引发劳工纠纷从而遭受损失。企业需要应对各种劳动诉讼，在巴西当地人力资源管理上面临巨大压力。

2. 人工成本较高

巴西人工成本高主要有三个原因：一是对劳工的严格保护。二是劳工素质低，生产效率低。有些巴西员工认为生产效率越高，工程进度越快，失业就越早，因此工作积极性不高，生产效率低。三是文化差异。狂欢节和足球比赛等对巴西劳工的工作影响非常大。狂欢节一般持续一周，狂欢游行和歌舞使劳工失去工作的积极性，还有圣诞节、独立日等各种假期，都对工作产生影响。足球是巴西人生活中不可缺少的部分，凡是遇到重大赛事，很多企业停工观看。支持的球队赢了，就游行、狂欢；输了就酗酒、怠工，必然直接影响到生产效率。

3. 管理成本高

巴西员工流动性大、择业性强、辞职频繁，常常给中国企业的正常运行造成困扰，增加了企业的管理成本。在一些比较重要的管理、技术岗位，有些巴西员工会在关键时刻要求提高待遇，如果企业不答应就辞职走人。巴西劳工按部就班，一个人只从事一个岗位的一种工作。工作节奏慢，注重分工，不讲究合作，如果一台设备因故障停止运转，那么其他设备和人员都停工休息，导致设备和人员资源严重浪费。

（二）建议

1. 熟悉巴西劳工法规，严肃以待

巴西的劳工法繁杂，聘用和解雇劳动者手续繁杂，费用较高。中国外派劳务企业应深入了解巴西对外国劳务的相关条例，提前备好有关的文档材料，按照要求申请需要的各种证件。一旦发生劳资纠纷，劳工法多支持劳工的诉求，所以中国企业在巴西必须先熟悉巴西劳工法。

2. 妥善处理与工会的关系

协调与工会的关系，可以根据有理、有利、有节的原则，寻找劳资双方利益的契合点。中国企业应参与巴西当地工会组织的活动，认真了解工会的性质。中国企业在巴西取得成功要适应当地文化、执行当地政府的标准、雇用当地的员工，注意规范经营、按章纳税，依当地法律办事，保障劳工合法权益。巴西工会

势力较强，劳资纠纷一般主要通过当地工会解决。如工会无法解决，可通过司法手段诉诸劳工法院予以裁决。

3. 确保招聘程序清晰严谨，争取用工来源多样性

巴西的劳工招聘程序多，手续烦琐。从面试、体检、劳工登记到培训、保险办理等共有十几个环节。这期间工作量很大且费心费力，但是，中国企业一定要仔细摸清所招聘员工的背景资料，绝不能掉以轻心。在人员招聘过程中，需注重的是巴西员工来源的多样性。一是地区的多样性，即注意企业所在地和外地员工的比例。除了巴西人外，葡萄牙人、华人都可以，还有黑色与棕色人种。再是年龄、性别的多样性。需要特别注意招聘歧视问题，如在中国招聘信息中经常出现的"45岁以下""仅限男士"等，在巴西属于违法行为，应聘者有权进行起诉并要求赔偿。

4. 发挥绩效考核的作用

中国企业想要提高生产效率可以通过对巴西劳工进行绩效考核。建立以竞争为核心的考核机制，根据项目进展，适时调整组织机构和岗位人员，做到公开、公正、公平，使优秀的劳工通过考核担任更高的职位，甚至进入管理层。对于那些担任领导职务的巴西高级管理人员，应当根据项目情况真正赋予他们岗位职权，充分发挥他们的专长，调动其工作能动性和创新意识，以达到中方企业预期的效果。同时也要建立和加强监督检查机制，确保各项工作在可控制的范围内执行。

5. 向员工宣传企业文化

大部分中国企业的巴西项目一般为三五年的时间，其临时性和参与人员倒班轮换，加上巴西员工存在短期行为思想跳槽频繁，使中国企业总是为高素质员工招不到、留不住而担心，为普通员工要待遇、闹罢工而烦心，为企业持续发展而忧心。这就要求中国企业要建设具有团队性、包容性、融洽性的企业文化，通过用巴西员工可感受到的方式进行企业文化和团队精神的灌输，让巴西员工感受他们所倡导的奉献精神，增强企业凝聚力。中方管理人员可以通过参加参加当地政府、民间的大型公益性、娱乐性活动，参与巴西员工的生日、聚会，举办足球、排球比赛等活动，加深彼此的沟通和了解。

参考文献

[1] 吴国平、王飞：《浅析巴西崛起及其国际战略选择》，载于《拉丁美洲研究》2015年

第 37（1）期。

［2］中华人民共和国外交部．巴西政府解决劳动就业问题的一些经验．https：//www. fmprc. gov. cn/web/ziliao_674904/zt_674979/ywzt_675099/wzzt_675579/jjywj_675649/t。

［3］钱叶芳：《试用期制度的国际比较与借鉴》，载于《法治研究》2011 年第 11 期，第 49～53 页。

［4］毕马威．投资巴西．圣保罗：Escrituras 出版社，2011，第 107～113 页。

［5］李宁：《浅谈中国企业在巴西的劳工关系处理》，载于《石油化工管理干部学院学报》2009 年第 4 期，第 57～60 页。

［6］李宁：《平衡木上的芭蕾之舞——中国企业在巴西劳工关系处理》，载于《人力资源管理》2009 年第 1 期，第 42～45 页。

［7］姜朋、丽吉娅·毛拉·科斯塔、陈涛涛：《对外直接投资中的劳动法因素：巴西与中国的比较》，载于《国际经济合作》2015 年第 1 期，第 18～23 页。

［8］宋雅楠、左洋：《经济变迁下的葡萄牙劳动就业政策与人力资源发展》，载于《葡萄牙投资环境报告》经济科学出版社 2018 年版，第 131～142 页。

［9］乔健、李诚：《中资企业投资"一带一路"国家劳动关系风险防范研究——以巴西为例》，载于《中国人力资源开发》2018 年第 7 期。

巴西高等教育的历史发展与现状

张维琪　卢春晖[*]

摘　要： 从巴西的第一所大学——里约热内卢大学成立至今，巴西高等教育发展经历了近一百年。本文采用文献法，研究、总结了自殖民时期以来巴西高等教育的发展历程，对其现状、特点和弊端进行了分析。我们认为，当前巴西高等教育存在的主要问题包括教育资源的不平衡、入学率低和整体教育质量有待提高。

关键词： 巴西　高等教育　历史　现状

一、引言

巴西全称巴西联邦共和国，是南美洲及拉丁美洲土地面积最大的国家，在世界上排名第五，仅次于美国。巴西人口众多，世界排名第六。海岸线绵长，国内水系发达，森林资源丰富，在农业、林业、畜牧业、矿业等领域具有天然的优势。巴西自 1500 年被葡萄牙航海家佩德罗·卡布拉尔（Pedro Cabral）发现后受葡萄牙殖民统治三百年多年之久，是南美洲唯一以葡萄牙语为官方语言的国家。

近现代巴西的经济起伏较大。20 世纪 60 年代末到 70 年代中期的经济年均增长率高达 10.1%，被誉为"巴西奇迹"。80 年代，受高通胀和债务困扰，经济陷入长期滞胀。90 年代，巴西政府推行外向型经济模式，经济重拾增势。受 1998 年亚洲金融风暴波及，1999 年发生严重金融动荡，经济增速再次放缓。2003 年劳工党人卢拉执政以后，采取稳健务实经济政策，巴西经济逐步走上稳定发展道

---

* 张维琪，上海外国语大学副教授。
　卢春晖，澳门大学葡文系讲师。

路，与中国、俄罗斯、印度和南非并称"金砖国家"，2010 年成为世界第七大经
济体。近年来，受国际经济复苏乏力，大宗商品价格低迷，以及本国经济结构性
问题等影响，巴西经济逐渐陷入衰退，直到 2017 年开始出现复苏迹象①。

巴西教育发展经历五个时期：殖民（1549～1822）、帝国（1822～1844）、
共和国（1889～1930）、专制统治（1930～1946）、战后民主（1946～1960）②。
目前教育体系源于 1968 年《大学改革法》，分基础教育和高等教育两级，由联
邦、州和市三级管理。基础教育包括幼教、初等教育和中等教育；高等教育包
括本科教育和研究生教育两个层次。根据 2016 年数据统计，共计高等教育机
构 2 407 所，其中公立大学 296 所，私立大学 2 111 所，在校生共计 804.8 万
人③。著名高等学府有圣保罗大学、坎皮纳斯州立大学、巴西利亚大学、里约热
内卢天主教大学等。

二、巴西高等教育历史发展进程

从历史发展角度来看，巴西高等教育体现了以下几个特点：起步晚、受西方
影响大、发展迅速但不平衡。与其他拉美国家相比，巴西高等大学起步晚了三百
年，直到 19 世纪初才出现最初的大学。最初的高等教育主要是为满足殖民者宗
教传播和发展的需要。殖民时代过去后，西方世界对巴西的教育发展继续产生影
响。从 1822 年独立到第一共和国结束（1930 年），巴西一直采用欧美模式发展
教育。军政府时期（1964～1985 年），巴西高等教育发展迅速，主要体现在高等
教育院校（私立学校）数量及大学入学名额的增加，在一定程度上满足了巴西经
济社会发展的需要，但从中产生的资源不平衡性也为可持续发展埋下隐患。

我们将从五个阶段展开讲述巴西高等教育的历史发展进程：萌芽（19 世纪
初）、初期（1889～1930 年）、发展（1930～1964 年）、扩张（1964～1985 年）
和稳定（1985 年至今）。

（一）萌芽：19 世纪初

作为拉丁美洲唯一的葡语国家，巴西高等教育的发展历史与拉美其他西语国

家不同。西班牙殖民者从 16 世纪开始就在其属地建立宗教性质大学。而巴西则在 19 世纪初期才出现高等教育萌芽。18 世纪到 19 世纪初，巴西经历了从殖民地到民族国家的转变。在高等教育正式出现之前，早在 18 世纪上半叶，巴西社会已经出现知识结构，包括学会、学校和公共图书馆等正式组织机构，也包括私人图书馆、书商、文艺集会等非正式组织机构。其中在萨尔瓦多和里约热内卢兴起的各种学会被认为是知识结构的基石①。在当时的巴西殖民地，官方教育由耶稣会（Companhia de Jesus）承担，包括宣传基督教、培养教士及殖民者精英后代的基础教育。由于没有大学，殖民者精英的后代在后期需要回到葡萄牙宗主国科英布拉大学完成学业。

1808 年，为躲避拿破仑军队的入侵，葡萄牙王室在摄政王若昂六世（João VI）的带领下迁往巴西。在当地商人的要求下，摄政王若昂为文化教育事业的发展提供了资金支持。萨尔瓦多开设了外科、解剖学和产科学课程，成立医学院；王室迁往里约热内卢后，在那里逐步建立外科学校、军官学校、艺术学校、国家博物馆、国家图书馆等文化机构。

1822 年，若昂之子、巴西摄政王佩德罗不顾葡萄牙国会的要求，拒绝回国。12 月 11 日，佩德罗被加冕为"巴西的宪法皇帝和终身守护者"，建立巴西帝国。随后文化事业得到进一步的发展。1827 年，东北部的奥林达（Olinda）和东南部的圣保罗分别开设了法律课程；1832 年，在黑金城建立矿业学校（Escola de Minas），不过该校在 34 年后才正式开办。

巴西帝国时期的高等教育萌芽体现以下几个特点：第一，未出现真正意义上的大学。该阶段出现的高等教育学院或学校机构各自分散独立，规模有限，未形成综合性大学；第二，专科为主，课程职业性和实用性较强，如法律、医学等；第三，该阶段高等教育主要服务帝国精英阶层。

（二）初期：旧共和国时期（1889～1930 年）

旧共和国（República Velha）开始于 1889 年 11 月 15 日君主制度的结束，持续到 1930 年将热图利奥·瓦加斯（Getúlio Vargas）推上政坛的政变。

1891 年，宪法确定了教育的双轨制体系，即一个由各州负责管理的初、中、高等教育的地方体系和一个由联邦政府负责的中等和高等教育的联邦教育体系。受实证主义思潮影响，理科、数学和技能培养成为主要的课程内容。高等教育在

---

① E. 布拉德福德·伯恩斯：《巴西史》，商务印书馆 2013 年版。

共和国初期还是以职业化的分科学校为主①。

1920 年，巴西第一所大学——里约热内卢大学（Universidade do Rio de Janeiro）在 14. 243 号法令下宣告成立。然而，该大学不过是三个先前已经存在学校的组合，即法学院（Faculdade de Direito）、医学院（Faculdade de Medicina）和理工学院（Faculdade Politécnica）。这仅仅是形式上的组合，并没有改变运作系统，三个学院保持其原有的课程专业导向和独立性。有观点认为，里约热内卢大学的建立主要出于政治原因而非高等教育发展本身的需要。时临巴西独立百年纪念（1922 年），比利时国王将造访巴西并参加庆典。巴西官方欲授予其荣誉博士的称号，然而当时巴西还没有一所真正意义上的高等院校，在此政治需求下才成立第一所大学②。

有观点认为，巴西大学的姗姗来迟与流行于政治高层的实证主义思潮有关，认为大学对于巴西这样的新世界来说是"过时的"或"不合时宜的"。从第一所大学的特点来看，尽管政府有意愿建立一所致力于教学和科研的综合性高等教育院校，但实际上，里约热内卢大学的教学职能远高于科研职能。

（三）发展：瓦加斯时期和民主时期（1930～1964 年）

瓦加斯执政时期为 1930～1945 年，先后以临时政府主席、间接选举产生的总统和独裁者身份位居巴西最高政治舞台。1930 年，瓦加斯设立教育卫生部（Ministério de Educação e Saúde），弗朗西斯科·坎波斯（Francisco Campos）任首届部长。次年颁布《巴西大学章程》（Estatuto das Universidades Brasileiras），其中表明大学教育的目的是"提高文化整体水平、鼓励各类知识领域的科学研究、推动开展需要高等技术和科学基础的活动"等。此外，《章程》规定了大学需要满足的条件③（具体如下）。

ⅰ. 大学至少包含以下高等教育单位中的任意三个：法学院、医学院、工程学校和教育、科学及人文学院④；

ⅱ. 具备教学能力，其中包括教师、实验室以及其他教学所需的条件；

ⅲ. 从政府、私立机构或个人募得经费，能保证课程的正常运转及大学各项

---

① 董建红：《巴西教育及发展》，载于《外国教育资料》1995 年第 4 期。
② Soares Maria：A educação superior no Brasil. IESALC – Unesco-Caracas，2002.
③ 参考巴西众议院网站中公布的《章程》（第 19. 851 号法令）原文：http：//www2. camara. leg. br/legin/fed/decret/1930 – 1939/decreto – 19851 – 11 – abril – 1931 – 505837 – publicacaooriginal – 1 – pe. html.
④ 由于当时还未建立教育、科学及人文学院，所以《章程》规定只要满足设立前三类学院即可。学院名称参考里约热内卢大学已有学院名称命名。故保留了其中学院（Faculdade）和学校（Escola）的叫法。

活动的高校实行；

ⅳ. 遵守本章程规定的常规条约。

在《章程》及政府的推动下，巴西的大学教育在未来的几年取得了一定程度的进步。1934 年，圣保罗大学（Universidade de São Paulo）成立。有观点认为，成立之初的主要目的是培养中学和大学教师以及建立哲学、科学和人文学院，面向科学和理论研究[①]。1935 年，在时任联邦区教育主任的安尼西奥·特谢拉（Anísio Teixeira）的提议下成立联邦区大学（Universidade do Distrito Federal）。这是一所由个人提议，集合社会自由教育力量创办的大学。由于资金不足，其运转得到了众多热心教师的帮助。大学建立之初的目的是文化创新、推广以及发展当时不受重视的专业。重点之一是通过教育学院培养教师。联邦区大学仅仅存在了不到四年的时间，1939 年，由于政治环境的变化[②]，在总统令的要求下被解散，课程并入巴西大学（Universidade do Brasil），即改名后的里约热内卢大学。圣保罗大学在政治动荡中不仅存活了下来，还成为了全国教学与科研的中心和模范，吸引了不少欧洲年轻教师的加入，为大学的发展注入了生机。

1944 年，反法西斯战争的胜利影响到了拉丁美洲。在内外因素的干预和推动下，巴西在 1945 ~ 1964 年经历了一段民主化过程。1961 年颁布《国家教育指导和基础法》（Diretrizes e Bases da Educação Nacional）[③]，加大了拨款力度。根据《基础法》，各州设立了教学委员会，明确了联邦政府和州政府的职权。同年，随着迁都巴西利亚，在新首都建立巴西利亚大学（Universidade de Brasília），是历史上第一所不通过合并已有学院建立的综合性大学。

在这一段时期，巴西的高等教育事业离开一枝独秀的状态，圣保罗大学的建立标志着综合性大学的崛起。在此期间成立了 22 所联邦公立大学和 9 所宗教性质大学。高等教育从法律层面得到保障，大学的科研职能越来越得到重视。从专业上来看，人们逐渐抛弃实用主义，表现出对人文学科的诉求，但由于受到来自传统学科的压力发展缓慢。最后，该阶段高等教育的发展也离不开社会力量和欧洲精英的加入和支持。

（四）扩张：军政府时期（1964 ~ 1985 年）

1964 ~ 1985 年为军事独裁时期（Ditadura Militar）。军政府时期巴西经济快速发

---

① Fausto，Boris：História do Brasil. São Paulo：Editora da Universidade de São Paulo. 1995：339.
② 1937 年 11 月，瓦加斯发动政变，开启独裁时代。
③ 参考巴西众议院网站中公布的第 4. 024 号法令原文：http：//www2. camara. leg. br/legin/fed/lei/1960 - 1969/lei - 4024 - 20 - dezembro - 1961 - 353722 - publicacaooriginal - 1 - pl. html。

展，高等教育供求矛盾日益突出，结果是大学数量迅速扩张（主要是私立大学）。

1968 年国会颁布《大学改革法》（*Lei da Reforma Universitária*）①，强调优先发展高等教育，被认为是巴西现代高等教育框架的源头。大学改革的背景主要包括：欧美教育经济学的传播，使上台后的军政府期盼通过教育推动经济发展和变革；巴西市场高、中级技术人才和熟练劳动力奇缺，教育落后，无法适应经济发展的需要。②《改革法》主要内容包括：增加教育拨款；改革课程；院系、评价制度、学分制改革。

《改革法》使得高等教育事业于 70 年代初开始蓬勃发展。1968～1974 年为跳跃式大发展时期，私立高校尤其是独立学院得以快速发展③。据统计，1970 年全国综合性大学和独立学院（Estabelecimentos Isolados）分别为 50 所和 466 所；到了 1981 年，大学数量增至 65 所，独立学院的数量则超过了 800 所。私立院校主要从事教学，而公立大学除了教学外，还致力于科学研究和研究生（硕士及博士）培养。尽管数量上属于少数，公立大学凭借层次、资源和教学质量依然是巴西高等教育最重要的组成部分。

（五）稳定：恢复民主至今（1985 年至今）

坦克雷多·内维斯（Tancredo Neves）赢得 1985 年大选后因病去世未能履职，副总统萨尔内（José Sarney）成为巴西首任民选总统，完成了军政权向文人政府的过渡。

1988 年，巴西国会颁布新宪法，其中规定联邦政府每年须将不少于 18% 的税收所得用于发展教育，各州、联邦区和市政府每年用于教育的税收比例不得低于 25%。此外，宪法规定各层次的公立教育免费，大学拥有教学、科研、行政、财政和资产管理的自主权，遵守教学、科研和社会服务不分离的原则④⑤。

进入 20 世纪 90 年代后，巴西政府针对教育经费不足、教育质量下降等问题采取一系列改革措施。涉及高等教育方面主要包括扩大高等院校的自主权和调动教师积极性。1996 年国会颁布新的《国家教育指导和基础法》⑥，从不同程度对

---

① 参考巴西众议院网站中公布的第 5.540/68 号法令原文：http：//www2. camara. leg. br/legin/fed/lei/1960 – 1969/lei – 5540 – 28 – novembro – 1968 – 359201 – publicacaooriginal – 1 – pl. html.

② 曾邵耀：《略论巴西近二十年来开放政策下的教育发展战略》，载于《比较教育研究》1986 第 2 期。

③ 王留栓：《巴西的私立高等教育》，载于《教育科学》2004 年 4 月第 20 卷第 2 期。

④ 参考巴西 1988 年宪法原文中关于教育的部分（第二篇第三章第一节）：http：//www. planalto. gov. br/ccivil_03/constituicao/constituicaocompilado. htm.

⑤ 巴西宪法规定大学三项基本职能：教学、科研和社会服务（Extensão）。社会服务指大学有将自己的学术科研成果向其所在社区和社会展示、分享和传递的义务。

⑥ 参考巴西总统府网站公布的法律原文：http：//www. planalto. gov. br/civil_03/leis/L9394. htm.

公立和私立大学产生影响。其中包括对本科课程以及课程所在的院校进行规律性和系统性的评估。若评估不合格，则给予一段时间整改；若未整改或整改后依然没有达到条件，则被认定不合格。此外，根据新的《指导和基础法》，新大学成立的一条硬性指标是必须有至少1/3的教师拥有硕士或博士学历，并且全职工作。这项规定也从一定程度上保证了师资队伍和教学的质量。

三、巴西高等教育现状

（一）顶层设计：从法律和政策上保障和管理高等教育

巴西现行高等教育体制和结构的渊源为1968年国会颁布的《大学改革法》，其中对高等教育机构的定义、职能和范围至今依然适用，例如：高等教育的承担机构可以是大学或独立学院；高等教育机构须具备教学、科研和社会服务三项基本职能；高等教育机构在法律和规定范围内具有教学科研、学科、行政和财政的自主权等。此外，《改革法》中关于院系设置、学分制、入学考试和研究生教育等规定亦沿用至今。

《1988年宪法》（巴西现行宪法）为巴西教育提供最高法律保障。其中规定"教育是每个人的权利，是国家和家庭的义务；在社会的协作下推动和鼓励教育，旨在保障人的全面发展，为其行使公民身份做好准备，使其具备工作的素质"。《宪法》规定：巴西官方机构的公立教育免费；符合条件的私立机构可以开设教育；无论公立机构还是私立机构都享有教学理念的多元性；大学拥有教学、科研、行政、资金和资产管理的自主权；大学遵守教学、科研和社会服务不分离的原则；国家、州、联邦区和市分级管理不同层次的教育。其中国家主要组织联邦级的教育系统，为联邦公立教育机构提供财政支持，同时也通过技术和财政支持的形式保障各州、联邦区和市的教学质量。各州和联邦区主要负责初等教育和中等教育。各市优先负责初等教育和幼儿教育；国家每年教育投资不得少于税收收入18%，各州、联邦区和市不得少于25%。

现行的国家教育委员会（Conselho Nacional de Educação）是在1995年第9.131/95号法律规定下建立的，为教育部的成员机构，参与制定国家教育政策，行使常规性、决策性和对教育部协助性职能。国家教育委员会包括基础教育厅（Câmara de Educação Básica）和高等教育厅（Câmara de Educação Superior），分别由 12 名顾问组成，基础教育厅秘书和高等教育厅秘书由国家总统任命①。

国会于 1996 年颁布的新《国家教育指导和基础法》（即 9. 394/96 号法律）旨在鼓励教育者勇于试验，大胆创新。其中关于高等教育的条例主要包括：建立高等教育评估体系，教育部可以通过评估结果对教育机构进行干预。对于不合格的单位可暂时取消其自主权，或将级别将至大学中心（Centro Universitário），或撤销其办学资格；重点关注教师问题，提高教师地位，建立高等教育学院培养合格师资；鼓励正规院校开展不同等级的远程教育；要求公立大学必须开设晚间课程，并保证其质量和架构与日间课程相同；要求大学中必须有至少 1/3 的教师拥有硕士或博士学历②。

《宪法》和新《国家教育指导和基础法》规定巴西高等教育体系如图 1 所示。

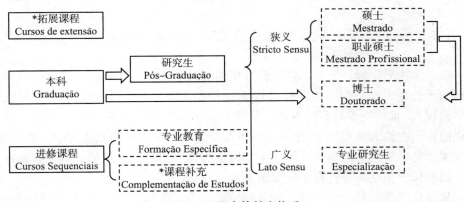

图 1　巴西高等教育体系

注：带 * 课程不提供文凭，只提供证明。

本科课程面向完成中等教育或拥有同等学力的学生。研究生课程面向已取得本科学历的学生，分为狭义（Stricto Sensu）和广义（Lato Sensu）两类。其中狭义包括硕士（Mestrado）、职业硕士（Mestrado Profissional）和博士（Doutorado）。硕士课程时间最短为一年，要求在特定研究领域完成硕士论文方可取得硕士学位。职业硕士侧重培养专业应用能力，培养模式更加多样灵活。不要

① 国家教育委员会的雏形为 1911 年的高级教学委员会（Conselho Superior de Ensino），后多次更名。参考巴西教育部网站对国家教育委员会的介绍：http：//portal. mec. gov. br/index. php？option = com_content&view = article&id = 14306：cne - historico&catid = 323：orgaos - vinculados

② Ramal Andrea：A nova LDB：destaques，avanços e problemas. Salvador：Revista de Educação CEAP1997，ano 5，no. 17，junho de 1997：5 - 21.

求全职就读，但需要提交毕业作品，形式可以是论文、项目、个案研究、艺术作品等。博士课程旨在培养在一定科学文化领域具有研究能力、能为该领域的发展做出贡献的学术人才，修读时间不低于两年，毕业后取得博士学位。博士课程主要向取得硕士学位的人士，但也接受本科毕业生申请。广义的研究生指专业研究生课程（Especialização），主要培养职业技术专才，修读最短时长为360小时。

除了本科和研究生课程外，学生可以选择拓展课程（Cursos de Extensão）或进修课程（Cursos Sequenciais）。进修课程面向取得中等教育学历及符合相应院校要求的学生，着重于专业和职业技能培养。进修课程分为专业教育（Formação Específica）和课程补充（Complementação de Estudos）两种。前者授予文凭，后者只提供证书。拓展课程面向所有社会人群，被认为是一种联系大学和社会的学术训练，致力于结合学术创新和社会实际需要。该课程不提供文凭。

（二）大学总览：从不同维度看巴西高等教育机构

从办学性质来看，巴西的高等教育机构分为公立和私立两种。巴西的高等教育起始于公立大学，如第一所综合性大学——圣保罗大学。1931年颁布《巴西大学章程》，推动高等教育的发展，早期私立大学也相继出现。1940年成立的里约热内卢天主教大学和1946年成立的圣保罗天主教大学均为私立大学。在巴西，公立大学是高等教育的基础，保证了高质量的教学和科研的质量。但也有观点认为，巴西属于私立高等教育主导型国家[①]。

从管理等级来看，分联邦、州立和市立三级。联邦高校由联邦直属管理公立高校、私立高校和其他联邦级的教学机构组成。州立高校和市立高校分别由州政府（或联邦区政府）和市政府管辖。

从办学层次来看，巴西高等教育机构分为大学（Instituições Universitárias）、大学中心（Centros Universitários）和非大学机构（Instituições Não Universitárias），如图2所示。

大学机构分为综合型大学（Universidades）和专业型大学（Universidades Especializadas）。综合型大学为多学科高等教育机构，具备教学、科研和社会服务三项职能，对教师的学历、工作时间有一定要求。专业型大学专注于特定领域的教学和科研，旨在培养应用型专业型人才；大学中心和大学机构一样，提供本科课程，具备自主权，可以创建、组织或取消专业课程，修改或扩大招生

---

① 王刘栓：《巴西的私立高等教育》，载于《教育科学》2004年4月第20卷第2期。

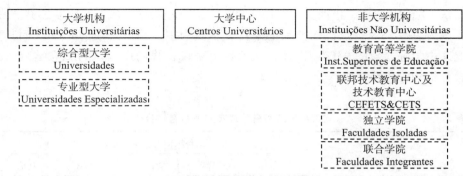

图 2　巴西高等教育机构

图片参考：Soares Maria：A educação superior no Brasil. IESALC – Unesco-Caracas，2002：43.

名额。大学中心不强制要求开展科研和社会服务；非大学机构包括教育高等学院（Instituiçães Superiores de Educação）、联邦技术教育中心（CEFETS）及技术教育中心（CETS）、独立学院（Faculdades Isoladas）和联合学院（Faculdades Integrantes）。其中教育高等学院旨在培养初等和中等教育教师；两个"中心"为取得中等教育的学生提供各领域职业教育；独立学院拥有自己的专业培养模式；联合学院是多学科领域的学院集合，在统一的制度和指导下运转。

　　我们从统计数据①上对目前巴西高等教育进一步了解，详见表 1。

表 1　　　　　　　　　　2016 年巴西高等教育机构数量统计

层级			高等教育机构类别及数量（个）				
			总计	大学	大学中心	学院	其他*
整体			2 407	197	166	2 004	40
	公立		296	108	10	138	40
		联邦	107	63	—	4	40
		州立	123	39	1	83	—
		市立	66	6	9	51	—
	私立		—	2 111	89	156	1 866	—

注：＊指联邦教育、科学和技术学院及联邦教育技术中心，下同。
资料来源：巴西国家教育调查和研究所。

---

　　① 该章节数据均来自 2016 年高等教育普查结果。数据从巴西国家教育调查和研究所网站获取：http：//portal. inep. gov. br/web/guest/sinopses – estatisticas – da – educacao – superior。

从公私比例来看，巴西公立院校共 296 所，约占总数 12%；私立院校共 2 111 所，约占总数 88%。从机构类别上来看以学院为主，约占总数的 83%。而其中私立又占学院总数的 93%。因此，从数量上来说，我们可以认为私立学院为高等教育机构的主要组成部分（见表 2）。

表 2   2016 年巴西高等教育专业数量统计

层级			高等教育机构类别及专业数量（个）				
			总计	大学	大学中心	学院	其他*
整体			34 366	15 767	4 944	12 315	1 340
	公立		10 542	8 466	160	576	1 340
		联邦	6 234	4 876	—	18	1 340
		州立	3 574	3 278	11	285	—
		市立	734	312	149	273	—
	私立		23 824	7 301	4 784	11 739	

资料来源：巴西国家教育调查和研究所。

从机构上看，大学开设专业占总数的 45.8%，其次是学院，约 35.8%。由此看出，虽然从院校数量上来说学院占绝对优势，但是专业的数量还是主要集中在大学。从整体公私比例看，私立院校开设的专业数量依然高于公立学校。但差距主要体现在大学中心和学院。但从大学类目来看，公立院校开设专业数量多于私立院校。

表 3   2016 年巴西高等教育新生数量

层级			高等教育机构类别及新生数量（人）				
			总计	大学	大学中心	学院	其他*
整体			8 048 701	4 322 092	1 415 147	2 146 870	164 592
	公立		1 990 078	1 679 479	22 708	123 299	164 592
		联邦	1 249 324	1 083 050	—	1 682	164 592
		州立	623 446	547 181	1 538	74 727	—
		市立	117 308	49 248	21 170	46 890	—
	私立		6 058 623	2 642 613	1 392 439	2 023 571	—

资料来源：巴西国家教育调查和研究所。

从机构上看，入学新生主要集中在大学，约占 53.6%，其次是学院，约占 26.6%；从公私比例来看，入学私立高校的新生无论是在总体还是在各个机构类目下均远远高于公立学校。这与公私立高校的数量成正比。

（三）质量保障：选拔方式和评估体系

首先，我们来介绍巴西高等教育入学选拔模式。传统上，通过高考（Exame Vestibular）是巴西学生进入高等教育的唯一方式。高考由各个学校单独或联合组织，入学名额也由各个学校制定。如今，高等教育选拔考试的范围越来越灵活和多样化，其中国家中学教育水平测试（ENEM）的成绩越来越受到高校（尤其是公立院校）的认可。ENEM 考试开始于 1998 年，由国家教育调查和研究所实施，用于考察中等教育的质量。如今 ENEM 考试成绩已被作为进入巴西公立大学的考虑标准，部分私立大学也将其作为入学条件。此外，ENEM 的分数可以作为巴西两个高等教育项目"高等教育学生资助基金"和"全民大学计划"① 的评价标准，含金量越来越高。ENEM 是巴西规模最大的高考形式，仅次于中国的高考。由于人口众多，巴西高考竞争异常激烈，如表 4、表 5 所示。

从总数来看，报名人数与招生名额比例约为 1.9∶1。但公立学校入学比例高达 14∶1。公立学校集中了巴西的优势教育资源，且学费全免，因此竞争尤为激烈。但巴西领土广袤，人口众多，高考也是目前保证高等教育资源合理分配、教育质量稳固提高、可行性最高以及最有效率的选拔模式。

表 4　　　　　　　　　　**2016 年巴西高等教育招生名额**

层级			高等教育机构类别及招生名额（人）				
			总计	大学	大学中心	学院	其他*
整体			7 873 702	4 817 551	1 175 112	1 823 192	57 847
	公立		572 122	443 171	11 864	59 240	57 847
		联邦	333 900	275 624	——	429	57 847
		州立	170 485	137 478	600	32 407	——
		市立	67 737	30 069	11 264	26 404	——
	私立		7 301 580	4 374 380	1 163 248	1 763 952	——

资料来源：巴西国家教育调查和研究所。

---

① 高等教育学生资助基金：Fundo de financiamento ao estudante do ensino superior（Fies）；全民大学计划：Programa universidade para todos（Prouni）。

表5　　　　　　　　　2016 年巴西高等教育报名人数

层级			高等教育机构类别及报名数量				
			总计	大学	大学中心	学院	其他*
整体			15 579 833	10 213 209	1 524 436	2 652 553	1 189 635
	公立		8 013 518	6 579 636	31 970	212 277	1 189 635
		联邦	6 137 376	4 929 447	—	18 294	1 189 635
		州立	1 777 456	1 614 988	5 970	156 498	—
		市立	98 686	35 201	26 000	37 485	—
	私立		7 566 315	3 633 573	1 492 466	2 440 276	

资料来源：巴西国家教育调查和研究所。

为保障和提高高校课程的教学质量，课程评估必不可少。这里我们主要介绍本科的课程评估体系。

国家教育调查和研究所（Inep）负责维护和执行巴西高等教育国家评估体系（Sinaes），评估方式主要由两种：全国学生表现测试（Enade）和评估专家委员会现场走访。在第一种方式中，受评估专业的新生和毕业生参与一项关于专业教育整体及特定方面的测试；在第二种方式中，由国家教育调查和研究所制定的专家委员会成员走访待评估院校，实地考察其教学条件（尤其是教师队伍）、硬件设施和教学法组织情况。根据评估体系，专业课程应定期接受评估，主要分为以下三种情况：

（1）开设新专业。当院校向教育部申请开设新专业后，教育部将从国际评估专家人才库（BASis）中随机抽取两名专家对该校进行实地考察。专家事先制定考察要素和标准，根据该文件对受访单位进行评估。

（2）专业认定。新专业开设后，院校应在第二阶段向教育部申请进行专业认定。此次评估主要考察该专业开设后是否达到了当初设定的目标，时间为期两天，形式与第一次相同。

（3）专业再认定。该评估面向已经通过初次认定的专业，每三年进行一次，为期两天，形式与前两次相同。未实行全国学生表现测试的院校必须进行专业再认定。①

---

① 参考巴西国家教育调查和研究所网站：http：//portal. inep. gov. br/web/guest/avaliacao－dos－cursos－de－graduacao。

四、巴西高等教育特色与弊端分析

从 1920 年建立第一所大学——里约热内卢大学至今，巴西高等教育发展经历了近一百年。从最初受殖民文化及西方主流思想影响，到实现从精英型向大众型高等教育的跨越，最后逐渐形成符合国情和发展需要的系统和体制，巴西现代高等教育特色鲜明。

第一，注重教育立法，强调教育法制化发展。每一次教育领域的变革都以相对应的法律条文颁布为前提。例如，1931 年颁布《巴西大学章程》及《关于建立全国教育委员会》（*Criação do Conselho Nacional de Educação*）《里约热内卢大学组织法》（*Organização da Universidade do Rio de Janeiro*）两条法令。《章程》规定了巴西大学的模式，《组织法》被视为高等教育机构的模式范例，而《建立全国教育委员会》则从法律上保证了技术型教育部咨询机构的建立。1698 年《大学改革法》和 1988 年《宪法》都对高等教育进行定义和规范。1996 年新《国家教育指导和基础法》规范了教育系统，提出改革创新。最后值得一提的是，巴西是唯一将教育经费比例写入宪法的国家，为保障教育发展起到了非常积极的作用。

第二，实行政府和非政府管理体制。巴西高等教育的协调和管理可分为政府和非政府两种类别。政府部门的最高管理机构是教育部，职责包括：制定及评价国家教育政策；保证高等教育质量及相关教育法令的有效实行；为联邦公立大学提供资金支持；对公立和私立机构进行监管和评估等。教育部下设国家教育委员会（CNE）和高等教育秘书处（SESU）。国家教育委员会分基础教育厅和高等教育厅，各由 12 名专家委员组成。另外，高级人才进修协调局（CAPES）和国家教育调查和研究所（Inep）也是巴西高等教育管理的重要机构。除了政府机构外，非政府机构也是教育管理的重要组成部分，包括：巴西大学校长委员会（CRUB）、巴西高等院校赞助商联合会（ABMES）、巴西社区大学联合会（ABRUC）等。

第三，实施多元化融资战略[①]。巴西高等教育资源分配模式属于典型的二元部门制下的异质型，其中公立高校免收学费，主要依赖政府拨款；私立高校则依赖学费运转，但同时接受政府的财政资助；巴西鼓励所有高校通过多种形式自筹

---

① 刘淑华：《巴西高等教育大众化进程中的经费多元化融资战略》，载于《外国教育研究》2015 年第 7 期第 42 卷。

经费和接受国内外社会捐赠。首先看公立。巴西政府对教育的投资占国民生产总值比例呈上升趋势。其中 2004～2014 年分别为：4.5%、4.5%、4.9%、5.1%、5.3%、5.6%、5.6%、5.8%、5.9%、6.0%、6.0%。其中基础教育占比最高。投资高等教育的比例依次为：0.8%、0.9%、0.8%、0.9%、0.8%、0.9%、0.9%、1.0%、1.0%、1.1%、1.2%①。巴西教育实施联邦政府、州政府和市政府的教育合作管理体制，预算体制也分相应三级。宪法规定了各级政府对教育投入的比例，其中联邦政府不少于税收收入 18%，各州、联邦区和市不得少于25%。再看私立高校。私立高校经费来源主要是学费、商业运作、政府资助基金如高等教育学生资助基金（Fies）和全民大学计划（Prouni）和社会募集等。

第四，重视发展私立教育。巴西高等教育起步缓慢，然而到了 20 世纪 60 年代，经济的迅速发展，资本密集型和技术密集型的产业对于高素质劳动力的需要和社会教育水平的落后形成鲜明矛盾。为了适应这一变化，政府大力追加教育投资，包括建立基金会、设"教育工资"制度、筹集社会资金等。得益于经济政策以及宽松的高校认可制度，巴西私立高等教育机构迅猛发展，直到目前在数量上占绝对的优势。私立教育的发展为巴西高等教育的普及化做出了巨大的贡献，但是由于发展过快，也带来了一定的弊端。

第五，大学的社会服务职能。该职能首先是在巴西首任教育部长坎波斯的改革期间提出的。1968 年高等教育改革中，大学被赋予教学、科研和社会服务三个不可分割的特点，这一点后来被写进《1988 年宪法》之中。1996 年新的《巴西教育指导和基础法》将社会服务定义为大学的目的之一，即"普及高校的文化创新和科学研究带来的成果"。具体来说，高校向社会提供教学、科研、顾问、技术支持、持续教育、研讨会、文化推广、知识传播等服务，将校园内的最新成果贡献社会，反哺社会，推动产学合作，促进经济增长。社会服务是连接大学和其所在社会的纽带。

由于历史和国情方面的原因，巴西的高等教育与欧美发达国家相比还有很大的发展空间，存在一些弊端。

首先，教育资源的不平衡是目前巴西高等教育存在的最大问题。不平衡首先体现在公立和私立之间。目前公立高校与私立高校的数量比例约为 1∶7.3。公立高校办学时间长，免学费，师资力量强，教育质量高，但名额稀缺。相反，私立学校办学时间短，学费高昂，大多高校以盈利为目的。矛盾的是，大部分公立高校的生源都来自较为富裕的家庭，而收入较低的家庭的孩子大多数集中在私立大

---

① 资料来源：巴西国家教育调查研究局，http://portal. inep. gov. br/indicadores – financeiros – educacionais.

学。主要原因在于条件较好的家庭往往将孩子送入教学质量高、收费较高的私立中学，而中下收入水平家庭的孩子则只能在廉价的公立中学就读，无法得到优质的教学环境。不平衡还体现在地域上，绝大多数高校集中在巴西经济最发达的东南地区：圣保罗州、里约热内卢州、南里奥格兰德州、米纳斯吉拉斯州和巴拉那州。

其次，高等教育入学率较低。尽管巴西高校的入学率持续增长显著，以2001~2010年为例：2001年，18~24岁青年的入学率仅为8.8%，到了2009年增长为14.4%，入学人数增长了110%。但从基数比例上来看，巴西的高校入学率并不乐观。以2012年为例：智利为74.39%，阿根廷为80.31%，巴西为28.68%，低于南美洲国家的平均水平（42.8%），与韩国（98.38%）和美国（94.28%）等发达国家的差距更是明显。这种差距还体现在国内的不同地区，沿海中部和南部发达地区的入学率远高于北部。

最后，整体教学质量有待提高。巴西私立大学占大多数。随着高等教育的市场化，文凭往往成为一种商品，教育集团唯利是图，以盈利为目的，并不把提高教学质量放在其应有的位置。由于学费高昂，许多家庭贫困的学生无法顺利完成学业、拿到文凭。另外，私立大学很难吸引到优秀的教师。根据2019年QS国际大学排名，巴西最好的大学是圣保罗大学，居118位，其次是坎皮纳斯州立大学（204）、里约热内卢联邦大学（361）、圣保罗州立大学（464）和圣保罗州立大学（491），这五所均为公立大学。

五、结语

巴西作为新兴大国，是最受瞩目的发展中国家之一。自然资源丰富，幅员辽阔，人口众多，在机械、制造业、农林业等领域优势明显。近年来，受到国际经济环境和国内政治危机的影响，经济发展放缓，甚至出现负增长。特梅尔政府执政后，大力推动私有化，吸引外商投资，取得了一些效果。2018年4月，国际货币基金组织发布的报告将巴西2018年经济增长预期从1.9%上调至2.3%，2019年经济增长预期上调至2.5%。

教育的发展与经济发展息息相关。目前较为严重的教育不平衡问题来源于军政府时期教育和生产力的不协调。尽管国家从政策上强调发展高等教育，并给予资金上的倾斜，但数量的增加却带来了质量的下降，削弱了基础教育和中等教育的发展，导致了教育体系基础的不平衡。另外，资金投入和质量产出之间并不一定成正比。教育政策、各级教育之间的比例、市场导向等等都有可能造成不确定因素。

在走向经济结构转型和高新技术发展的道路中，高等教育至关重要，也面临重大挑战。在未来巴西经济缓慢爬升的背景下，高等教育何去何从？面对庞大的人口基数、显著的贫富差距和政治局面的不确定性，巴西应该采取什么样的发展战略？这都是巴西高等教育在未来需要回答的问题。

中国—巴西国际投资争端
解决机制的评价及展望

易在成　许敬泹[*]

摘　要： 中国和巴西之间经济互补性强，相互之间投资经贸往来频繁，一个高效公平、兼顾投资者与东道国利益的国际投资争端解决机制是中巴两国需要讨论的重要话题。巴西作为一个传统的资本流入国，其经济发展对外资的依赖程度较大，由于种种原因巴西尚未有生效的双边投资协定（BIT），也没有加入《解决国家与他国国民投资争议公约》（即 ICSID）。WTO（世界贸易组织）项下已有一套完备的争端解决机制，但是由于程序与实体的双重限制，中巴之间在 DSU（WTO 争端解决机制）的投资争议案件数量十分有限。同时，在"用尽东道国救济"原则之下的诉讼司法途径仍然存在一些问题。ICSID 是当前专门处理投资者—东道国投资争端的国际仲裁机构，由于缺乏管辖前提中巴尚未能在 ICSID 项下解决投资争端，而主要诉诸除中心之外的其他国际仲裁机构。在评析及展望中巴投资争端解决机制的同时，应当看到巴西经验，意识到 ICSID 虽然尚有不足但在未来相当时间内仍然具有很强的生命力，同时借助多个平台全方位构建中巴多元化国际投资争端解决机制。

关键词： 中巴投资　争端解决　ICSID　国际仲裁　多元机制

巴西地处拉丁美洲，是南美洲最大的国家，近年来由于国际资本流转的加速以及金砖国家间经贸合作的升级，中国与巴西之间的投资互动也越来越被关注和认可，然而，有往来就不可避免地会出现贸易摩擦或投资纠纷，一个高效公平、兼顾投资者与东道国利益的国际投资争端解决机制是中巴两国需要讨论的重要话

---

[*] 易在成，法学博士，澳门科技大学法学院副教授。
许敬泹，澳门科技大学法学院国际法博士生。

题。过去由于地理位置与文化传统等客观因素，中国与巴西并不是传统的经贸投资往来国，随着世界经济一体化趋势不断加强以及金砖国家之间、中国与葡语国家之间更加紧密的联系与合作，中国与巴西相互之间都以其自身独特的优势吸引着越来越多的国际资本，如今，中巴投资经贸往来合作密切，巴西已是中国在拉美地区的最大贸易伙伴。

一、中国—巴西国际投资体例及投资环境分析

近年来，中国和巴西的国际投资市场比较活跃，据联合国贸易和发展会议（OECD）的报告，2010 年巴西首次成为全球外商直接投资第十大目的地国，并在近年已成为吸收外国直接投资最多的国家之一，中国则在 2016 年第一次跃居全球第二大对外投资国，居发展中国家首位。而巴西作为中国在拉丁美洲以及葡语国家中重要的贸易伙伴，其相互之间的投资流量保持良好的态势。中国和巴西之间经济互补性强，拥有广阔的发展前景，两国政府之间也更加重视双边投资经贸往来。近年来，中国对巴西的投资保持上升趋势，投资领域也在不断扩展优化。根据中国对外投资合作统计快报数据显示，2017 年中国对外直接投资 1 582.9 亿美元，同比下降 19.3%，中国对外投资在全球外国直接投资中的影响力不断扩大，投资流量规模仅次于美国和日本，位居全球第三，较上年下降一位。从双向投资情况看，中国对外直接投资流量已连续三年高于吸引外资。[①] 在全球外部直接投资增长乏力、国际引资竞争加剧的形势下，2017 年末，中国对外直接投资存量 18 090.4 亿美元，在全球存量排名跃升至第 2 位，较上年提升 4 位。[②] 2016 年，中国流向拉丁美洲地区的直接投资流量 272.3 亿美元，同比增长 115.9%，远高于对全球投资增速（34.7%），占当年对外直接投资流量的 13.9%。2016 年中国在巴西的直接投资存量为 29.6 亿美元，是当年中国对拉丁美洲直接投资存量的第三位。中国企业在巴西投资迅速增长，目前各类企业总数超过 300 家。对巴西投资存量近 400 亿美元，雇用职工人数超过 2 万人。同时，中国企业在金砖国家投资并购活跃，并购方式趋于多元化，2016 年中国企业在巴西的并购金额达 119.2 亿美元。例如，2017 年，中国中信集团下属的中信现代农业产业投资基金以 11 亿美元收购了陶氏化学巴西玉米种子业务的部分股权；巴西本土最大的移动出行服务商"99"公司宣布与中国滴滴出行公司签订战略合作协议，

---

①② 数据来自中华人民共和国商务部：《2017 年度中国对外直接投资统计公报》。

滴滴出行对"99"公司的投资金额超过 1 亿美元等。[①]

巴西作为一个传统的资本流入国，拥有丰富的自然资源和良好的工业基础，但是其基础设施等建设相对落后，巴西经济发展对外资的依赖程度较大，为了吸引外资，巴西对所有在巴境内的外国独资或合资企业实行国民待遇。外资在巴西境内投资无需事先经政府批准，只要通过巴西有权经营外汇业务的银行将外汇汇进巴西，即可在巴西投资建厂或并购巴西企业，对外资企业的利润支配及汇出限制较少。[②] 巴西管理外国投资的主要法律是《外国资本法》，其实施细则是 1965年第 55762 号法令，其他与投资有关的巴西法律主要有《外资管理法施行细则》《劳工法》《公司法》《证券法》《工业产权法》《反垄断法》《环境法》等。世界经济论坛与全球贸易便利化联盟在日内瓦发布《2016 年全球贸易促进报告》（*The Global Enabling Trade Report* 2016），该报告每两年发布一次，通过"贸易促进指数"（Enabling Trade Index）对全球 136 个经济体进行评估，"贸易促进指数"主要评估该国家或经济体在市场准入、边境管理、交通与数字化基础设施等方面的水平，中国排第 61 位，这也是全球 10 个发展中人口大国中唯一进入指数排名前半段的国家，另外巴西作为人口大国排名却在百名之外，巴西当年排名第110 位。[③] 具体来说，巴西的投资政策如市场准入、商业环境以及法制环境等方面仍然有待加强，以尽快融入全球经济价值体系之中。巴西自 20 世纪 90 年代开始，开始陆续尝试与一些国家签订 BITs，但是由于 BITs 中的投资者—东道国争端解决机制以及征收补偿等问题与其国内政策不符，国会没有通过 BITs，因此，目前巴西尚未有生效的 BITs。

巴西另有一个特殊之处在于，很多时候投资者更愿意将与东道国之间的投资争端诉诸以 ICSID 机制为代表的国际仲裁，但是巴西本身并没有加入《解决国家与他国国民投资争议公约》（即 ICSID），因此，外国投资者只能将投资争端提请其他国际商事仲裁机构或者诉诸巴西国内救济途径，而不能适用国际上更为普遍的 ICSID 仲裁规则，不够多元化的投资争端解决方式会在一定程度上削减外国投资者的投资信心。虽然，巴西是《承认及执行外国仲裁裁决公约》（以下简称《纽约公约》）的成员国之一，但是《纽约公约》在立法上不够详细、公约的国内化不尽一致以及对投资者与东道国之间略失公允等问题，都使得中巴之间的投资争端解决机制存在或多或少的问题。伴随着中国与巴西在贸易投资上的不断走

[①] 新华网：http://www.xinhuanet.com//world/2017 - 08/14/c_129679716.htm，最后访问于 2018 年9 月 27 日。

[②] 《中国—巴西投资环境报告》，中华人民共和国商务部网站：http://tzswj.mofcom.gov.cn/article/test/201504/20150400931301.shtml，第 76 页。

[③] 数据来自世界经济论坛与全球贸易便利化联盟（Global Alliance for Trade Facilitation）：《2016 年全球贸易促进报告》。

热，出现投资摩擦与争端的可能性加大，加深中巴之间法律问题的沟通以及双边投资规则的协调合作，特别是一套完善的投资争端解决机制对于妥善化解经贸往来过程中可能出现的问题都具有重要意义。

自 20 世纪以来，中国与巴西之间相继签署了一些双边投资保护协定，如1994 年 4 月中国与巴西政府签署了《关于鼓励和相互保护投资协定》工作文本，但是该协定如前所述，由于相似的原因并未经过巴西议会的批准。但是，中巴之间仍然生效了一些相关合作协定，如 1991 年《中华人民共和国政府和巴西联邦共和国政府关于对所得避免双重征税和防止偷漏税的协定》、2006 年的《中华人民共和国政府与巴西联邦共和国政府关于加强基础设施领域工程建设合作的协议》《中华人民共和国政府和巴西联邦共和国政府关于动物检疫和动物卫生合作的协定》以及相关科技文化合作协议、海商事协议等。中国与巴西同为中国—葡语国家经贸合作论坛（澳门）的成员，2003 年中国就已经与巴西、安哥拉等葡语国家部长共同签署经贸合作行动纲领，到 2018 年中葡论坛十五年，根据统计显示，截至 2016 年底，中国对葡语国家直接投资超过 50 亿美元，是中葡论坛成立时的 90 多倍。

拉丁美洲地区近年来政局总体稳定，经济发展保持增长态势。随着中国和拉美国家外交和经济关系不断深化，中国企业纷纷到拉美开展投资，对巴西这一拉美主要国家而言，中拉的合作升级为中巴的投资经贸合作开拓了市场，同时也是中国与巴西之间未来经贸合作的一个契机和指引。巴西是中国在拉美地区最大的贸易合作伙伴，自 2009 年起，中国成为巴西最大的出口目的国，近年来两国持续保持着密切友好的经贸往来，基于较强的互补性经济模式，中巴在国际投资领域也不断合作与升级。除此之外，金砖国家的合作也促进了中巴之间的经贸往来，随着金砖国家合作尤其是科技创新领域合作的推进，中巴经贸关系得到了有效促进。2017 年 8 月，第七届金砖国家经贸部长会议达成了《金砖国家投资便利化合作纲要》，并将贸易投资便利化等发展议题纳入金砖国家今后的发展重点。近年来，中国对金砖国家的直接投资（FDI）保持了较好的增长趋势，金砖国家对外来投资的需求也在不断扩大，巴西政府就推出了新一轮"经济加速发展计划"和基础设施投资规划吸引外来投资，这与中国对金砖国家的投资发展趋势不谋而合，未来预期将会有更加广泛的投资合作空间。

巴西作为一个发展中大国，也是 WTO 的创始成员之一，对所有 WTO 成员给予最惠国待遇。近年来，中国一直保持着对巴较大体例的投资流量，中资企业对巴西投资涉及金融、能源、工业、农业、机械制造、高新技术应用开发等多个领域，但也面临一些困难和问题。总体来看，尽管中资企业在开拓巴西市场上做了很大努力，但受巴西劳工、环保法规以及其他准入经营等条件的限制，中资企业在巴西的经营时常面临困境。为进一步开放市场，改善投资环境，2017 年，巴西政府推出了 57 个特许经营项目私有化计划，巴西开始向外资开放电力、港口、机场等基础设施项目的特许经营权，这体现了巴西向外吸引投资的意愿和决心。巴西开放的经营项目也正是中国企业的优势所在，中国与巴西互补的经济特点也恰恰能够发挥各自优势，互相带动经济的发展。

二、国际投资争端解决途径及评析

资本的高速流转不可避免地会出现投资纠纷，在国际投资争端类型中，按照解决争议当事双方的身份不同可以分为国家与国家之间的争议、投资者与投资者之间的争议以及投资者与东道国之间的争议，不同类型的投资争议会有不同的解决方式和机构，然而当前投资者与东道国之间的投资争端是最广泛也最具争议性的类型，本文则主要讨论这一类问题的争端解决机制。在发生投资者与东道国之间国际投资争议时，当事者可以有多种选择，WTO 准司法途径、国际仲裁或传统司法手段—诉讼均是当前国际上常见的救济途径。

（一）WTO 准司法途径

WTO 作为一个世界性的国际组织，已经具备了一整套较为完备的争端解决机制（Dispute Settlement Mechanism 以下简称 DSM），WTO 项下的 DSM 已经被广泛应用于多种类型的国际经济贸易争端。WTO 的争端解决机制是在 GATT 的基础之上产生和发展的，在乌拉圭回合通过的《关于争端解决规则和程序的谅解》（以下简称 DSU）逐渐成为 WTO 各项机能运转的制度保障。WTO 的争端解决程序是一套独立于国内司法体系与国际仲裁的特殊机制，各个环节严密而有条理，具有高效性与准司法性的特点。它建立在 GATT 争端解决机制之上，又不断完善发展，WTO 将 GATT 的"协商一致原则"发展为"否决一致原则"，"否决一致原则"是指只要在决策项目上没有人表示同意，就表示否决本决议，反过来说就是只要有一个人表示同意本决议那么该决议就可以通过，这实际上是一种"准自动通过原则"，将其运用于争端解决机制之中可以大大提升 DSU 在个案上的效率。同时，DSU 设置了上诉审机制，以防止专家小组在适用法律或解释规则时的错误，增加了 WTO 争端解决程序的公正性，同时这一机制又使得 DSU 具备了"准司法"的属性，将其区别于其他国际仲裁体制。

在 WTO 法律规则体系中，以国际贸易规则为基石发展起来、并有诸多领域的条约作为 DSU 专家小组裁决争议的依据，其中与投资直接相关的是在 1994 年通过的《与贸易有关的投资措施协议》（以下简称 TRIMS 协议），该协议正式将国际投资问题纳入到 WTO 的法律规则体系中，除此之外，WTO 法律框架中的 TRIPs、GATS 等协议虽然并不是直接调整与投资相关的内容，但是其中涉及国际知识产权、服务贸易、金融安全、征收补偿等问题在具体案件中往往与国际投资争端密切相关，在实际案件中这些规则往往被当事国参考并援引形成一个较为系统的规则链，因而从某种程度上来说，WTO 争端解决程序是一个规则与制度都较为完备的机制。

但是，WTO 争端解决机制在国际投资问题上的应用依然有限，这其中既有实体上的原因也有程序上的限制。由于投资涉及的国内国外问题较为复杂，加之成员国与国之间经济发展水平以及对外资的政策不尽相同，于当时情况下很难协调各方利益平衡，因此从总体上来说，TRIMS 协议更偏向于一个框架性的投资规则，尚有很多与投资有关的贸易措施没有被纳入其中。另外，若想诉诸于 WTO 项下的争端解决机制，须同时满足 WTO 关于管辖案件的程序与实体要求，即该争议需为发生于 WTO 成员之间的，且为违反了 WTO 项下实体规则的投资争议。截至 2018 年 9 月，提交至 WTO 的涉及中国与巴西之间投资争端的案件共有 11 件，但是中国或巴西仅作为应诉人或投诉人的案件个数为 0 件。巴西作为第三方、中国作为应诉人的共有 3 件，是发生在中国与欧共体、美国以及加拿大之间关于"影响汽车零部件进口关税措施"的争议，巴西等国作为第三方加入其中并保留了它们的第三方权利。巴西作为第三方、中国作为第三方的共有 6 件，分别是日本和加拿大关于可再生能源的补贴政策的争议、欧盟与加拿大关于上网电价计划（"FIT 计划"）中国内含量要求的措施的争议、美国与印度关于太阳能电池某些组件措施的争议、欧盟与俄罗斯关于对机动车征收的"回收费"等的争议、欧盟与俄罗斯之间与能源部门有关的某些措施的争议、印度与美国和可再生能源部门有关的某些措施的争议，在以上案件中中国与巴西均保留了第三方权利。巴西作为应诉者、中国作为第三方的案件有 2 件，为欧盟与日本分别诉巴西就汽车部门、电子和技术行业的税收和收费以及出口商的税收优惠等措施的争议，中国均保留了第三方权利。从统计数字可以看出，中巴之间尚没有直接的投资贸易冲突诉诸于 WTO 争端解决机制之下，同时，这些与中巴相关的争议案件全部援引了 TRIMS 协议的第二款，即违反有关国民待遇或数量的限制。

（二）一国法院司法救济

将投资争议诉至一国法院也是投资者的惯常做法，当双边投资协议或其他条约有规定"用尽东道国救济"原则时，投资者则必须先行选择东道国国内的救济途径，除了仲裁还可以诉至一国法院，但是对于国际投资争议而言，司法诉讼手段存在一些问题。首先，一般而言东道国大多是发展中国家或者经济落后国家，其本国国内的法治环境相对落后，投资者可能要面临着相当高的诉讼成本的投入——时间或金钱，而且，基于本国利益出发，当地法院可能也倾向于做出维护东道国利益的判决。当然，作为一个传统的争端解决方式，诉讼仍然具有相当的生命力，在中国过去几年中，涉及中巴之间私人投资争议诉至我国法院的情况时有发生，多为有涉外（涉巴西）因素的商事争议。

其次，在国内司法审判时，还不可避免地会遇到国家及其财产豁免的情况，国家及其财产豁免权一般包括司法管辖、诉讼程序和强制执行的豁免，这一原则是使一个国家及其财产免受另一个国家法院的管辖和执行，防止一个国家对其他国家滥用自己的司法权来干涉和侵犯后者的主权和利益。虽然它并非表明国家在从事国际民商事活动时可以不受法律约束，也并非实质上消灭国家在国际民商事法律关系中理应承担的法律义务或责任，但是在解决国际投资争端中这一原则的应用则会使得投资者的诉求无法得到实际的解决。一旦产生国家及其财产豁免的问题，则需另外获得东道国的同意司法程序才能继续进行，而且国际上对于豁免的程度也存在不同的解释与理解。因此，对于外国投资者而言，还需提前了解东道国的司法程序，并根据自身的诉求与条件选择最有利于自己的争议解决方式。例如巴西的法制建设相对落后，其国内的司法程序十分冗长，据不完全统计显示，如果企业在巴西选择诉讼程序，可能要花上数年之久才能走到执行程序。

（三）ICSID 等国际仲裁方式

相较于传统的诉讼程序或者 WTO 准司法程序而言，外国投资者似乎更倾向于选择国际仲裁的方式来解决投资争端。国际投资争端解决中心（ICSID）（以下简称"中心"）是一个专门处理投资者与东道国之间的国际仲裁机构，它于 1966 年正式签署《解决国家和他国国民之间投资争端公约》（简称《华盛顿公约》）并生效，于此公约之下通过仲裁与调解的方式致力于解决投资者个人与东道国之间的投资争议。ICSID 经历了一段较长时间的发展，最初由于国际资本流转频率不高、国际直接投资体例较小等原因，直到 1998 年 ICSID 在世界范围内的应用仍然不是很广泛，当年受理的案件仅仅 19 件。随着公约缔约国和签字国数量不断增加（截至 2018 年 8 月 27 日，公约的签字国已经达到 162 个，其中缔约国有 154 个），提交至"中心"的案件也不断增加，截至 2018 年 6 月 30 日提交至"中心"的案件共有 676 件，并且从统计报告中可以看出每年登记在 ICSID 之下的案件总体呈上升趋势①，这充分说明了 ICSID 机制已经被国际社会逐渐认可。

相较于 WTO 争端解决机制来说，ICSID 有其独特之处。首先，公约的签订并不对争端当事国之间设定任何实体权利义务关系，甚至对于"投资"的范围都不做过多的界定，而给予争议双方充分的自主权利，当事国可以就投资事项达成专门的双边投资条约（BITs）或者协议选择适用的条约，中心审议争议时所适用的依据均来自于双方的合意选择。这是 ICSID 机制与 WTO 争端解决程序不同的地方之一。其次，ICSID 争议双方的属性为私主体与国家公主体的对抗，中心本身在处理争议事项时还会先行区分争议的属性，一般而言分为双方之间的实体性违约请求与仅基于 ICSID 程序或国际规则的程序性请求。ICSID 下的《华盛顿公约》有一套完备且富有执行力的仲裁裁决执行程序，只有国家在主张主权或国家财产豁免的情况下，才有可能挑战 ICSID 仲裁的执行力度。相较于 WTO 裁决的执行程序中需借助成员国自身发起的报复、交叉报复等带有政治色彩的外部手段，ICSID 裁决的执行机制能够自给自足，同时，在 ICSID 项下主要是金钱给付内容的仲裁裁决，加之其与世界银行的密切关系，因此，在中心的裁决下敦促被诉方履行义务并不十分困难。

ICSID 争端解决机制中另一个与 WTO 不同之处在于，ICISD 实行"一裁终局"制，即它没有 WTO 项下的常设上诉机构，虽然公约中有关于在仲裁庭违法、显然超越职权等程序性问题时可以提请废置程序，以及特定情况下的解释与重新计算请求的例外规定，但这些例外情形很少发生并且不会对中心的实体审理产生过多干扰。ICSID 机制之所以备受投资者与东道国的青睐，在于 ICSID 提供了一个独立于政府间国际组织和一国国内审判机构的自主平台，这种相对独立自主的机构无疑会增加投资者的规则信心，同时，它一裁终局的高效性以及较为完备的执行机制，也使得国际资本更加快速便捷的流转，有利于东道国更好地吸引利用外资发展经济。

中国于 1993 年正式成为公约的缔约国，不过中国对于"中心"的管辖范围做出了保留，即"中国仅考虑把由征收和国有化产生的有关补偿的争议提交中心管辖"。目前为止，中国作为被诉方或者中国投资者作为申请人的案件总共有 9 件。而在 ICSID 机制下中国尚未与巴西有过交集，虽然巴西的经济规模较大，但由于一系列原因巴西国会一直没有通过协议的生效程序，所以至今为止巴西都没

---

① 数据来自：《THE ICSID CASELOAD —STATISTICS ISSUE 2018 – 2》，2018 by International Centre for Settlement of Investment Disputes, Would Bank Group, p7.

有加入公约缔约国的行列。根据《公约》第 25 条规定："中心的管辖权只限于缔约国和另一缔约国国民之间、直接因投资而产生的任何'法律争端'。"虽然成为公约缔约国并不当然构成中心管辖的前提，还须投资争议得经双方书面同意提交给中心，但是从第 25 条可以看出，同为公约缔约国则是 ICSID 管辖的一个前提。因此，虽然中巴之间贸易投资体例较大，但是尚未能在 ICSID 项下解决投资争端。

目前，中巴私人投资者之间的争端主要诉诸于各个国际仲裁机构，根据仲裁机构的存在方式不同主要有临时仲裁庭与常设仲裁庭之分，而常设仲裁机构一般是依据国际条约或者一国法律而成立的，它的目的主要是协助当事人更加充分便捷地利用仲裁这一手段解决国际商事争议，一般会有统一的仲裁规则和程序，常设国际仲裁庭已经非常普遍，已有 100 多个国家和地区设有这一机构，前文所述 ICSID 就是在国际复兴开发银行倡导下的一个具有世界影响力的国际性常设仲裁机构。除此之外，国际商会国际仲裁院（简称 ICC）也是当前国际上较为有影响力的国际商事仲裁机构，另有一些地区性或国别性的国际商事仲裁机构。中国国际经济贸易仲裁委员会去年受理的 476 起国际仲裁案件中已有涉及巴西当事人的案件。[①] 中巴国内仲裁体系和规则各有不同，中国仲裁机构和规则发展起步早于巴西，我国在 2017 年 9 月颁布出台了《贸仲委国际投资争端仲裁规则》，该规则是继世界银行国际投资争端仲裁中心和新加坡国际仲裁中心颁布投资仲裁规则之后又一部投资仲裁规则，为在我国解决投资争端提供了平台和依据。巴西则一直在营造宽松、高效的国内仲裁法律环境，特别是在仲裁的覆盖范围、部门分工以及专业化、仲裁替代机制等方面，相较于巴西繁杂而效率低下的司法诉讼程序而言，巴西的仲裁规则中"180 天内完结"的默认程序中所体现出的时间成本优势则更加被投资者所青睐。因此，充分了解各种争端解决途径的成本与流程，为当事人选择或打造最优的解决方案，有利于促进中巴两国投资合作空间的进一步加深。

三、中巴国际投资争端解决机制的展望

（一）巴西经验

中国对巴西的投资自 2010 年以来开始呈现井喷式增长，而且越来越多大型

---

① 中国—拉共体论坛网站，最后访问于 2018 年 9 月 26 日，http：//www.chinacelacforum.org/chn/zgtlmjlbgjgx/t1560196.htm.

投资项目与合作注入巴西市场，一方面，中国快速发展的国内经济以及大量的市场需求也都在吸引着巴西的投资者，巴西历来都是拉美地区的投资热点地区，对于外来投资的应对之策巴西已发展出一套自有机制。另一方面，中国与巴西同属于"金砖五国"，金砖国家的人口和领土在全球占有重要的比重，是世界经济增长的主要动力之一，并成为参与新兴市场与南北合作的重要平台，中国与其他金砖国家之间的投资合作对各国的经济发展具有重要意义。但是巴西的政治、经济、文化氛围都更为复杂多变，巴西国内的"资源民族主义"、多变的政策法规以及复杂沉重的赋税制度等都使得在巴西的投资显得隐患重重，特别是在投资政策领域中，巴西的外资准入、外资经营与外资待遇方面都存在不小的障碍。

巴西作为 WTO 的 23 个创始成员国之一，同时实行对外开放的经济政策，从 20 世纪起，巴西社会各界就已经积极主动地参加到 WTO 的争端解决机制中去。自 WTO 成立以来，巴西政府部门与律师事务所、贸易协会、咨询机构、大众媒体等非政府机构往往能形成对某一案件的共同关注，他们之间已经形成了一个认知共同体。[①] 对于一项提交至 DSU 的争议，政府机构、非政府机构以及社会专业人士的协同参与使得巴西在 WTO 的贸易争端解决具有了更加完备的综合支持，在 WTO 逐步向"规则导向"转变的过程中，在 WTO 项下的规则机制中涉及中国与巴西的国际投资争端解决时，巴西模式的经验或许值得中国借鉴。

（二）国际仲裁的生命力

ICSID 仲裁是当前国际投资争端解决领域较为广泛的应用，然而，尽管 ICSID 已经被大多数投资者和东道国所接受，但是我们仍然可以看到其制度与规则上的缺陷。首先，在 ICSID 项下规则的确定性和裁决一致性问题，因为 ICSID 是一个相对自由的仲裁机构，提交至中心的案件当事双方可以自行选择仲裁适用的法律或条约，一般情况下在中心提交仲裁的双方都是基于业已达成的双边投资协定，目前世界上已存在将近 3 000 个 BITs（根据 UNCTAD 统计，截至 2018 年 9 月，共有双边投资条约 2 952 个，总生效 2 358 个），这些 BITs 之间关于投资争议的具体规定相似或截然相反，然而每一次的中心裁决却并没有"判例法"的功能，这就会导致 ICSID 机制下适用相类似或同一 BIT 的仲裁有可能出现截然相反的结果，这一问题使得 ICSID 裁决的不一致性和不确定性得到很大的诟病，不利于争端当事者对仲裁进行评估或结果的预判，也在一定程度上削弱了中心裁判的

---

① 彭雷德：《WTO 争端解决参与机制的巴西模式及其借鉴》，载于《法商研究》2011 年第 3 期（总第 143 期），第 105 页。

权威性。其次，ICSID 前几年被指责最多的则是其裁判结果似乎更加偏向投资者而忽略东道国的公共利益。虽然这一论断并没有得到严密的统计验证，但是 ICSID 机制确实存在有失偏颇的设置，特别是中心并没有关于裁决的救济程序，这使得一裁终局成为一个几乎不可修改的程序，诉讼效益与自然公正的权衡也是中心走向更加完善需要思考的问题之一。除此之外，ICSID 机制被利用用来规避法律制裁或者出现滥诉的情形也时有发生。

仲裁作为一个古老的解纷止争手段，具有悠久的历史和实践经验，它产生于城邦市民阶层之间，为了快速而公正地解决纠纷，人们采用仲裁这一手段，即使后来司法诉讼日益完善和被强化，仲裁仍然在民间享有很高的声誉。发展至今，随着世界经济贸易往来的频繁，仲裁这一社会自发救济手段再次被人们认可并广泛应用。国际仲裁的成立基础是契约精神，即仲裁的启动需经双方事先或事后合意提交第三方进行居中裁决，它是私人性的、合同性的，而非官方的、强制性的争端解决模式。也正是这种模式特有的兼具灵活与高效、公正与自主的特性，使其与传统体制内的司法诉讼手段区分开来，相较于诉讼而言，仲裁更加尊重当事人之间的意愿自治，从某种程度上来说，仲裁用于国际投资争端中更有利于资本要素地快速流转，使得当事人与涉事资本能够更加快速地完结纠纷并投入新的资本项目运营中去。

（三）建立中巴多元化争端解决机制

近年来，中国不断加大与葡萄牙语国家共同体（以下简称葡语国家）之间的经贸合作，葡语国家有着约 2.5 亿的人口，其经济体量也在世界经济中占据一席之地，巴西作为葡语国家中最大的发展中国家，也成为中国与葡语国家之间开展经贸合作的重要一环。中巴之间借着中国—葡语国家经贸合作论坛等形式开展多途径、全方位的交流与合作，同时，与葡语国家有着特殊文化背景的中国澳门也在中国与葡语国家的联系之间提供了天然的平台。2018 年暨中葡论坛成立第十五周年，依托澳门这一实体区位媒介，有助于葡语国家更好地了解中国内地的文化，进一步加强经贸往来，并且，随着中葡论坛不断发展完善，中国与葡萄牙语国家之间有望就国际投资等相关事宜达成更高水平的共识，建立中葡论坛合作下更加完备的争端解决机制。中巴之间可以充分利用中葡论坛的平台，不断加深合作与理解，并在中葡论坛中积极发声推动中国与葡语国家间的投资经贸往来，构建具有中葡特色的投资争端解决机制。

当前国际投资争端解决机制以国际仲裁作为制度主线，特别是如 ICSID 等国际常设仲裁机构的不断发展完善，使得国际仲裁成为并在未来相当时间内作为国际投资争端解决的首要选择。虽然，诚如前文所述，ICSID 等仲裁机制仍然存在不少问题，但不可否认的是，它作为一个独立于联合国与政府间非政治性的争端解决机构，已经并正在得到越来越多投资者与东道国的青睐。在中国与巴西国际投资争议解决体系中，仲裁虽已经占到相当比例，但是由于巴西并未加入公约且尚未批准中巴双边投资协定，这就使得中巴之间的投资争议解决缺少了更多的制度与条约保障，也会不可避免地掺杂其他额外因素。

中巴之间应当尽快完善以国际仲裁为基石的投资争端解决机制，首先，应当敦促巴西国会尽快通过中巴 BIT 的生效程序，使得中巴之间的投资真正实现契约化与规范化，并且在巴西与 ICSID 机制的关系上，可以期待巴西往前迈进一步。其次，基于中巴之间经济较强的互补性，应当尝试建立一套自有的投资争端解决机制，特别是可以借着中国与葡语国家论坛开展双边合作，逐步达成更高水平的中葡国家间甚至中巴之间关于投资争端解决规则的共识，共同促进双方投资便利化与自由化的进程。最后，在巩固完善仲裁制度的同时，我们也应当看到，中巴之间经贸合作的独特属性，在充分发挥国际仲裁的优势之下，也应当根据其特有的投资模式与争端类型，建立多元化的争端解决机制，多种手段并行不悖又相互支持，不断完善中巴国际投资领域的法律与规则体系，用规则构筑机制保障中巴之间投资往来的稳定与发展。

参考文献

［1］中华人民共和国商务部：《2017 年度中国对外直接投资统计公报》。

［2］世界经济论坛与全球贸易便利化联盟（Global Alliance for Trade Facilitation）：《2016 年全球贸易促进报告》。

［3］中国—巴西投资环境报告，中华人民共和国商务部网站：http：//tzswj. mofcom. gov. cn/article/test/201504/20150400931301. shtml，第 76 页。

［4］THE ICSID CASELOAD —STATISTICS ISSUE 2018 - 2，2018 by International Centre for Settlement of Investment Disputes，Would Bank Group，p7.

［5］新华网：中国投资助推巴西经济长远发展，http：//www. xinhuanet. com//world/2017 - 08/14/c_129679716. htm，最后访问于 2018 年 9 月 27 日。

［6］中国—拉共体论坛：《中国在巴西投资大幅增长 巴西智库聚焦双方经贸法律交流》，最后访问于 2018 年 9 月 26 日，http：//www. chinacelacforum. org/chn/zgtlmjlbgjgx/t1560196. htm.

［7］彭雷德：《WTO 争端解决参与机制的巴西模式及其借鉴》，载于《法商研究》2011 年第 3 期（总第 143 期）。

投资巴西与中国澳门特区"中葡平台"作用

中国企业投资巴西的机遇、挑战与策略

王　飞[*]

摘　要：巴西是中国在拉丁美洲和加勒比地区最大的贸易伙伴也是重要投资目的地。近年来，中国对巴西投资发展势头迅猛，产业布局逐步多元化，投资主体和融资方式也实现了多样化。在中巴政治互信高和经济互补性强的前提下，"一带一路"倡议和中巴产能合作将推动中国企业在巴西的新一轮投资。但是，随着极右翼总统博索纳罗执政，中国企业面临的不稳定因素和安全风险将持续存在，甚至可能增加。

关键词：巴西　中国　一带一路　投资

一、中国对巴西投资的现状与特点

中国和巴西分别是东西半球最大的发展中国家，双边关系自建交以来发展势头良好。2004 年，巴西劳工党卢拉政府承认了中国的市场经济地位，中巴经贸关系进入大发展时期。2009 年以来，中国始终保持巴西第一大贸易伙伴。与此同时，中国在巴西的投资成为继贸易之后，双方经贸关系的新亮点。

（一）投资势头迅猛

随着中国实施"走出去"战略步伐的加快，中国在全球范围内的直接投资增速明显加快。2015 年，中国对外直接投资（OFDI）首次超过中国实际使用外资（FDI），中国成为资本净输出国。拉丁美洲和加勒比地区（以下简称"拉美"）

---

* 王飞，中国社会科学院拉丁美洲研究所巴西研究中心。

是中国直接投资重要的目的地，巴西则始终是吸收中国直接投资靠前的拉美国家之一。2003 年，中国流向巴西的直接投资总额只有 667 万美元，2010 年达到 4.87 亿美元，2014 年则实现了近年来的峰值（7.3 亿美元）。2017 年，中国流向拉美的直接投资 140.8 亿美元，同比下降 48.3%，占当年对外直接投资流量的 8.9%。其中，巴西（4.3 亿美元）是拉美地区除离岸金融中心外吸收中国投资最多的国家。存量方面，除 2015 年有所降低外，中国在巴西的直接投资存量实现了连续增长，从 2003 年的 5 219 万美元增加到 2017 年的 32 亿美元，成为中国在拉美地区的第一大投资目的地（见图 1）。从巴西方面来看，中国在 2017 年超过美国，成为巴西最大的外国直接投资来源国。

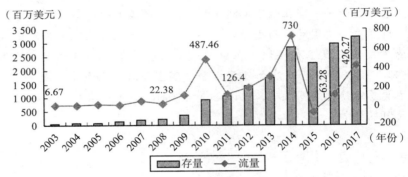

图 1　2003～2017 年中国对巴西的直接投资存量（左轴）和流量（右轴）

资料来源：中国商务部数据库，http://data.mofcom.gov.cn/lywz/inmr.shtml。

中国在巴西的承包工程合同总量及营业额均排在拉美各国前列。根据中国商务部的数据（见表 1），中国自 2005 年以来已经与巴西签署了 1 353 份承包合同，合同总额达到 188.2 亿美元。其中，承包合同总数及合同额分别在 2010 年（193份）和 2015 年（33.7 亿美元）达到最高。虽然承包合同总数自 2012 年以来基本维持在 100 份以上，但是合同额波动较大，2016 年 16.7 亿美元较 2015 年下降了一半。

表 1　　　　　　　　　　　　2005～2016 年中国在巴西的承包工程

年份	合同数（份）	合同额（亿美元）
2005	51	4.3
2006	106	10.0
2007	163	10.2

年份	合同数（份）	合同额（亿美元）
2008	53	7.7
2010	193	25.8
2011	76	21.5
2012	130	18.0
2013	220	28.2
2014	112	12.2
2015	80	33.7
2016	169	16.7
合计	1 353	188.2

注：2009 年无数据。

资料来源：中国商务部数据库，http：//data. mofcom. gov. cn/lywz/inmr. shtml。

（二）产业布局多元化

中国对巴西投资飞速发展始于 2009 年，时任巴西总统卢拉与中国国家开发银行签署了一项 100 亿美元的贷款项目，实现了为巴西国家石油公司的融资。2010 年，中国企业通过一系列收购，实现了对巴西投资的跨越式发展：中石化收购了挪威国家石油公司在巴西的一片油田，价值 31 亿美元；国家电网收购了巴西 7 家输电特许权公司，打开了进入巴西市场的大门。2010 年 12 月和 2012 年 12 月，国家电网两次共收购巴西 12 家输电特许权公司 100% 股权，实现了海外投资在南美洲的突破。据统计，2003～2017 年，中国在巴西投资的项目共 247 个，总额为 1 171.82 亿美元。从投资领域看，投资最多的为石油天然气（24%）、电力传输（23%）、采矿（12%）、金融（8%）和农业（8%）。①

第一，基础设施是中国对巴西投资第一大领域，中国已成为巴西基础设施建设重要的投资来源国。具体领域方面，来自中国的企业在巴西水电站建设、电力传输和港口建设等基础设施方面均有所涉及。代表性案例包括：水电站方面，中国国家电力投资公司于 2017 年以 22.5 亿美元收购了巴西的圣西芒（São Simão）

---

① Planejamento, Desenvolvimento e Gestão, Boletim de Investimentos Chineses no Brasil（6° Bimestre-Julho/Agosto 2018）.

水电站；港口建设方面，招商局港口控股有限公司于 2017 年 9 月以 9. 25 亿美元收购了巴西第二大港口巴拉那瓜港①90% 的股权，2018 年 2 月正式交割；电力传输方面，中国国家电网巴西控股公司于 2016 年 4 月在独立参与的巴西特里斯皮尔斯水电送出二期输电特许经营权项目竞标中成功中标，获得该项目 30 年特许经营权。值得一提的是，2017 年 1 月，中国国家电网巴西控股公司完成了巴西 CPFL 能源公司（CPFL Energia）54. 64% 股权的交割，收购金额 141. 9 亿雷亚尔（约 45 亿美元）。这是中国国家电网巴西控股公司在巴西成功实施的第 15 起股权并购，在此之前该公司已在巴西先后收购 14 家拥有输电特许经营权的项目公司。这次收购也成为 2017 年中国电力领域（含热力、燃气及水生产供应）企业对外投资最大金额的并购项目。②

　　第二，石油和矿产开发是中国对巴西投资的第二大领域，有助于带动巴西该类商品生产和出口。巴西油气和矿产资源丰富，是其出口创汇的主要收入来源。中国是全球最大的大宗商品进口国和消费国，中国对巴西该领域的投资有助于实现其生产和出口。石油方面，2004 年 5 月，时任巴西总统卢拉访华期间，巴西国家石油公司与中国石化集团公司签署合作协议，标志着中巴石油合作全面开启。中石化获得了承建巴西横贯东南和西北总长度达到 1 300 千米的天然气输送管道项目。2005 年 2 月，中国石油天然气集团公司与巴西国家石油公司签署合作备忘录，双方在石油精炼、管线运输、石油勘探和开发等领域展开合作。巴西国家石油公司还是中国开发性金融机构对巴西贷款最大的客户。继 2013 年由中石油、中海油参与的联合体中标巴西盐下层石油区块（里贝拉石油区块）第一轮竞标后，2017 年 11 月，中石油、中石化和中海油三大中国石油企业在巴分公司分别参与的联合体中标巴西新一轮盐下层石油区块。矿产方面，2016 年，洛阳钼业出资 17 亿美元收购了英美资源位于巴西的优质铌（AANB 公司）和磷酸盐（AAFB 公司）项目，从宣布到完成交割，仅用时 5 个月。中国最大的钢铁企业上海宝钢集团公司与巴西淡水河谷公司合资成立矿业公司，为宝钢提供铁矿石供应。早在 2002 年，上海宝钢公司就与巴西淡水河谷公司合资在巴西建设大型钢铁联合企业，是宝钢历史上首次在海外实施大型钢铁投资项目。

　　表 2 列出了 2015 年以来中巴产能合作框架下的中巴合作项目。

---

　　① 巴拉那瓜港位于巴西南部巴拉那州，以吞吐能力计为巴西第二大集装箱码头。目前，港口年设计吞吐能力为 150 万标箱，扩建后吞吐能力将达到 240 万标箱，招商局对该港口的特许经营期将于 2048 年结束。

　　② 商务部、国家统计局、国家外汇管理局：《2017 年度中国对外直接投资统计公报》，http: //fec. mofcom. gov. cn/article/tjsj/tjgb/201809/20180902791493. shtml。

表 2　　　　　　　　　2015 年以来中巴产能合作框架下的中巴合作项目

合作领域	合作进展
交通	• 2015 年，中国—巴西—秘鲁"两洋铁路"可行性研究开启。全长约 5 000 公里的两洋铁路，总预算约 600 亿美元
电力	• 2015 年 8 月，三峡集团与巴西 Triunfo Participações e Investimentos S. A 公司签署股权收购协议，收购了后者总装机为 30.8 万千瓦的两个运行水电项目公司和一个电力交易平台公司的全部股权。 • 2015 年 11 月，三峡巴西公司中标朱比亚和伊利亚水电站项目。两座水电站相距约 60 公里，装机容量分别为 155 万千瓦和 344 万千瓦。项目位于圣保罗州和南马托格罗索州之间的界河巴拉那河上，在伊泰普水电站上游。三峡集团将为两座水电站特许权向巴西政府支付 138 亿雷亚尔，并进行为期 30 年的特许运营。 • 2016 年 4 月，中国国家电网巴西控股公司在独立参与的巴西特里斯皮尔斯水电送出二期输电特许经营权项目竞标中成功中标，获得该项目 30 年特许经营权。 • 2016 年 5 月，中能电气与巴西本地企业 BRAFER 组成联合体 BRAFERPOWER 中标巴西国家电力机构（ANEEL）500/230kV、230/138/69kV 变电站及输电线路特许经营投标项目 Q 标段特许经营权 BOT 项目。项目预算总投资为 2.514 亿雷亚尔，约人民币 4.7 亿元，年特许经营收益为 4 000 万雷亚尔，约合人民币 7 490 万元。 • 2016 年 12 月，三峡集团完成了杜克能源（Duke Energy）巴西公司 100% 股权的交割，收购金额 12 亿美元，使三峡集团在巴西合资或控股拥有的装机容量达到 827 万千瓦。 • 2017 年 1 月，中国国家电网巴西控股公司完成了巴西 CPFL 能源公司（CPFL Energia）54.64% 股权的交割，收购金额 141.9 亿雷亚尔（约 45 亿美元）。这是中国国家电网巴西控股公司在巴西成功实施的第 15 起股权并购，在此之前该公司已在巴西先后收购 14 家拥有输电特许经营权的项目公司
航空航天	• 2015 年 5 月，中国国家航天局与巴西科技创新部签署了中巴地球资源卫星 04A 星合作议定书。 • 2015 年 8 月，中国海南航空公司和巴西 Azul 航空公司达成协议，前者以 4.5 亿美元（约合 17 亿雷亚尔）价格收购后者 23.7% 股权。两公司将在开辟新航线、航班代码共享、地面服务、飞机订购和保险等领域进行合作
汽车	• 2015 年 5 月，奇瑞公司与巴西政府正式签署巴西工业园项目协议。工业园包含整车制造、零部件制造、设备制造、物流仓储配送和服务等功能。总投资额达 4 亿美元的奇瑞巴西整车厂已建成，是目前中国汽车企业最大的海外生产基地
港口基础设施	• 2016 年 5 月，中交集团在圣保罗成立南美地区分公司与巴西建筑和基础设施领域巨头 WTorre 集团子公司 WPR 签署合作协议，斥资 4 亿雷亚尔参建马拉尼昂州首府圣路易斯的私人港口终端。港口建设工期三年，总建设预算 15 亿雷亚尔，建成后可运输巴西中西部的农产品、肥料以及集装箱，年运输能力约 2 480 万吨
制造业	• 2016 年 3 月，徐工机械中标巴西 56 台工程机械政府公路大型招标项目，涉及金额 2 000 万雷亚尔。 • 2016 年 7 月，徐工机械计划通过其全资子公司徐工集团（香港）国际贸易有限公司以现金方式向徐工巴西制造有限公司增资 9 970 万美元（约合人民币 6.64 亿元）。这一增资数额 3 倍于徐工巴西制造目前的注册资本

资料来源：作者根据公开资料整理。

第三，中巴金融合作发展迅速，中国资本成为中国企业投资巴西的强大后盾。巴西是拉美地区吸收中国开发性金融机构贷款最多的国家。2017 年，中国国家开发银行和中国进出口银行向拉美地区提供的贷款中，巴西一国占比就达到了 59%（53 亿美元）。[①] 其中，中国国家开发银行作为全球最大的开发性金融机构、中国最大的对外投融资银行和中方对巴融资合作第一大行，自 2009 年以来已先后 5 次与巴西石油公司开展了大额融资合作，累计承诺贷款 280 亿美元，助力支持了双方在石油区块、石油贸易、装备制造等领域的合作。[②] 作为亚洲基础设施投资银行拉美地区唯一的初创国，巴西成为中国金融资源的潜在分享者。中拉产能合作基金已经于 2015 年 12 月完成了首单投放，为中国三峡集团巴西伊利亚和朱比亚两个电站 30 年特许运营权项目提供了 6 亿美元的项目出资。除中拉产能合作基金和中拉合作基金之外，中巴之间还单独签有双边联合融资机制——总规模为 200 亿美元的中国—巴西产能合作基金，其中中方出资 150 亿美元。中巴基金于 2017 年正式启动，将促进双方在基础设施、资源开采、装备制造和农业等领域的合作。

第四，制造业、农牧业和通信技术服务业也是中国企业投资巴西的重要选择。农牧业方面，在中巴经贸关系大发展初期，众多中国农业企业就开始进入巴西。其中，大豆是投资的核心市场。具有代表性的企业有山东潍坊润丰化工有限公司、宁波泰达进出口有限公司、重庆红蜻蜓油脂有限责任公司、三河汇福粮油集团有限公司等。这些企业通过在巴西设立分公司或合资建厂，投资于大豆生产和包装、农药生产以及棉花和蔗糖生产等。[③] 通信技术服务业方面，华为科技在巴西有包括固定电话网络、光数据发射方案等内容在内的通信设备供应合同，其销售额在 2003 年就达到 5 000 万美元。TCL 通过建立合资企业进入巴西市场，在玛瑙斯自贸区进行电视、电脑显示器和 DVD 播放机的生产。制造业方面，格力空调组装和美的电器收购项目初具规模，徐工机械、三一重工和中联重科成为巴西工程机械产品主要供应商，比亚迪、奇瑞汽车和江淮汽车也占据了当地汽车市场一定的份额。

除以上四大领域之外，清洁能源成为 2018 年中国企业计划投资巴西的新领域。根据巴西计划部公布的信息，江苏中交新能源（CCETC）和汉能控股集团（Hanergy Holdings Group）分别于 2018 年 7 月和 8 月同巴伊亚州和米纳斯吉拉斯

---

① The Dialogue，China-Latin America Report，March 2018.

② 新华网：“国开行与巴油签署 50 亿美元石油贸易融资协议”；http：//news. xinhuanet. com/fortune/2017－12/06/c_1122066243. htm，2018－06－11.

③ Gustavo de L. T. Oliveira. "Chinese and other foreign investments in the Brazilian soybean complex". Speech on the BRICS Initiative for Critical Agrarian Studies Conference South Africa，Cape Town，April 21，2015.

州进行对接，计划在热电厂和太阳能领域进行投资。[①]

（三）投资主体和融资方式丰富

随着中国对外开放的不断深化以及中巴相互加深了解，越来越多的中国企业"走出去"，进入巴西。2003 年以来，在巴西投资的中国企业主要是国有企业，中国国家电网集团、三峡集团、中国石化集团、上海宝钢集团等企业的投资额占到了中国在巴西投资的绝大部分，且投资领域集中在基础设施建设及石油矿产等方面。近年来，除华为、格力、美的、比亚迪等之外，越来越多的中国民营企业加快了进入巴西的速度，且投资领域越来越广。2016 年，上海鹏欣集团旗下的大康农业以 2 亿美元的价格收购 Fiagril 57.57% 的股权。这是中国民营企业首次完成直接投资巴西农业的项目，也是有史以来中国企业投资巴西农业的最大一笔交易。

投资方式方面，中国企业投资巴西最主要的渠道是棕色投资（Brownfield Investments），即并购，占比接近 80%。[②] 2017 年中国企业对外投资并购分布在全球 56 个国家（地区），从实际并购金额看，巴西排在瑞士、美国和德国之后，是中国企业对外投资并购第四大目的地。在并购过程中，中国的开发性金融机构可以向并购方企业提供融资，以支付并购交易价款和费用。除此之外，中国的开发性金融机构对中资企业投资巴西进行了融资方式多样化创新。例如，通过银行授信及转贷款授信，国家开发银行为巴西国家开发银行提供 7.5 亿美元贷款，用于转贷支持中石化国际工程公司承建总长 974 千米巴西卡塞内天然气管道项目；通过公司融资，国家开发银行与巴西国家石油公司开展了三笔大额融资合作，主要用于巴西石油发展战略，部分采购中方设备及服务。此外，中长期融资工具还包括主权贷款、项目融资、出口信贷等。

二、中国企业投资巴西的重要机遇

博索纳罗胜选后，有观点认为巴西将逐步脱离"南南合作"这一外交主线，强化与发达国家之间的关系，中国在巴西外交中的地位会有所下降。但是，鉴于中巴之间的强经济互补性和高度政治互信，双边经贸关系向前发展的大方向不会

---

① Uberaba. mg. gov. br.
② Planejamento, Desenvolvimento e Gestão, Boletim de Investimentos Chineses no Brasil (6° Bimestre-Julho/Agosto 2018).

发生改变。中拉产能合作以及中国延伸至拉美地区的"一带一路"倡议将为中国企业投资巴西带来更大的机遇。

（一）中巴政治互信和经济合作水平高

中国和巴西自 1974 年建交，2003 年建立战略伙伴关系后，双边关系发展势头良好，两国关系已经步入稳健成熟的新阶段。2013 年，中巴关系提升为全面战略伙伴关系，巴西成为第一个同中国建立全面战略伙伴关系的拉美国家。中国和巴西坚持独立自主的外交战略，互不干涉内政，利用金砖国家合作机制实现了全面合作。中国和巴西建立了高层协调与合作委员会，下设 12 个分委会，双方在各个领域积极展开对话。其中，经济合作作为双边合作的"压舱石"，成果最为丰富。巴西是中国在拉美的第一大贸易和投资伙伴国，中国连续 9 年保持巴西最大的贸易伙伴地位，双边贸易额占巴西对外贸易总量的 1/5。

截至 2017 年底，中国企业对巴西直接投资存量达到 32 亿美元，在巴西设立的中资企业超过 200 家。此外，巴西还是美洲地区唯一的亚洲基础设施投资银行初创国。目前，巴西是中国全球收购的第三大目的地，也是中国在新兴市场经济体中进行收购最多的国家。此外，巴西还是美洲地区最早申请加入亚洲基础设施投资银行创始国。预计未来，中国和巴西之间的经贸合作将继续深化，方向不会逆转。

（二）巴西经济特征与新总统经济发展思路

与拉美地区其他国家相同，巴西经济繁荣时期历来都与良好的外部环境相联系。由于外部因素对巴西经济影响力大，巴西将外部风险视为克服经济脆弱性的首要环节。这一特征决定了巴西经济政策和外交政策取向必须以降低经济脆弱性为目标，为国家发展开拓空间。因此，巴西经济发展充满"实用主义"特征。[①] 实用主义是经济民族主义的体现，各民族国家倾向于个人主义，按照"每个国家都为自己"的模式行事。[②] 无论是巴西经济战略还是外交策略，实用主义烙印深。基于巴西自身利益和实用主义，中巴关系在其上任后将不会发生逆转。

从博索纳罗及其经济团队在竞选中和当选后的言行可以看出，"巴西利益高

---

① 吴国平、王飞：《浅析巴西崛起及其国际战略选择》，载于《拉丁美洲研究》2015 年第 1 期。

② Baev, Pavel. "Every Nation for Itself: Winners and Losers in the G – Zero World, by Ian Bremmer." *Journal of Peace Research* Vol. 50, No. 1 (2013): 343 – 344.

于一切"的巴西新政府将奉行新自由主义经济政策，减少政府干预并精简机构，从而达到削减公共支出和降低财政赤字的目的。与此同时，博索纳罗政府将降低国有企业规模，进一步推进私有化进程，鼓励外国及私人投资，给予私营企业更多自由。尽管博索纳罗还有"中国不是在巴西购买，而是买下整个巴西"之类的言论，但他的胜选得到巴西农产品商人的广泛支持，而巴西农产品对中国的依赖程度较大。在实用主义发展战略背景下，受益于中巴经贸关系发展的利益集团和资本家将维持甚至强化中巴合作。而在巴西下一轮私有化进程中，中国企业可能会得到充分的机会。

（三）"一带一路"倡议与中拉产能合作积极推动

"一带一路"倡议延伸至拉美地区后，各国积极参与，希望利用中国资源实现经济可持续发展。作为西半球最大的发展中国家和拉美地区第一大经济体，巴西也不例外。2018 年 5 月，巴西外交部长阿洛伊西奥·努内斯（Aloysio Nunes）访华期间表示，巴西正在积极研究"一带一路"倡议对接本国发展战略，中巴在"一带一路"倡议框架下的合作是互利共赢的好事，能够帮助巴西提升工业化水平。加强中拉产能合作，与"一带一路"倡议[①]精髓相吻合，得到了巴西的积极响应。在中国和巴西同时进行结构性改革的背景下，双方在宏观、中观和微观层面积极扩展，利用双边产能合作促进两国经贸合作转型升级。目前中国在巴西的投资涵盖了能源、交通、金融、互联网等多个领域，中国资金对于巴西社会各方面的发展都起到了重要的促进作用，并且中国的投资规模还在不断增加。预计未来，中国和巴西的产能合作将在中巴产能合作基金的支持下拓宽渠道，并且在合作模式方面取得多样化创新。同时，越来越多的投资项目将被纳入"一带一路"合作框架下，推动中拉经贸关系转型升级。

三、中国企业的挑战与策略

中国企业对巴西投资进程并非一帆风顺，今后也不会畅通无阻。巴西投资制度僵化、本地化率高；受国际经济周期影响大、汇率不稳定；用工制度和税收制度复杂，营商环境差；这些因素始终是中国企业在巴西投资的制约。在博索纳罗

---

① 2015 年 3 月 28 日，国家发展和改革委员会、外交部和商务部经国务院授权，联合发布了《推动共建丝绸之路经济带和 21 世纪海上丝绸之路的愿景与行动》，正式拉开了"一带一路"建设的序幕。这一倡议的提出先于中拉产能合作 2 个月。

执政后，中国企业或将面临更大的困难和风险。

博索纳罗执政后，在经济上坚持市场化原则，希望通过新一轮私有化拯救巴西经济。对于投资于具有实用主义和经济民族主义特征的巴西而言，中国企业面临以下挑战需要进一步解决。

首先，巴西超高本地化率对中国企业产生阻力。巴西一直是保护主义较为强烈的国家。尽管早在20世纪80年代进口替代工业化战略结束后，巴西市场开放程度大大提高，但是2015年以来的经济衰退和"去制造业化"使巴西开放程度有所减弱。特别是当前全球"再工业化"浪潮开启，巴西对进入本国企业设定了较高的门槛。因此，进入巴西的企业应该做好事前调研，通过设立子公司、与当地公司合作或采取从第三国进入的方式进行投资，规避高门槛。

其次，雷亚尔币值不稳定使中国企业盈利难以得到保证。纵观巴西经济发展历史，货币币值不稳以及经常发生严峻的货币和经济危机一直是巴西经济的常态，这将给中国的投资带来潜在风险。因此，中国有关部门应当建立包括巴西在内的主要中国OFDI目的地国家在内的货币危机预警系统，帮助企业在海外投资进行风险规避。相关企业也应该使用合适的金融衍生品或与国际金融机构进行多方合作，最小化风险。

最后，巴西营商环境较差。根据世界银行营商指数，自2009年有统计数据以来，巴西营商环境的全球排名均在百名开外，落后于同地区的墨西哥、智利、哥伦比亚和秘鲁等国。[①] 其中，开设企业、获得建设许可、税收和资产注册等方面都为企业经营造成压力。巴西营商软、硬环境偏弱，不仅为中国企业进入拉美市场增加了适应难度，甚至在一定程度上将影响双方合作投资目标的实现。因此，中国有关部门应做好规划指导工作，对有意愿进入巴西市场的企业进行培训，总结先行企业的经验教训，帮助企业少走弯路。相关企业也应该寻求国际一流咨询公司，对企业投资行为进行评估，谨慎而行。

四、结语

尽管面临一定的困难和挑战，中国在巴西的投资前景依然广阔。针对来自巴西新政府方面的不确定性，中国和巴西可以通过政策沟通协调，尤其是中国—巴西高层协调与合作委员会下设的12个分委会可分别进行发展战略对接，尽量化解和克服有关困难，而且中巴传统政治互信和政治友好也将有助于解决中国在巴

---

① http：//www.doingbusiness.org/.

西投资中面临的问题。中国企业应该坚持市场化原则，遵循巴西当地法律法规，坚持以正确的义利观规范企业在巴西的投资，积极推进双方合作互利共赢，展现中国负责任大国的积极形象，使巴西更愿意与中国开展投资合作。中国企业要特别注意当地生态环境保护，使中巴合作与人类命运共同体建设行稳致远，提升两国人民共同福祉。

澳门特区企业参与"中葡平台"
建设：以至善公司为例

宋雅楠[*]

摘 要： 随着国家改革开放和"一带一路"建设的进一步推进，澳门特区作为搭建中葡合作的平台，正起到越来越重要的作用。但就"中葡平台"的建设，澳门本地企业参与程度相对较小，多数澳门本地企业面对"中葡平台"缺乏基本的国际商贸知识、人才储备和开拓市场的勇气，无从参与。本文以至善有限公司为例，介绍了至善公司参与"中葡平台"建设中，利用祖国内地的庞大市场，依托"中葡平台"的优势，发挥"中介人"角色的经验。号召澳门企业应该向至善公司学习，打造公司参与"中葡平台"建设的"硬实力"，并提出了相关政策建议。

关键词： 至善有限公司 中葡平台 澳门特区 商业咨询 中介人

一、至善有限公司简介

在国家"走出去""一带一路"的政策号召以及澳门特区作为"中国与葡语国家商贸合作服务平台"的定位下，2013 年至善有限公司（PERFEIÇÃO LDA.）在澳门注册（见表 1）。该公司总部设于澳门，并在北京、葡萄牙里斯本、巴西圣保罗和莫桑比克马普托设立分公司，为中国与葡语国家之间的商贸、投资活动提供一系列的商业服务，协助中资企业在葡语国家的业务发展，亦为有意进入中国市场的葡语国家企业提供服务，帮助客户更好地了解目标市场，确定发展策

---

* 宋雅楠，澳门科技大学商学院副教授，博士生导师。研究方向为国际贸易与投资、中葡经贸关系等。
感谢澳门至善有限公司执行董事陈函思小姐和项目经理周婷小姐、葡萄牙业务代表李杰先生对葡语国家经验的分享。

略，融入目标市场，控制投资风险。致力于促进中国与葡语国家之间的经贸合作与交流。

表 1 至善有限公司主营业务内容

业务构成	内容说明
投资咨询	专注于葡语国家市场，持续关注市场信息，组建复合型的工作团队，依托强大顾问团队，并在过往的项目中累积经验，可为中国与葡语国家的投资者提供专业的投资咨询服务
商务会展	公司资源网络覆盖全部葡语国家，在当地拥有可靠的合作伙伴和市场团队，可以帮助政府拓宽对外管道，举办商业推介活动；亦可组织企业家或行业协会前往中国或葡语国家参加国际性展览会，开拓海外资源
翻译中心	发挥自身中、英、葡三语人才优势，为政府和企业提供多领域的翻译服务。根据客户需求，至善可提供专业的笔译服务，以便客户准确理解商业信息、财务报告、合同文本等；此外，至善亦提供专业的口译服务，可说明加快谈判进程、准确把握商业机遇、迅速解决法律纠纷等

至善有限公司董事长暨创始人曹其真女士会讲流利的中文、英语、法语、葡萄牙语，在葡语国家社会关系广泛，有着非常丰富的经商和企业管理经验，曾成功打造多个世界知名品牌。除了在商界取得骄人成就外，曹其真女士现任全国人大常委会澳门特别行政区基本法委员会副主任、中国人民政治协商会议全国委员会常务委员，曾任澳门特别行政区第一、第二、第三届立法会主席。曹女士1976年参加澳门第一届立法会直接选举，成功当选直选议员。1999年10月12日当选为澳门特别行政区第一届立法会主席，成为第一个用中文主持立法会议的人，也成为澳门政界职位最高的女性，被称为澳门政坛"女常青树"。1983年获葡萄牙总统颁发工农业功绩司令级勋章、1994年获法国政府颁发法国国家骑士勋章及获澳门总督颁发工业功绩勋章、1999年获澳门总督颁发英勇勋章及获葡萄牙总统颁发殷皇子十字勋章、2002年获法国政府颁发荣誉团荣誉勋章，2004年获澳门特别行政区政府颁授大莲花荣誉勋章，2007年获法国总统颁授"法国荣誉军团军官勋章"。

同时，至善有限公司（以下简称至善公司）还吸纳了来自中国内地、澳门及葡语国家当地的优秀人才组成工作团队。团队成员拥有法律、经济、金融、国际关系、公共政策、会计等专业背景知识，还拥有在中国内地及葡语国家学习和工作的丰富经验。配合强大的顾问团队，为企业开拓葡语国家市场提供专业服务。

二、至善公司对"中葡平台"的参与

（一）至善公司部分"中葡平台"项目介绍

至善公司的第一个"中葡平台"项目始于 2015 年底，舟山宁泰远洋渔业有限公司希望开拓葡语国家中东帝汶的渔业市场，舟山市政府为此寻求了"中葡平台"的帮助。在中葡论坛的介绍下，至善公司作为专业咨询机构为宁泰公司提供中间服务推进该项目。至善公司迅速前往东帝汶首都帝力，与东帝汶相关政府进行联系，商谈投资的可行性和安全性。在多次走访东帝汶政府后，至善协助舟山宁泰展开了与东帝汶相关政府的谈判和文件准备工作，并且在当地成立了公司。在至善公司的努力下，几经周折在 2016 年 5 月获得到东帝汶渔业部长口头承诺可以批准舟山宁泰远洋公司的两条船只到东帝海域经行捕捞勘察。而宁泰公司也就此，开始了在舟山基地的远洋捕捞的船只准备工作。然而，在 2016 年 9 月宁泰公司将船只准备就绪时，东帝汶渔业当局却告知已改变主意，不准备批准舟山去东帝汶水域捕捞的许可。至善公司了解到导致东帝汶政府作出这一决定的主要原因是之前曾发生过中国渔业企业在东帝汶不良记录的先例，由于缺乏了解和信心而导致拒绝。因此，至善公司发挥在葡语国家社会联系广泛的优势，向东帝汶渔业部门继续施加影响力。同时，借助"中葡论坛"部长级会议的契机，组织东帝汶渔业部长与舟山代表团加强沟通互信。终于在中葡论坛第五届部长级会议期间的"舟山—澳门—东帝汶渔业合作洽谈会"上，在共同推进舟山市企业赴东帝汶进行渔业捕捞、水产加工等海洋合作项目背景下，将宁泰公司与东帝汶的渔业合作落锤定音。当时参会的东帝汶国务部长埃斯塔尼斯劳·达席尔瓦也表示，中葡论坛的举办显示出澳门桥梁和平台作用的重要性。他希望未来可借助中国内地以及澳门地区与东帝汶的合作，为当地带来农业开发、旅游开发等新项目。

短短几年时间，至善公司服务了很多政府或有意进入葡语国家市场的企业，与浙江、江苏、湖南、天津、河南、广西等省份建立了非常密切的合作。例如，在 2017 年，带领江苏省常州市将苏澳合作园区、江苏的文化、戏剧带入到葡萄牙；CMEC 考察圣普项目考察；广西代表团前往葡萄牙的合作交流。

同时，该公司也服务于希望开拓中国市场的葡语国家政府机构与企业。例如接待巴西的蔗糖联盟，协助其与中国政府、行业协会、广西的企业就进口巴西糖的配额等政策进行谈判；协助葡萄牙工业秘书访问深圳、珠海、澳门青创合作；组织巴西马托格罗索州州长商务圆桌会议等。

此外，至善公司还致力于促进中国与葡语国家的文化交流以推进商贸合作。例如 2017 年葡萄牙《经济报》与澳门至善有限公司共同签署合作备忘录，双方将通过举办商务会议、企业对接等活动，密切中国同葡语国家之间的经济和文化联系。致力于促进中国、葡萄牙以及其他葡语国家之间的经济、文化和科技领域的交流，此举亦体现出澳门作为中国与葡语国家之间合作平台的重要作用。

（二）至善公司参与"中葡平台"的困难和挑战

至善有限公司服务之对象主要是中国、中国澳门及葡语国家的政府及大型企业，当中大多数葡语国家都处于发展中或落后阶段，展现出一定的投资商机，例如，这些国家的农业、工业发展等基本发展需求，就给予外国大型企业进驻的投资商机。他们对这些发展中的葡语国家的投资前景持有非常乐观的态度，并且看到了中葡商贸来往的庞大服务需求，因此明朗的投资前景就成为了他们所有员工积极开展业务的重要动力。

然而，在拓展业务的同时，也遇到了不少困难与挑战。一方面，虽然澳门本地有不少中葡双语的人才，但奈何这些本地青年都难以找到对口行业及薪酬等问题而倾向从事公职，故很多人才都被政府部门所吸纳；另一方面，即使有在澳门就读的内地生源中葡双语人才，亦由于澳门法律规定其在澳门就读期间不能实习，故学生缺少了实习机会，也无法用所学服务澳门社会；此外，虽然外地葡语专才有意前往澳门就业，但本地中小企业仍面临外劳配额的问题，故人资问题也成为了公司持续发展的局限。

其次，澳门一直处于旅游博彩业独大的局面，很多人对葡语平台认识不足，社会公众不知该如何具体推动澳门实现中葡平台作用。

同时，特区政府虽然有意支持本地发展中葡平台、产业多元化，但缺乏推出对实现中葡平台有利的具体措施，如吸纳人才政策或协助从事中葡业务的企业进行融资等优惠政策。在缺少政策支持的情况下，他们在发展过程中面临人才缺乏的问题，同时亦需要投资者投入大量资金支持运作。

最后，由于中国与葡语国家经贸合作处于开拓阶段，要从头开始与各葡语国家的政府部门、企业建立合作关系，因此他们在外地开展业务也面临着葡语国家的官僚主义，以及需要较长时间适应当地社会文化等问题。

三、澳门企业参与中葡平台的优劣势分析

（一）澳门企业参与"中葡平台"建设的优势

首先，澳门企业规模普遍较小，中小微企业占全澳门企业总数的九成以上。虽然个体规模小，但是澳门企业发展行业多元化。不同于大型企业在经营发展方面的多元化，中小企业在自身所处行业的"小而专"的特点。同时，澳门企业由于规模小，企业年轻且具有活力，同时结合中小企业具有"小而灵活"的特性，应该更容易捕捉到国际市场上更符合时代发展的商业讯息。

其次，400多年中西文化交融的历史，给澳门留下了众多名胜古迹和文化风情。澳门已拥有世界级大型国际会议展览场地，满足不同的类型活动的需要。澳门的会展数目、规模、层次和本地业界团队等也不断提升和成长，多个大型会展场地相继落成，近年来举办之会展活动及相关参与度均呈量到质的转变。"中国—葡语国家经贸合作论坛"第一至第五届部长级会议先后在澳门举行，反映了澳门具备举行大型国际性会议的能力。本地的会展活动亦逐渐形成了一定的品牌效应，外地大型会展活动也相继选址澳门举行，"国际基础设施投资与建设高峰论坛""第八届亚太经合组织旅游部长会议"等国际性会展活动近年也在澳门举办。

尤其，澳门特区与葡语系国家保持着传统而广泛的联系。7个葡语系国家遍布4大洲，拥有超过2亿人口，面积超过欧洲的总和。澳门在促进内地与葡语国家之间的经贸合作方面，在协助中国企业开拓拉美、非洲等地葡语系国家市场方面，扮演着越来越重要的角色。因此，澳门企业可以利用好与葡语系国家联系的优势，积极协助中国企业开拓拉美、非洲等地葡语系国家市场，担负起中国与葡语系国家商贸平台的角色。

再其次，澳门拥有来自六十多个国家的归侨侨眷，人口数量占澳门总人口一成以上，拥有广泛的社会关系，从事行业多元，生意产业原本就存在于葡语国家和地区，在当地社会发挥着举足轻重的作用。大量归侨、侨眷与侨居国有着紧密的联系，并且对侨居国的经济社会环境较为熟悉，是发展与有关国家商贸、文化、教育等领域交流交往的重要资源。

最后，澳门作为近代中西文化的交汇点，作为古代海上丝绸之路的重镇，作为欧亚海路开通后中国最早对外开放的港口城市之一，与葡语国家文化上的相互理解和包容，也是澳门具备的独特优势。

（二）澳门企业参与"中葡平台"建设的劣势

首先，部分澳门企业管理者缺乏开拓海外市场的动力和战略眼光。企业的目光仅集中在澳门本地市场，而未能妥善利用澳门国际港的地利，也未能意识到积极把握粤港澳大湾区建设和澳门建设"中葡平台"给企业带来的广阔市场和巨大商机。

此外，人力资源的缺乏也是澳门企业发展较慢的原因之一。澳门一直以博彩和旅游服务业为主，国际经贸专业人才教育培训的规划不足导致的企业针对"中葡平台"和粤港澳大湾区建设所需能力未能得到发展，澳门企业在人力资源方面处于劣势。

同时，碍于打开中葡平台市场极不容易，外界亦不太了解澳门可充当的作用，特区政府缺乏制定"中葡平台"的规划与发展方向和给予针对性的政策扶持。因此，即使有企业从事"中葡平台"相关业务，也只能"单打独斗"而不能形成区域的规模效应，使外界明确澳门的平台作用。

四、至善公司对澳门特区企业参与"中葡平台"建设的启示

2010年底中央政府提出的"十二五"规划中，明确指出澳门要围绕"建设世界旅游休闲中心、中国与葡语国家商贸合作服务平台"（简称一个中心、一个平台）的发展定位，切实推进澳门经济适度多元化发展。为响应我国"走出去"和"一带一路"的政策号召，以及对澳门"一个中心、一个平台"的定位，至善公司于2013年注册，致力于推动澳门发挥中葡商务平台的作用。

目前来看，澳门建立世界旅游休闲中心已经取得了较大成果，每年有超过三千万的游客来到澳门，支撑起了整个澳门经济。澳门企业围绕旅游为核心的产业服务非常丰富。但就"中葡平台"的建设，澳门本地企业参与程度相对较小，像至善公司这样不怕困难在此拓展商机的企业虽有不少，但是多数本地企业面对"中葡平台"缺乏基本的国际商贸知识、人才储备和开拓市场的勇气，无从参与。

首先，至善找准了企业参与中葡商贸服务平台的立足点是"服务"。因为葡语国家的语言差异，使得很多内地中资企业面对葡语市场时首先面临的就是语言和文化方面的沟通障碍。而至善公司的员工大部分具有中、葡双语能力，可以为有意投资葡语国家的企业提供法律、经济等方面专业的葡语服务。

其次，至善公司对目标葡语国家的经济、政治环境非常熟悉。可以传递给客

户最直观的投资环境信息。

最后，至善公司善于利用内地与"中葡论坛"等沟通机制，了解内地商业环境和客户需求，善于"穿针引线"，发挥好中间人的角色。

因此，对澳门企业参与和发挥"中葡平台"作用而言就是发挥"中介人"的角色，利用祖国内地的庞大市场，依托"中葡平台"的优势，做好中介人角色。在新的形势下，中国重点推动"一带一路"沿线国家合作，中国与欧盟、拉丁美洲国家和非洲国家的合作中，葡语国家均有参与其中。而这些国家的历史、语言、文化又均有着显著的特色。葡语国家自身也有着丰富的农产品、矿产、能源、旅游等资源，蕴藏着极大的商业机会。

澳门企业应该向至善公司学习，打造公司参与"中葡平台"建设的"硬实力"。培养具备中葡双语能力的法律、经贸专业人才，主动熟悉葡语国家的商业及法律制度与环境，深入了解内地相关法规政策和企业需求，为葡语国家和中国的经贸合作起到联通作用，发现市场商机，将中国与葡语国家的优势结合在一起，发挥其平台和"中介人"作用。为中国企业与葡语国家进行贸易合作提供牵线搭桥的服务。并且利用文化相同和社会网络的优势，帮助企业跨越葡语国家的投资壁垒与可能出现的困难。

五、澳门企业参与"中葡平台"的政策建议

作为"中国与葡语国家商贸合作服务平台"，澳门特区政府应推出政策措施以解决三方面的困难，包括引入中葡双语人才、扶持中小企业进行融资，而最重要的是政府需向社会及企业推广关于中葡平台具体实施的方向。

首先，要使澳门作为中国与葡语国家经贸的有效平台，特区政府及相关企业需准确了解国内市场及葡语国家的需求情况。特区政府可针对葡语国家的实际需求而协助国内企业提供匹配有效的投资，以更切实符合当地市场的需求，亦使澳门发展成中葡平台的方向变得更明确有效。因此，特区政府需对目前推动中葡平台的方向措施进行成效分析，并协助企业走出去，到葡语国家了解当地的需求，亦可针对葡语国家的具体需求而推出相应措施协助企业提供适当的投资服务。

其次，中葡双语人才是必不可少的一环，虽然澳门特区政府长期投放资源培育中葡双语人才，然而人才的供给仍然远远无法满足需求，私人企业于招贤纳士时遇到相当大的困难。鉴于培养人才需要大量的时间和资源，因此，特区政府可以适度降低引进外地中葡双语人才的门槛，放宽相应的中葡人才市场政策。

最后，由于中葡平台处于探索发展阶段，有意对中葡商贸活动提供服务的企

业都需要投入大量成本支持运作，当中包括前往葡语国家考察及开发市场等，因此政策亦应提供优惠政策及融资协助，以鼓励中葡平台服务企业进行发展。

参考文献

［1］曹其真在平台找到商机．澳门平台，检索日期：2019 年 1 月 21 日，www. plataformamacau. com／zh – hant／澳门／曹其真在平台找到商机／。

［2］澳门推动浙江与东帝汶拓展海洋合作．环球网，检索日期：2019 年 1 月 21 日，http：／／china. huanqiu. com／hot／2016 – 10／9550881. html。

［3］没有企业运作何来中葡平台？．澳门日报，检索日期：2019 年 12 月 22 日，www. macaodaily. com／html／2017 – 04／05／content_1169122. htm。

［4］宋雅楠：《从"三个中心"看澳门特区"中葡平台"发展》，载于《葡萄牙投资环境报告》，经济科学出版社 2018 年版，第 245 ~ 260 页。

［5］宋雅楠：《澳门参与"一带一路"建设的功能定位与对策》，载于《"一带一路"与澳门发展》，社会科学文献出版社 2018 年版，第 277 ~ 286 页。